阅读成就思想……

Read to Achieve

心理学普识系列

以接近人类的方式研究人类
心理学中的24个蝴蝶效应个案（第4版）

【英】杰夫·罗尔斯（Geoff Rolls） 著　陈武 译

中国人民大学出版社
·北京·

图书在版编目（CIP）数据

以接近人类的方式研究人类：心理学中的24个蝴蝶效应个案：第4版 /（英）杰夫·罗尔斯（Geoff Rolls）著；陈武译. -- 北京：中国人民大学出版社，2022.11
书名原文：Classic Case Studies in Psychology: Fourth Edition
ISBN 978-7-300-30939-2

Ⅰ. ①以… Ⅱ. ①杰… ②陈… Ⅲ. ①心理学－案例 Ⅳ. ①B84

中国版本图书馆CIP数据核字（2022）第152136号

以接近人类的方式研究人类：心理学中的24个蝴蝶效应个案（第4版）
［英］杰夫·罗尔斯（Geoff Rolls）　著
陈武　译
Yi Jiejin Renlei de Fangshi Yanjiu Renlei : Xinlixue Zhong de 24 Ge Hudie Xiaoying Gean（Di 4 Ban）

出版发行	中国人民大学出版社		
社　　址	北京中关村大街31号	邮政编码	100080
电　　话	010-62511242（总编室）	010-62511770（质管部）	
	010-82501766（邮购部）	010-62514148（门市部）	
	010-62515195（发行公司）	010-62515275（盗版举报）	
网　　址	http://www.crup.com.cn		
经　　销	新华书店		
印　　刷	天津中印联印务有限公司		
规　　格	170mm×230mm　16开本	版　次	2022年11月第1版
印　　张	21.25　插页1	印　次	2022年11月第1次印刷
字　　数	300 000	定　价	99.00元

版权所有　　侵权必究　　印装差错　　负责调换

推荐序一

自 1879 年冯特建立第一个心理学实验室以来，心理学从哲学母体中分离出来，成为一门实验性科学。心理学的思维范式由以思辨为主转向以实证研究为主，心理学的科学性质发生了质变，成为社会科学与自然科学兼具的科学。随着科学技术的进步，研究形式也发生了巨变，复杂的实验室研究与大样本数据成为主导的研究范式，个案研究越来越被弱化。本书将非主流的研究形式呈现给大家，为学习者和研究者们带来了一股清流，它以细腻、真实、可读性、启迪性为吸引点，讲述着心理学研究的故事，给了我们这些沉浸在枯燥实验里、变换着各种统计方法来处理数据的心理学研究者们一种别样的研究尝试与冲动。在阅读和学习本书时，我们也重温了久违的研究方法。个案研究具有原生态特点，以最接近人类的方式研究着人类，近些年个案研究又重新回到心理学研究体系中。

我们在阅读本书时，可以从个案研究的如下特点来领会个案研究方法的精华与经验。

1. 科学发现的原点

个案研究会让我们发现一个从未被发现的现象，每一个个案都会让我们发现一种之前未知晓的问题；个案研究常常成为研究者后续实验研究的原材料，也是科学发现的原点，是开启一项科学探索的新路径。例如，在第 2 章的故事中，我们从失忆者亨利身上发现了不同形式的记忆和无意识的学习现象等。第 21 章中被铁棍穿过大脑的盖奇，其性格突变引发了科学家关注脑与人格的关系；个案发生于 1848 年，随后的研究持续了上百年——直到 1994 年、2004 年，不同的科学家还在通过盖奇的头骨研究大脑的功能定位问题。个案研究为我们提供了一个研究起点，开启了研究之路。

2. 科学探索的深谷

心理学不仅要发现一种可视的现象，还要探索现象的内在机制，获得科学的解释。数据统计常常只能帮助我们解决"是什么"的问题，但是"为什么"的问题需要探索内部解释机制，心理学研究要去打开心灵深处的"黑匣子"，探索人类的奥秘。个案研究可以帮助我们实现这一目的。例如，在第3章的故事中，最初盲童西德尼的心不盲，但是在51岁复明后，他却心盲了——随着其残疾的消失，他也丧失了自尊，复明后不到两年便去世了。其内在机制是盲人复明后，面对的主要问题不是学习困难，而是习惯的转换——从依赖触觉转变为依赖视觉。研究发现，改变习惯比学习新东西更困难，习惯成为人类根深蒂固的心理原型，打破原型会对人的心理产生巨大的"破坏力"，正如俗话所说，"江山易改，本性难移"。

同时，个案研究可以通过长时间的纵向追踪来探明因果关系。第10章杰妮的故事是持续时间最长的关于社会隔离的个案研究，也是最著名的个案研究之一。纵向追踪研究告诉我们早期家庭教养中的社会隔离对人之后成长的致命影响。

3. 前置研究的验证

多数个案研究会先于实验室研究，二者的作用不同。个案研究多是发现的过程，也是提出研究假设的过程；实验室研究多是验证的过程，多是仿真的过程。例如，费斯廷格通过对"马丁的世界末日事件"的分析，认为预言失败会引发认知失调，进而更加坚定当事人的信念。他通过后续实验研究证实了认知失调理论的观点。第22章中关于"没有大脑的高智商学生"的个案，向人们提出一个问题："大脑有必要吗？人类只使用了大脑的10%？"后续的科学研究不断地探索这个问题，力求验证这个假设，但是研究结果却显示，我们一直在使用我们的整个大脑，最初的设想没有被证实。因此，个案研究带来的原始思考需要后续的科学验证，实现着向理论转化的目标。

4. 特殊样本的独特

个案研究对象多属于特殊样本，不具有普遍性，但却是人类独特性的体现。例如，第4章的主人公金·皮克，也是电影《雨人》的原型，他具有非凡的能力——超乎寻常的记忆力，能够毫不费力地进行镜像阅读，弹钢琴时手部的灵活性堪比莫扎特……他在15个领域里都有特殊才能。但是，他的基本生活技能极差，生活不能自理，脾气暴躁像恶劣的天气，所以被称为"雨人"。对"雨人"的大脑扫描发现，他只有一个整体脑，没有像常人一样的左右两半球，也没有连接大脑两半球的胼胝体，右小脑裂成八块。之后，研究发现，在孤独症患者中，有三分之一的人表现出这种"学者症候群"。对于特殊样本，我们无法进行大样本的统计分析，个案研究是对其特殊性最适用的研究方法。还有第16章中对那个对婴儿车和手提包产生性兴奋的已婚男人实施的厌恶疗法，引发了有关自由意志的讨论。尽管过程令人不适，但厌恶疗法确实是一些特殊病症的有效治疗方法，如同电影《发条橙》中所述的故事。

5. 现实事件的思考

很多个案研究源自生活中的特殊事件，非人为设计的活生生的现实事件，具有实验室研究无法比拟的生态性。心理学家们关注社会现实中的事件，并引发对事件的思考，力求去解释人类行为。这是一种由现实到理论的研究进程。第5章从一个事件解析出被压抑的记忆、虚假记忆，提出了"记忆是被压抑的还是被植入的"这一科学探索性问题。在第6章中，有38人听到了被杀害的女子的呼救声却无人报警，研究者由此提出了社会心理学的一个经典观点——"责任分散"，形成了旁观者理论，并通过几个实证研究来证实，证明旁观者效应是可以预测的。第7章中的人民圣殿教事件，909人（其中有304名儿童）服毒集体自杀。人们想知道琼斯的洗脑行为是如何导致群体服从的？研究发现，不同时代的研究结果趋于一致，不同文化都倾向于让民众服从权威人士。由此，破坏性服从的研究逐渐展开。

6. 研究质疑的反思

研究不仅会带来学术的思考，也会带来科学的风险。例如，第8章米尔格拉姆的破坏性服从实验和第9章津巴多的监狱实验都引起广泛的社会质疑与学术讨论，研究的伦理性与社会性为社会心理学研究者们敲响了警钟。

争议点之一是研究结果的社会效益与应用方式。例如，人们认为津巴多最初的实验分析可能为不合理行为提供了借口，让心理学家成为不可原谅行为的辩护者。同时，知识也成为不同目的使用者的工具，例如心理战的策略、犯罪者的辩护理由等。

争议点之二是对研究方法局限性的反思。例如，对监狱模拟实验方法的批评是，局限于主观和逸事般的记录方式，没有使用客观方法来记录事实（如行为频次与发生条件等），以便进行客观统计分析；同时研究的观察者也是实验的参与者，研究角色的混同导致观察者偏差，使得研究结果的效度受到质疑。

争议点之三是对研究伦理问题的反思。虽然研究揭示了人性暗影和情境力量，对社会产生了巨大的警示作用，但是一些学者认为实验中的被试遭受了心理痛苦或引发了道德堕落，研究成果是以被试的心理为代价换来的。之后，心理学研究伦理委员会的成立，为解决这类问题提供了帮助。

7. 科学贡献的路径

研究的科学价值与社会价值需要研究者的贡献，每一个案例都记录了现象发现者的两种路径的贡献：上行贡献——由事实向理论的转化；下行贡献——由理论向现实的转化。例如，第7章费斯廷格从"世界末日"的预言中发现了认知失调理论——预言的失败会使人们更加坚定信念，非理性思维合理化了行为。这个上行贡献让我们记住了费斯廷格等人的认知失调理论，后人运用着他们的学术概念，解读着更多的人类现象，这就是科学家的上行贡献，也是他们追求的学术目标与境界。反过来，第17章小汉斯成为弗洛伊德理论取证的经典案例，下行贡献体现了由理论向现实转化的求真性。因此，科学发现就是经历着现实–理论–现实的轮回链接，不断地向真理趋近。

总之，本书告诉我们：个案研究方法适用于心理学各类问题的研究，书中也是这样展现的，从认知、社会、人格、生理、比较、发展、行为等研究领域中精选了研究个案。最后的第25章为我们归纳了个案研究方法应该注意的事项，以及需要思考的问题。本书是一本将研究方法与研究思想相融合的研究手册，是心理学、社会学以及相关学科的学习者必读的专业书籍。

许燕

北京师范大学心理学部教授

于2022年9月10日第38个教师节

推荐序二

心理学通常被定义为"研究心理和行为的科学"。传统上，它以自然科学（尤其是物理和化学）为模型。但并不是每个人都认同心理学是一门科学，更不用说尝试用从物理和化学中"借来"的方法来研究"心理和行为"的有效性了。

实验室实验通常被视为区分科学与哲学的方法。对于许多智慧的科学家来说，这是"应选之法"。之所以这么说，是因为这种方法允许其他研究人员重复或复制研究，以检验研究发现的可靠性和有效性；反过来，这也有助于确定一般规律或原则，即所谓的通则研究（nomothetic approach）。

相反，根据定义，个案研究是无法复制的。这是因为个案研究涉及的是对个体、成对的个体（如双生子）或整个家庭的深入调查，而不是对"可替代的"被试群体的深入调查。个案研究采用的是特则研究（idiographic approach），研究独特个体，研究的重点就是独特性。

就科学价值而言，特则研究和通则研究是截然相反的——只有实验可以重复，并有助于确定一般规律或原则，所以个案研究尽管被视为"有趣的"，但并不受重视。个案研究往往来自临床医生（心理学家、精神病学家或其他与患有精神障碍的人或表现出极不寻常的认知能力或行为的人一起工作的人）的工作，这一事实强化了上述观点。在所有这些情况下，个案研究都是副产品，通常是他们工作的意外结果，而实验设计（另一个使心理学科学化的特征）是为了检验特定的假设。

然而，这种对特则研究和通则研究进行的区分是一种错误的二分法，个案研究中，这些个体的独特性和新颖性在促使我们试图了解人类的心理以及我们自己的过程中显得非常宝贵；相反，无论这些个体多么"独特"，都是我们的同类，而不是什么神秘的外星物种。归根结底，这些"独特"的个体与我们其他人并没有太大的区别，以至于我们无法从他们异常或奇怪的行为中识别出"正常"自我的方方面面。

这也许正是关键所在。其他心理学研究者不能重复个案研究的事实并不能说明个案研究无效；相反，个案研究所涉及的行为很可能只是对常见行为的夸大或扭曲——它们本质上是一样的。

就像小说和调查报告一样，个案研究也注重细节——正是这些细节使得人类如此迷人而复杂。个案研究讲述的"故事"不仅有趣、有吸引力，甚至令人捧腹不已，而且能让我们全方位地了解自己。使个案研究成为"科学"而非文学的原因是，心理学家或精神病学家明确地将个案与一些科学理论或研究结果联系起来，这些研究结果代表了理解和解释行为的正式、客观的尝试。与实验一样，个案研究旨在促进我们对科学的理解。

作为一名心理学教师和作家，杰夫·罗尔斯在这本独特且文笔精湛的书中描述了个案研究的各个方面。他选择了许多心理学研究者之外的人也可能会有所了解的研究。在这些研究中，人类行为的取样范围非常广泛，有"变态"的，也有仅仅是不寻常或例外的行为。

第4版还有一个值得关注的新案例：美国陆军预备役军人琳迪·英格兰（Lynndie England）的案例。萨达姆·侯赛因倒台后，她因在伊拉克阿布格莱布监狱对囚犯实施酷刑和虐待被判处三年监禁。她的个案是在菲利普·津巴多（Philip Zimbardo）指导的斯坦福监狱实验的背景下讨论的，后者是心理学史上最有争议的研究之一。

另一个重要的补充是不太为人所知的双生子男孩案例（"吉姆双生子"），他们出生后不久就被分开抚养，在41岁时第一次见面。这对双生子在身体和行为上表现出了惊人的相似，这种相似性在许多其他被分开抚养的双生子身上也被发现。这表明与"后天"（即环境影响）相比，"先天"（即遗传影响）对人的发展起着主要作用。然而，这些双生子研究受到了批评，从中得出的结论还远远不能作为定论。

关于先天和后天的争论一直是心理学历史上争论的关键点之一，其他一些理论方法和概念问题也是如此。在一个新的总结性章节中，杰夫总结了其中一些有代表性的争论，包括先天论与后天论、伦理问题、特则研究和通则研究、自由意志与决定论、还原论与整体论、性别偏见与文化偏见。该章节还包括一个非常有用的表格，说明 24 个个案研究属于哪个传统的心理学领域，即属于生理心理学、认知心理学、社会心理学、行为主义还是属于心理动力学。

上述议题和争论也被应用到这 24 个个案研究中，代表了一种评估它们的方式，并提供了更广泛的理解。对这些问题的讨论和争论应该会增强所有感兴趣的读者（不仅仅是心理学学生）的体验。

每一章都是对原始个案研究的总结（就像在图书、学术期刊或报纸上报告的那样），杰夫将大量信息浓缩成一章，并且仍能讲述一个好故事，这本身就是一项成就。而且，如上所述，他还将理论和相关研究融合进故事中，使这些个案研究成为"科学"。

我相信，通过这样的讲述方式，无论是普通读者还是心理学专业的学生，都会学到一些以前不知道的关于人类行为的知识——不管他们之前是否熟悉个案研究。我相信，他们也会被杰夫所讲的故事所吸引，并沉醉于其中。

理查德·格罗斯（Richard Gross）

心理学作家

译者序

10多年前，我考研复试时抽到的面试题目是"心理学是一门科学吗"。复试期间的很多其他事情，我都渐渐淡忘了，但对这个题目，却仍然记得非常清楚。后来，我读了 B. R. 赫根汉（B. R. Hergenhahn）的《心理学史导论》(*An Introduction to the History of Psychology*)，进一步加深了对这个题目的认识。

在读研期间，我也听说过一些所谓的鄙视链：搞脑电的鄙视搞行为实验的，搞行为实验的鄙视搞问卷调查的，搞问卷调查的没得鄙视，只好去鄙视社会学、行政管理和教育学的研究。似乎，仪器越高大上，数据越精细，统计分析越复杂，就越"科学"，而"科学"的才是主流的，其他的就活该被鄙视。

诚然，定量研究为心理学的发展做出了重大贡献。相对于其他一些社会科学，心理学的幸运之处也在于，较早且大量地采用各种定量研究，从而使心理学走在了"前面"。最近这些年来，由于做心理学科普的缘故，再加上更加喜欢通过现实生活来反思心理学的研究，我越发觉得心理学作为研究人的学科，应该更加贴近人的生活脉搏，而不能仅仅是一些所谓的"中介、调节、对照组、P300"。要想真正地懂得心理学，除了知道统计上的规律、书本上的理论，更要走进一个又一个人的内心世界，了解他们的悲喜，理解他们的不易。只有这样，我们才能更加清楚地认识自己；只有这样，心理学才有温度。

从这个角度来说，心理学的个案研究是弥足珍贵的。虽然个案研究的结论不能进行"推广"，但个案研究为我们深入认识人和人性打开了一扇窗。透过这扇窗，我们可以看到立体的人，而不是冰冷的被试编号；我们可以看到大多数之外也应该被关注的少数，而不是把他们作为"极端值"而踢出；我们可以看到每一个生命背后其实都蕴藏着普遍规则，同时又有一种力量在打破某些规则，从而拓展我们对于心理的认识，而不是被教条的概念和框架所禁锢。

作为译者，我在一遍一遍翻译、校对书稿的过程中，有时会陷入不自觉的感伤。比如，关于杰妮的案例，虽然杰妮能听懂"妈妈""蓝色""走""门"等几个词，但只能说出"别说了"和"不要"等否定词。一个人的语言表达，往往体现了他的生命处境。遗憾的是，杰妮只能用那些否定动词表达，而对于自己的处境，似乎连意识层面的感受都是没有的。但是，原著作者在结尾处的话，却饱含深情，给感伤增添了一股内在力量："尽管遭受虐待，缺乏关爱；尽管经历了所有的痛苦、不信任和冷漠，杰妮仍然愿意走近人们，打动他们的心灵，并对生活充满热爱——她向我们展示了人类的宽恕所能达到的真正深度"。其实，他们并非个案，而是人类现实生活的写照，我们会从这些个案中感受到每一个普通人的命运的无常与补偿。这些"生活在荒漠"中的人，在提示我们，尽可能去尊重和善待每一个个体，包括我们自己，让其充分发展人性中积极的部分，让生活的荒原也能够有希望的颜色。

心理学对于那些需要帮助的人，应该也必须有所作为，这是心理学最重要的价值所在。但同时，很多案例［如H.M.、霍莉、大卫·雷默（David Reimer）的例子］也让我们忍不住反思：心理学的作用和边界是什么？心理学在描述、解释、预测、控制人类生活和行为方面，应当保持怎样的原则？我想，至少需要明白一点：我们的很多为了别人变得更"好"、更"优秀"、更"适应这个社会"的做法，其实对于别人来说可能是一种伤害。心理学参与人类生活的初衷、途径和目的都是值得我们不断思考的，有一些现在看似合理的部分，可能经不起时间的检验。不管是对于心理学的理论还是实践，我们都必须保持必要的谨慎。

本书的24个个案，包含了认知心理学、社会心理学、发展心理学等多个学科领域，某些个案已经出现在教科书、著名的心理学理论、报纸杂志、电影之中，被大众所熟知，而把这么多非常有代表性的个案集结于一本书中，实属难得，对于读者来说，这可能是一种特别的感受。在阅读本书的过程中，你或许偶尔会产生一种似曾相识的感觉，也可能会在某一个瞬间产生"啊哈"反应："啊哈，原来是这样！"还可能会在某些时候，陷入对生命的沉思。我相信，你在读完以后，会更加深入地认识人生的广度和深度。

最后，我要感谢为这本译著做出贡献的同学们。武汉大学发展与教育心理学专业 2021 级的硕士生潘俊颐（翻译第 1~3 章）、周美慧（翻译第 4、8、12 章）、周俞均（翻译第 5~7 章）、袁丁（翻译第 9~11 章）、王一丁（翻译第 13~15 章）、孟金仪（翻译第 16、20、24 章）、刘迎（翻译第 17~19 章）、叶发钿（翻译第 21~23 章）、陈婧菲（翻译前言和第 25 章）等同学对本书各章进行了初译，我统一进行了审校和修改。另外，要特别感谢责任编辑刘阳，为本书的翻译和出版做了大量的幕后工作，细致入微、严谨求实的工作作风让我非常感动，同时又受益良多。

陈武

2022 年 8 月于武汉珞珈山

引言

这是一本奇怪的书，里面充满了更奇怪的故事。心理学是一门有趣的学科，有许多有意思的故事可以讲，但最引人入胜的故事都是通过个案研究来讲述的。从失忆的人到记忆大师，从野孩子到天才少年……毫无疑问，这些都是心理学中最有趣的方面。

在促进我们对人类行为的理解方面，它们也可能是最具启迪意义的。问题是，我们都想从课本之外获得更多的东西。科学期刊关注的是科学方面，而我们也想知道在人们的日常生活中发生了什么，引发了什么感受？相关人员的情况如何？他们产生了什么感觉，是如何应对的？接下来发生了什么？这本书试图填补这一空白。

心理学上的重要发现往往是通过一次性的个案研究首先发现的。这样的个案研究总是让心理学学生和普通读者都为之着迷。个案研究法的使用有助于将心理学带入生活——它为心理学思想提供了一个个性化的视角。

心理学家一直都在争论心理学的科学地位。毫无疑问，科学发现往往比道听途说或主观经验更为可信。然而，当涉及人类的思想和行为时，很难进行不打破伦理和道德界限的科学控制实验。这就是个案研究特别有用的地方，它使科学家们能够研究通常情况下无法获得的心理和行为——探索非凡方可懂得平常。

个案研究法在心理学中有着悠久的传统。事实上，这是心理学最早的研究方法之一，伊塔德关于"野孩子"的第一份报告可以追溯到1801年（见第12章）。近年来，有很多书对人们不寻常的缺陷或超常表现提供了独特的见解。然而，这些书往往是由神经学家撰写的，个案对象通常是他们治疗的患者。而这本书的不同之处在于，它提供了更多关于心理学中最著名的个案研究的细节——这些研究在许多心理学教科书中都出现过。当然，关于一些更著名的个案，已经有很多书和论文描写过了,但在这里,每一章都被浓缩成一个更容易理解的"组块",讨论每个个案中最有趣和最具启发性的方面。除了每个个案研究的科学重要性,每一章还包括了个案对象的个性化背景。我们的愿景是,把个案研究的对象理解为具有独特能力或困难的人,而不仅仅是"一个案例"。

莫斯科国立大学的鲁利亚教授概述了研究人类行为的两种截然不同的方法,他称之为"古典主义科学"和"浪漫主义科学"。古典主义科学的目标是形成"抽象的一般规律",即"将生活现实及其丰富的细节还原为抽象的图式"。他指出,随着计算机的出现,这一点将变得越来越明显,因为我们可以将观察到的事物简化为复杂的数学分析。本书试图采用所谓的浪漫主义或文学科学的观点。这些故事具有科学意义,有助于阐明心理学的各个领域,但都是从"人"的角度来写的。它们是关于人性的故事。

个案研究广泛应用于法律、商业和医学领域,但在心理学领域却不太常见。这是一种缺憾,但我们似乎经常能够生动地记住一些个案研究,因为它们有助于使科学人性化,并阐明心理学的发现。

个案研究涉及收集个人或群体的详细信息,这通常包括个人的详细资料,以及有趣的行为或经历的细节。个案研究能够使研究人员比使用实验研究法更深入地研究特定的个体。个案研究适用于所谓的定性研究方法,因此研究结果不容易以数字方式报告,而通常使用书面的描述性报告。它们概述了人们对某一特定问题的感觉或看法[1]。与使用统计分析的更严格的实验法相比,这些方法往往被批评为"不那么科学,也没有什么价值"。

另一个针对个案研究的批评是,有时研究人员可能在他们的解释或报告方法上存在偏见。这种"主观性"意味着很难从研究者的推论中确定事实信息,但这并不会影响"故事的发展"。事实上,如果研究人员没有与被试建立温暖友好的关系,就不可能搜集到大量丰富的一手资料。这或许应该视为这种方法的优势,而

---

[1] 对于单一个案研究,存在更多的定量研究方法——这些方法往往与我们在这里讨论的"自然发生的原始方法"大不一样。

不是缺点。

个案研究有助于我们了解特殊的和一般的心理问题；个案研究也使心理学家能够研究那些独一无二的行为或经历，而它们本来是用任何其他方式都无法研究的。本书中的例子说明了这一点。这些个案研究使研究人员能够探索人类行为中那些以前可能没有考虑过或认为可能的可能性。通常，一个个案研究可以跨越心理学的几个不同领域。考虑到这一点，读者可能会争论如何将个案研究归入特定的方法。大卫·雷默的案例是从发展心理学跨越到社会心理学和生理心理学，甚至更深入的领域吗？我会让读者自己来判断这一点。因此，本书的各级标题可能有点"标题党"的感觉，但至少说明了个案研究是如何从许多不同的心理学领域中生成的。

布罗姆利（Bromley，1986）认为，个案研究是"科学研究的基石"，而心理学家对实验过程的专注导致了对这一领域的忽视。个案研究的优势在于它提供了对个体更深入的理解，并承认和赞美人类的多样性。因为个案研究是关于"真实、真诚的人"，所以不管是对研究者还是对普通读者，都有一种特殊的真实感。这有助于使个案研究令人难忘。然而，个案研究也被批评为"不可靠的"（没有两个个案研究是相同的），因此研究结果不能轻易推广到其他人身上。问题是，我们是否一定要找出行为的普遍真理？有时候，探索一个独特个体的生活就足够了。

这其中的很多故事，心理学专业的学生早已听过，但他们想要了解更多。那些刚接触心理学的人也会发现，这是一本有用且有趣的入门书，其中介绍了最大的奥秘：如何从各个方面理解人类的心理和行为。

目录

第一部分　认知心理学

第1章　P003
过目不忘的人：所罗门·舍雷舍夫斯基的故事

不管信息的类型或形式（文字、数字、声音、味道等）如何，所罗门总能过目不忘，仿佛他的记忆容量或记忆持续时间就没有限制，让人百思不得其解。

第2章　P017
活在当下的人：H.M. 的故事

一瞬间，H.M. 就失去了编码新记忆的能力——他被困在过去和现在，但没有未来可以期待。

第3章　P028
对重见光明感到失望的人：S.B. 的故事

尽管 S.B. 现在可以看到这个世界，人们以为他会对这个他从未见过的世界充满好奇与兴奋，但令人不可思议的是，他却对眼前的这个现实世界感到失望……

第4章　P037
金·皮克：真正的雨人

研究表明，28% 的孤独症患者表现出了一些学者症候群式的技能，拥有一个或多个领域深度的专业知识、能力或才华，而这通常与他们的整体局限性形成鲜明对比。

第5章　P047
霍莉·拉蒙纳与记忆的本质

我们都经历过记忆扭曲或不准确，但关键的问题是，记忆真的会被扭曲到明明可以清楚地证明某事没有发生，但一个人就是坚定地认为发生了？

第二部分　社会心理学

第6章　P061
哭喊着被杀害的女孩：凯瑟琳·吉诺维斯的故事

在紧急情况下，当我们急需帮助时，我们周围的人是会袖手旁观，任由我们灭亡，还是会来帮助我们？在紧急情况下，目击者越多，提供帮助的人就越多吗？

第7章　P070
琼斯镇惨案和服从的危险性

直至2001年"9·11"事件发生之前，琼斯镇惨案无疑是美国平民在非自然灾害中丧生人数最多的一次灾难。心理学家对琼斯镇的案件很感兴趣，它揭示了盲从、顺从、宣传和说服的危险——会以灾难性的方式影响人们的行为。

第8章　P085
世界末日即将来临：多萝西·马丁的故事

数十亿人将死于灾难性大洪水？他们唱着歌等待外星人救赎，结果……

第9章　P100
人性还是情境：阿布格莱布监狱与斯坦福监狱

我们都有爱和邪恶的潜能——去成为特蕾莎修女，或成为邪恶化身，而不同的情境会激发人不同的潜能。

第三部分　发展心理学

第10章　P115
折翼的精灵：杰妮的故事

伦纳伯格声称，如果在青春期之前没有学习语言，就永远不可能再以正常和功能完备的方式学会语言。这就是所谓的"关键期假说"。

第11章　P129
我不是女孩，而是男孩：大卫·雷默的故事

戴蒙德认为，虽然双性可以成功地转变成某一性别，但性别中立理论并不适用于所有正常新生儿，生物学因素仍然在性别认同中发挥着核心作用。

第 12 章 P144
亚维农野孩：维克多的故事

婴儿生来就具有很大的潜力，但还需要一个培养环境来学习成为"人"。由于早期隔离和虐待而被剥夺了这种权利的儿童，即使不是不可能，也极难在以后的发展阶段克服这种影响。维克多的故事就清楚地说明了这一点。

第 13 章 P159
两个小男孩：小阿尔伯特和小彼得的故事

"给我一打健康的婴儿，并在我自己设定的特殊环境中养育他们，那么我愿意担保，可以随便选择其中一个婴儿，把他训练成为我所选定的任何一种专家——医生、律师、商界领袖，是的，甚至是乞丐和小偷，不管他的才能、嗜好、倾向、能力、天资和他祖先的种族如何。"

第 14 章 P173
吉姆双生子：分开抚养但一模一样

两人的养父母都给他们取名为"詹姆斯"，但两人都更喜欢被称为"吉姆"。两人都养了一只宠物狗，都叫作"托伊"。两人的妻子都叫"琳达"。双双离婚后，两人都再娶了名叫"贝蒂"的女子。两个人都有一个儿子，都叫"詹姆斯·艾伦"。

第四部分　个体差异

第 15 章 P181
神奇的游戏治疗：迪布斯的故事

对迪布斯的治疗无疑是成功的，但促成这种成功的因素是什么呢？是游戏活动、玩具、与阿克斯林的温暖关系、一对一的接触还是仅仅是自然的发育成熟？答案可能是所有这些因素的微妙组合。

第 16 章 P191
对婴儿车和手提包产生性兴奋的男人

纵观所有可能的选择后，艾森克认为，与其把他送进监狱，或者要求他在医院接受漫长、昂贵且（可能）无效的心理治疗，让他接受一种不舒服、不愉快但不会持续很久的治疗方法——厌恶疗法，似乎更为可取。

第 17 章　P202

弗洛伊德对小男孩恐惧症的分析：小汉斯的故事

尽管弗洛伊德强调童年经历对成年期发展的重要性，但他只记录了一个关于儿童的个案研究。正因如此，小汉斯的个案研究在弗洛伊德理论中具有至关重要的意义。

第 18 章　P212

三面夏娃：克里斯·西斯摩尔的故事

多重人格障碍患者通常会有一个应对日常生活的主人格，这种人格意识不到其他人格的存在，即使能意识到，也是以间接的方式。其他"可切换"人格可能知道所有其他人格的存在，它们之间有时会建立"友谊"或"联盟"来与其他人格对抗。

第 19 章　P227

不停洗澡的男孩：强迫症的故事

强迫症远比其他更广为人知的疾病，如双相情感障碍（躁郁症）或精神分裂症更为常见。据估计，目前有多达 2% 的人患有强迫症，其中男性和女性的患病人数相当。

第五部分　生理心理学

第 20 章　P233

不睡觉的人：彼得·特里普和兰迪·加德纳的故事

人到底可以坚持多久不睡觉？会产生哪些生理或心理反应？世上真的有可以不睡觉的人吗？这些参与实验的人的精力帮助心理学家发现了睡眠的一些奥秘。

第 21 章　P242

头上有个洞的人：菲尼亚斯·盖奇的故事

铁棒在飞射过程中刺入了盖奇的下巴，并从他的头顶钻了出来。然而，令人惊讶的是，盖奇活了下来。但据说，由于这场事故，他的性格发生了改变。他也成了脑科学领域的教科书案例和心理学中最著名的个案之一。

第 22 章 ᴾ251

没有大脑的人

脑部扫描显示，这名智商达 126 的学生实际上根本没有大脑！据估计，他的大脑重量不超过 150 克。对于他这个年龄的人，大脑的正常重量是它的 10 倍。这一案例，再加上其他非常罕见的案例，促使洛伯等人提出了这样一个问题："你的大脑真的有必要吗？"

第 23 章 ᴾ258

天生杀人犯："鳄鱼人"查尔斯·德克尔的故事

有数据表明，以精神错乱为由提出无罪抗辩的杀人犯，大脑的活动水平明显不同，这些差异可能会使他们更容易实施暴力行为，但这并不意味着暴力仅由生物学因素决定。

第六部分 比较心理学

第 24 章 ᴾ273

和动物说话：瓦肖和罗杰·福兹的故事

瓦肖是第一个学会人类语言的非人类动物，她的养子路易斯是第一个从另一只黑猩猩那里学会人类语言的动物——也许语言并不是人类独有的能力。

第 25 章 ᴾ286

方法、问题和争论

心理学是一门非常多样化的学科，有多种方法可以帮助打开对一个问题的新思路。尽管对立的意见可能导致群体间的竞争或心理冲突，但有时也可能提供创新的解决方案。

参考文献 ᴾ301

PART 1
第一部分
认知心理学

第 1 章

过目不忘的人：所罗门·舍雷舍夫斯基的故事

> 1905 年的一天，一位名叫所罗门·舍雷舍夫斯基①（Solomon Shereshevsky）的 19 岁莫斯科报社记者照常上班，并等待着与报社编辑的每日例会，例会将布置当天的任务。与同事们不同，所罗门在例会上从来不做任何笔记。这位编辑之前就惊讶地注意到了这一点，这次，他决定批评一下所罗门。毕竟，他们的工作经常会涉及很多人名和地址，所罗门应该把这些细节都记录下来。编辑决定通过询问自己说过的一些细节来测试所罗门。没想到的是，所罗门一字不差地复述了编辑刚才所说的一切。这件事永远地改变了所罗门的生活，也是他成为世界上最伟大的记忆大师或"记忆达人"的起点。

所罗门的记忆

编辑对所罗门的记忆力感到非常惊讶，而所罗门则惊讶于所有人都认为他的记忆力超群——难道其他人没有这么好的记忆力吗？在接下来的几个月和几年里，他将找到答案。编辑觉得这是一个有趣的故事，就安排所罗门去当地一所大学进一步测试记忆力。在那里，他遇到了俄罗斯教授亚历山大·罗曼诺维奇·鲁利亚

---

① 所罗门·舍雷舍夫斯基是他的真名，尽管他的姓氏有时拼写略有不同。通常情况下，研究对象的真实姓名是保密的，提及个人时只提到姓名的首字母。在许多文章和书籍中，所罗门·舍雷舍夫斯基被简单地称为"S"。然而，由于他的名字现在是众所周知的，因此称呼他的真实姓名也是合理的。本章资料来自鲁利亚 1968 年的文献。

（Alexander Romanovich Luria），这位教授将在接下来的30年里系统地研究有史以来最非凡的记忆力。

鲁利亚通过搜集所罗门的生活细节来开始这项研究。所罗门出生在拉脱维亚，年近20，他的父亲拥有一家书店，因此，他的母亲读过很多书。他的父亲可以很轻易地回忆起书店里每本书的位置，而他的母亲——一个虔诚的犹太人——对《摩西五经》[①]中的长段落可以信手拈来。所罗门的兄弟姐妹们都神智健全，而且有证据表明这个家族有些音乐天赋。的确，所罗门曾是一名小提琴手，直到一次耳朵感染让他的小提琴梦化为泡影，于是他转而从事新闻工作。鉴于特殊能力与精神疾病之间可能存在的联系，鲁利亚专门进行了这方面的调查，但并未发现所罗门家族中有精神病史。

鲁利亚首先对所罗门进行了一系列测试，以确定他的记忆力。他将单词和数字以口头或书面形式呈现给所罗门，要求所罗门以原始形式复述出来。一开始只有10或20个项目，后来逐渐增加到70个。但无论有多少项目，所罗门都能完美地回忆出来。尽管偶尔会对自己的答案有些犹豫——仰着头，停顿片刻，但他总能丝毫不差地给出正确答案。

所罗门还可以以相反的顺序说出字母或数字，或者确定任何一个字母或数字之后的字母或数字是什么。这被称为序列探测任务——主试向被试读出一串字母或数字，然后选择其中一个字母或数字，要求被试回忆后面的字母或数字。这可以用来测试短时记忆（最长持续30秒）。大多数人都会觉得这项任务极其困难，尤其是在序列很长的情况下，但所罗门完全不觉得有什么问题，只要序列的初始呈现节奏与他口述的速度保持一致。这种速度往往相当缓慢。这与所谓的正常被试完全相反——如果项目快速呈现，他们往往会表现得稍好一点。这是因为对于普通人来说，呈现越快，项目在短时记忆中衰退的时间就越短。然而，在所罗门身上，人们发现他使用的是一种不同的记忆系统——不是基于正常的声学或声音处理的系统，而是一种涉及图像或图片的系统。这也意味着一旦学会了，所罗门

---

① 犹太教经中最重要的部分。——译者注

就会彻底记住项目的顺序，而大多数正常被试在实验进行几分钟后几乎就全部忘记了。

鲁利亚开始给所罗门布置不同的记忆任务。大多数人发现有意义的单词比无意义的音节或三元组（三个没有意义的辅音）更容易记住，但所罗门对这些都驾轻就熟。他对声音和数字的回忆同样如此，只需每个项目之间有三到四秒的延迟即可做到。为了测试他的记忆容量，研究人员设计了一种程序，所使用的技术最初由约瑟夫·雅各布（Joseph Jacobs）于1887年开发，称为序列数字广度技术——要记住的项目会逐渐增加，直到被试变得困惑并无法再以正确的顺序回忆这些项目。如果你也做过这个测验，就会发现典型的数字广度是 $7±2$ 个项目。不过，令鲁利亚困惑的是，所罗门的数字广度似乎是无限的！的确，鲁利亚最终不得不放弃，因为所罗门的记忆容量似乎真的是无限的。

鲁利亚安排所罗门返回大学，进一步测试他的记忆力。在这些测试中，所罗门可以完美地回忆起他之前学过的所有项目。这让鲁利亚更加困惑，因为所罗门的记忆容量和记忆痕迹的持久性似乎都没有限制。正如鲁利亚1968年所写：

> 我很快发现自己处于一种近乎完全混乱的状态。序列长度的增加并不会导致所罗门明显感到难度增加，我不得不承认他的记忆容量没有明显的限制。
>
> （p.11）

鲁利亚无法测量出所罗门的记忆容量或记忆持续时间，而这两者通常在实验室中是很容易测试出来的。事实上，更令人惊奇的是，鲁利亚在16年后发现所罗门仍然能够回忆起在最初的测试中学到的东西。所罗门说：

> 是的，是的……这是你在你公寓里呈现给我的一个序列……你坐在桌子旁，我坐在摇椅上……你穿着灰色西装，就这样看着我……然后我看到你在说……
>
> （p.12）

这为我们了解所罗门的记忆是如何工作的提供了线索——图像是他非凡记忆力的关键。

鲁利亚意识到一个问题：之所以测量不出所罗门的记忆力，是因为他的记忆似乎没有容量限制，因此对他的记忆进行定量分析是不可能的。在接下来的30年里，他决定专注于描述所罗门的记忆——对其结构进行定性描述。

所罗门使用了一种特殊的机制来增强记忆。不管信息的类型或形式（文字、数字、声音、味道等）如何，所罗门总是将它们转化为视觉图像。只要给所罗门时间将这些信息转换成图像，他的记忆容量或记忆持续时间就没有限制。对于一张包含50个随机数字的表格，他通常大约三分钟就能记住。这是怎么做到的呢？所罗门说，如果数字是写在一张纸上的，当被要求对它们进行回忆时，他就会回忆起纸的图像，就像仍盯着这张纸一样。如果你现在停止阅读并尝试回忆瞥一眼看到的所有内容，你可能只会回忆起一小部分。而对于所罗门来说，回忆的过程就好像还在看着这张纸一样！他能在脑海中描绘这张纸上的每一个细节。

许多记忆任务都是基于回忆过程中所犯的错误来进行的。这种记忆实验被称为"替代错误"研究。回忆过程中所犯的错误通常会提供有关记忆如何工作的线索。即便是所罗门，偶尔也会犯错误——尽管并不常见，但它们通常是相似的类型。这些错误为我们提供了了解所罗门的记忆机制的进一步线索。例如，所罗门偶尔会将一个数字误读为另一个，尤其是两个形似的数字，比如3和8、2和7。这种错误再次表明他的记忆几乎完全依赖于视觉或所谓的正字法加工。

当被要求回忆一组单词或数字时，普通人通常会回忆起列表上的第一个和最后一个项目。其中，容易回忆起第一项被称为"首因效应"，容易回忆起最后一项被称为"近因效应"。这种回忆模式被称为"序列位置效应"。这是因为第一个项目已经通过复述转移到了长时记忆中，而最后一项仍然保留在短时记忆中。然而，就像所罗门的记忆持续时间和记忆容量一样，鲁利亚没有观察到这个现象，因为所罗门可以回忆起所有出现在列表上的项目！

所罗门的记忆力的确令人惊叹。事实上，他还拥有我们很少人拥有的早期记忆。当我们还是个婴儿的时候，由于记忆和/或言语方面的能力还没有发展起来，尚未学会对材料进行编码，因此很难记住生命早期的事情。然而，由于所罗门天生具有与众不同的记忆编码方式，他能够做到这一点。所罗门回忆了自己还是个婴儿时躺在婴儿床上被母亲抱起时的情景：

> 那时我还很小……甚至不到一岁……我记得最清楚的是房间里的家具……我记得房间里的墙纸是棕色的，床是白色的……我清晰地记得妈妈是如何把我搂在怀里。

（p.77）

他甚至能回忆起他接种天花疫苗时的情景："我记得有一团雾，然后就是五颜六色的，我知道这意味着有噪音，很可能是谈话……但我没感觉到任何疼痛"（p.78）。当然，我们没法验证这些记忆的准确性，但它们的生动性确实暗示了一些事实。

凭借如此惊人的记忆力，所罗门非常善于发现故事中的矛盾之处，经常会指出作家没有注意到的事情。例如，他说，在契诃夫的小说《胖子和瘦子》(Fat and Thin) 中，写到有一个人物脱掉了帽子，但之前并没有提到他戴了帽子。鉴于他的精确能力，人们可能会觉得所罗门将成为一名侦探或律师，因为他可以看到每一个细节，并发现任何矛盾之处。

联觉

鲁利亚报告称，如果所罗门在编码过程中分心，就经常难以编码或处理信息。这包括实验者只是说"是"或"否"来确定所罗门是否正确听到了一个项目。所罗门说，这些词"模糊"了他脑海中的形象，产生了"阵阵蒸汽"或"水花"，使他难以看清目标任务。后来，在他的舞台表演中，观众的咳嗽也会产生类似的分散注意力的效果。似乎所有的信息都在所罗门的脑海中形成了一个形象，不管他是否愿意。

心理学家一致证明，使用图像是改善长时记忆的一种特别有效的技术。所罗门似乎拥有一种与联觉有关的特殊视觉能力。联觉（synaesthesia）来自希腊语"synaesthesis"，其中"syn"的意思是"在一起"，而"aesthesis"的意思是"感知"。因此，联觉是一种两种或多种感觉交织在一起的联合感知形式。这意味着当其中一种感觉受到刺激时，会自动触发另一种感觉。例如，星期几可以与特定的颜色相关联。我的一个学生说"星期二"绝对是一个"蓝色"的日子。当被问及原因时，大多数产生联觉者只是说"就是这样"，而无法解释为什么这些感觉会交织在一起。其他产生联觉者还可能会有"品尝形状"或"看到声音"之类的描述。这些体验总是相同的，相同的刺激总是会引起相同的反应。这是因为它们不是后天习得的，而是自然发生的。联觉往往是单向的，这意味着一种感觉可能会引发另一种感觉，但往往不会反过来起作用。由于联觉是两种或多种感觉的交叉，因此视觉、嗅觉、触觉、味觉以及听觉之间存在 31 种不同的可能组合。最常见的组合往往是颜色和听觉（色联觉）。大多数人都只体验到两种感觉的融合，但所罗门似乎能感受到四种感觉的融合——他只有嗅觉不与其他感觉交织在一起。

所罗门拥有对文字形成视觉图像的能力，这是他非凡记忆力的关键。每当他听到一个词，无论它是否有意义，他都会立即产生视觉图像。他报告说，如果他听到"绿色"这个词，就会看到一个绿色的花盆；而听到"红色"这个词，就会看到一个穿红衬衫的男人向他挥手；"蓝色"则会让他联想到一个人在窗口挥舞着一面蓝色的旗帜。即使是毫无意义的内容也能让他产生即时的视觉印象，并在多年后仍能清晰地"看到"。

当被要求听音调或声音时，所罗门也会产生图像。例如，当他被要求听 100 分贝 30Hz 的音调时，他报告称，"我看到了一条 12~15 厘米宽的有银色光泽的带子，这条带子逐渐变窄，似乎在后退，然后变成了一个像钢铁一样闪闪发光的物体"（p.22）。这些例子清楚地表明了他的联觉是如何工作的。几个月后，重复这些音调仍然会使他回忆起完全相同的图像。他听到的每一种声音都唤起了一个令人难忘的视觉形象，具有独特的形式、颜色和味道。

所罗门对数字的回忆采用的是同样的记忆原理。他说数字 1 的形状是"尖锐的、坚固的和完整的"；数字 2 是"扁平的、长方形的、白色的，有时几乎是灰色的"。数字还会生成更具体的形象：数字 1 是一个"骄傲的、体格健壮的人"；数字 2 是一个"意气风发的女人"；等等。对于所罗门来说，视觉、味觉、触觉和听觉都融合在一起。在他职业生涯的后期，作为一名记忆大师，观众会用无意义的词或外语来测试他，但即使是这些陌生的词也会使他产生味觉、触觉或视觉等感觉。这些额外的信息有助于唤起他的回忆。所罗门甚至报告说单词是有"重量"的。对他来说，这些感觉是如此生动，以至于他说，"我不必努力记住它——这个词似乎能自我回忆"（p.28）。

位置记忆法

位置记忆法是所罗门为了记住特定序列中的项目而使用的记忆增强技术，它指的是"在已知地点想象出来要记住的物体"。这种记忆法可以追溯到古希腊，当时的演说家会用它来记忆长篇演讲。

这种技术与公元前五世纪一场宴会上即将发表演讲的诗人西摩尼得斯（Simonides）有关。为了接收一则消息，他离开了宴会大楼，他前脚刚离开，大厅就倒塌了。客人全部遇难，尸体无法辨认。西摩尼得斯就根据他最后一次在大厅看到客人的位置来定位他们的尸体，客人的亲属也因此能够辨认出他们亲人的遗体。这不仅表明了这种方法的有用性，还表明了关注消息是多么重要！

为了使用位置记忆法，你需要想象一个熟悉的路线或地点。所罗门经常使用家乡拉脱维亚的一条街道或莫斯科著名的路线（如高尔基街）。一旦开始想象，就要把需要记住的图像放置在步行路过的一些点上。这样，需要记住的项目就被分布在了不同的位置，如房屋、大门、树木或商店橱窗（位置）。为了回忆列表中的内容，你需要回溯刚才的路径，并"查看"放置在那里的项目。

所罗门惊人的视觉记忆意味着他可以毫不费力地回溯这些"走过的路"。对他来说，就好像他真的在沿着这条路行走一样。有几次，当他想不起来某个项目时，他会解释说他把项目放在了某个不容易看到的位置。有时，他会将项目放在光线昏暗的地方，比如树荫下，从而有可能注意不到。对所罗门来说，这些错误是感知缺陷（没有在途中看到它们），而不是记忆缺陷。其中一个例子是"鸡蛋"一词，他把它"放"在了一堵白墙边，然后往回走的时候没有发现。在所罗门后来成为一名记忆大师后，他在放置内容时变得更加小心了，这样的错误也就越来越少。

记忆表演

当所罗门意识到人们可能对他的记忆力感兴趣时,他辞去了报社的工作,成为一名专业的记忆大师,在舞台上表演他的记忆力。

观众们经常试图通过让他回忆一些无意义的词或编造的词来挑战他,想发现他出错。尽管所罗门可以"接招",但为了回忆这些词,他不得不花费大量时间来处理这些信息,分别对它们进行视觉化。据他说,他最难的表演之一,就是被要求回忆一长串重复的音节(超过50个),如 MA、VA、NA、SA、NA、SA、VA、MA 等。所罗门说:

> 我刚听到第一个词,就"发现"自己行走在森林里的一条小路上,在马耳他的小村庄附近。在我小的时候,我家在那里有一间避暑的小屋……第三个词,崩溃!又是同样的辅音……我知道我有麻烦了……每个词都得让我换条路……这需要更多的时间。而当你在舞台上时,每一秒都很重要。我看到观众席上有人在笑,而这也立即被转换为一个尖顶的图像,所以我觉得我的心好像被刺了一下。

(pp. 52–53)

尽管有这些障碍,所罗门仍然设法正确地复述出了这个序列。八年后,在没有事先提醒的情况下,鲁利亚要求所罗门重复这个单调的音节列表,而他丝毫不觉得有任何困难!

作为一名记忆大师,所罗门一直在尝试简化他的回忆技巧,以加快他的记忆表现。如前所述,他确保头脑中的图像被清楚地"看见",除此之外,他还开发了一个图像速记系统,试图创造更简单、细节更少的图像。后来,所罗门发现,即使不那么详细地进行图像编码,他仍然可以回忆起单词,这大大减少了他所需的编码时间。当观众让他回忆无意义的音节时,他开始把图像联想与许多不同的音节联系起来。他每天在这方面工作数小时,并成为形成无意义音节图像的高手。利用这种技术,他可以回忆起不认识的外语单词、无意义的数学公式和无意义的音节。

鲁利亚坚定地认为所罗门的记忆力是天生的。他在舞台表演中使用记忆技术只是为了增强和加快他那与生俱来的能力，以满足苛刻的观众。

其他相关能力

所罗门令人难以置信的视觉记忆使他能够凭借思想的力量完成身体上的特技。正如他所说，"如果我想让某件事情发生，那我只需在脑海中描绘它"（p.139）。这不是吹牛，他真的可以通过想象来调节自己的心跳，甚至改变自己对疼痛的感知。

要想改变心跳，他只需想象自己正在赶火车，或者想象自己躺在床上完全不动，充分放松。这些画面对他来说是如此真实，以至于他的身体改变了生理反应。此外，他还能通过想象将一只手放在热炉中，另一只手拿着冰块来改变手部的温度。对每只手的皮肤温度的记录显示，它们都发生了几度的变化。

此外，所罗门还能改变自己对疼痛的感知。在看牙医时，他会想象看着别人在钻牙。这意味着疼的是"其他人"，而不是他自己！他还可以通过想象自己在一个黑暗的房间里，从而使眼睛适应黑暗，并通过想象听到刺耳的声音来产生耳蜗－瞳孔反射。尽管有一家神经学专科诊所对这些进行了研究，但也几乎解释不了所罗门的这些能力。

记忆所带来的问题

现在已经很清楚，所罗门拥有一种独特的记忆。然而，他的能力也有不足之处。由于他所听到的每一个词都会转化成图像，因此他不得不把信息读得特别慢，以便做到这一点。

很多人第一次见到所罗门，都会觉得他看起来相当迷瞪、沉闷或头脑迟钝。如果你快节奏地给他读一个故事，他就是这样的。在所罗门看来，每个词所产生的图像会与阅读声的图像及任何无关声音的图像混合在一起。其结果就是"一团乱麻"——一段简单的文字有时就会成为一项艰巨的任务。由于每个词都能唤起如此丰富的图像，因此他几乎做不到粗略地阅读或只了解段落的要点。

所罗门发现，自己做不到从一篇文章中挑出最重要或最关键的内容。任何文本中的每一个细节都会产生更多的图像，这些图像往往使他离段落的核心要义越来越远。

所罗门处理抽象概念方面的能力也很差。对他来说，一切都要靠视觉来处理。他说，"其他人是边读边想，但我一眼就把所有的文字看完了"（p.112）。他经常发现，文本中的一个词引发了一个图像，然后他的注意力就会从这个图像转移到一个与文本无关的图像——他的思维会引导他的图像联想，而不是文本本身。抽象的词也是一个问题，因为它们不容易被可视化。例如，他说自己看不到"无限"这个词。他把"某个东西"看作一团密集的蒸汽，而"无"则是一团较薄的、完全透明的云。事实上，如果他"看不到"某个观点或词，他就理解不了，而有些观点和词是不容易被想象出来的！所罗门的痛苦就在于，他一生中花了很多时间尝试解决这些我们其他人很容易做到的事情。

所罗门在处理同义词或隐喻方面也表现得非常糟糕，因为他脑海中充斥了各种图像。对他来说，"孩子""少年""婴儿""幼儿"这些词意味着不同的事物，而作家则可能不假思索地交替使用这些词。此外，还有一些多义词也会造成麻烦，比如"wear"，"wear away"的意思是"磨损"，而"wear a coat"的意思是"穿外套"，因此尽管"wear"一词在不同文段中的含义不同，但生成的图像是一样的。通常情况下，所罗门都会被细节所困扰，以至于他无法看到整体。诗歌对他来说几乎无法读懂——每一个词都会形成一个图像，无论它是不是诗人的本意。而所罗门看到的图像，往往会掩盖相关的含义。

所罗门还特别不擅长的一项技能是识别材料中任何形式的逻辑组织，他很难发现其中可能有助于回忆的模式，事实上，他根本就没有使用过任何逻辑性的回忆手段。所罗门过度依赖意象技巧，这意味着他常常没有注意到很多单词的含义。有一次，有人给了他一份鸟类名称的清单让他回忆，他完美地回忆了这份清单，但却没有注意到这是一份鸟类清单！他的意象技巧意味着每一个词都对应一个或多个单独的图像，而这些图像与列表中的下一个词是不相干的。当让他回忆特定序列的数字时，也发生了同样的事情——所罗门通常发现不了任何逻辑顺序。事实上,他自己也说,"即使给我类似的字母序列,我也注意不到它们的排列……我只会继续读下去,把它们背下来"(p.60)。

也许令人惊讶的是,所罗门对人脸或电话中的声音的记忆力相当差。他抱怨说,面孔和声音是如此多变,完全取决于对方当时的心情或表情。在他眼里,面孔是不断变化的,他将对脸部的识别比喻成观察波浪的形状变化。所罗门声称,一个人的声音一天可以变化30次之多,每一次变化都会产生一组不同的图像,因此对声音的识别相当困难。事实上,他经常困在别人的声音里,以至于根本就没有听到他们到底在说什么。当然,对某些人来说,这可能是一种优势!

尽管所罗门的联觉使他拥有惊人的记忆力,但也使他的感官之间缺乏界限,这导致了一些相当奇怪的事件发生。例如,他说自己在餐馆里吃饭时,必须要有合适的背景音乐,如果音乐"不对",就会干扰食物的味道,而"如果音乐'对了',一切都会很美味,在餐馆工作的人肯定知道这一点"(p.82)。据说,有一次他想吃冰激凌,就去附近的小摊上买。然而,当问到都有什么口味的冰激凌时,卖冰激凌的人回答"水果冰激凌"——"她的声音是如此之大,以至于我看到一大堆黑色的煤,还是煤渣,从她嘴里蹦了出来,她说完后,我再也没有勇气去买任何冰激凌"(p.82)。这方面的另一个例子是俄语单词"svinia",它的意思是"猪"。但这个词在所罗门脑海中的形象却相当"精美",与猪本身的形象大相径庭。对所罗门来说,一个词的发音、说话人的声音和这个词的含义会被一起编码。在他看来,所有这些东西都必须协调才行。

尝试遗忘

与大多数人花时间设计记忆策略不同,所罗门却花时间去设计遗忘策略!他越来越清楚地意识到自己需要忘记信息。在成为一名记忆大师后,他每天都会在同一地点进行数场演出,所罗门发现自己很难组织所有必须记住的材料,对此,他制定了一些解决策略。

首先,他故意限制自己用来帮助回忆的图像。他试图集中注意力,将图像限制在他需要回忆的项目的基本细节上——他开始为自己的图像制作速记版本。结果发现，即使不对每个项目所有的丰富细节进行编码，他仍然能完美地记住它们。尽管这很有帮助，但他仍然需要一种方法来完全忘记材料，而不仅仅是以一种更简单的形式编码。

他尝试忘记的一种方法是在脑海中重新整理自己在之前的表演中记住的纸上材料，然后想象把这张纸揉成一团扔掉。然而，他表示这样做仍然很难忘记。所罗门发现，如果随后表演中的材料与先前表演中的材料相似，就会出现干扰。这是一个前摄抑制的例子，旧的记忆会影响新的记忆。此外，材料之间的相似度越高，干扰就越大。这一次，所罗门的记忆似乎和其他人的记忆一样，因为干扰是对遗忘最合理的解释之一。然而，所罗门实际上并没有忘记任何材料，而只是觉得学习和回忆时更混乱了。

所以所罗门仍然需要开发一种遗忘的技术。他发现很多人会把事情写下来以帮助回忆，这对他来说似乎很荒谬。然而，他想知道自己能否为了遗忘而把事情记录下来。他的理由是，如果某件事情被写下来，就没有理由继续记住它！他尝试了这种方法——把数字写在纸上，然后丢掉甚至烧掉。遗憾的是，他仍然可以在烧焦的余烬上看到那些数字！

在所罗门看来，他将永远承受"忘不了"之苦，这让他越来越担心。后来，所罗门突然发现了一种遗忘的方法，尽管对于这种方法的原理，他和研究他的心理学家都不能完全理解。他解释说，在一个晚上进行了三场表演后，他很担心第四场表演会受到干扰。他心想：

> 我就看了一下，看看第一张数字图表还在不在。不知怎的，我担心它不在了。我既希望它出现，又不希望它出现……然后我想，数字图表现在没有出现，原因很清楚——因为我不希望它出现！啊哈！这意味着如果我不希望图表出现，它就不会出现。我懂了！……那一刻，我感觉自己自由了……我知道如果我不希望某个图像出现，它就不会出现。

（pp. 71–72）

奇怪的是，这种刻意遗忘的技巧似乎很有效，尽管直到现在也没有人知道它是如何起作用的。

所罗门·舍雷舍夫斯基的悖论

那么，我们能从所罗门·舍雷舍夫斯基身上看到什么呢？所罗门的生活是一个悖论。他最大的能力也是他最大的障碍。他惊人的记忆力意味着他很难遗忘，但尽管如此，他在别人眼中还是显得迟钝和健忘。据他的叔叔说，所罗门只有在有意识地记住信息时才会有好的记忆力，他每天为舞台表演努力训练数小时，还经常被一些测试者刁难，这让他很受挫。他们似乎认为他是在作秀或是一个江湖骗子。他的记忆力也给他的日常工作带来了实际困难，比如他难以区分现实和脑海中的图像，每天花好几个小时用自己非凡的记忆力做白日梦。虽然有一段时间，他作为记忆大师表演很成功，但他也做过很多其他的工作。遗憾的是，他从未真正找到一个满意的职业来充分发挥他惊人的能力。由于他的记忆力和信息加工方法与常人明显不同，因此很难将他的记忆力与平常的记忆力相提并论。所罗门最后在莫斯科做了一名出租车司机，他当然没有任何理由走错路！关于所罗门后来的生活，各种报道众说纷纭，在某种程度上，他已经消失在大众视野中了。《纽约时报》报道说他后来结了婚并育有一子，后于 1967 年去世，享年 72 岁。也有其他报道称他在精神病院结束了自己的一生，尽管所罗门声称他仅仅是去莫斯科的神经系统疾病医院进行了检查，并相信不会查出什么问题。《纽约客》（*The New Yorker*）杂志上的一篇文章刊登了强有力的证据，证明他在 1958 年死于酗酒引起的并发症（Johnson，2017）。

所罗门在他的一生中总是努力做一些伟大的事情，但他可能觉得自己并没有成功。然而，他留给心理学的遗产可能意味着他最终实现了自己的目标。鲁利亚教授继续着他成功的学术生涯，直到 1977 年去世。1972 年，他记录了另一个著名案例——一个叫扎塞斯基（Zasetsky）的人遭受了严重的脑损伤。

研究所罗门数十年的亚历山大·罗曼诺维奇·鲁利亚教授

来源：© RIA Novosti/Alamy

第 2 章

活在当下的人：H.M. 的故事

1953 年的一个夏日，脑外科医生比尔·斯科维尔（Bill Scoville）尝试了一种实验技术来治疗他的一个病人的癫痫。在病人仍然清醒的情况下，他在他的头上切开了一个洞，用一根银色的吸管吸走了他的一部分大脑。正如他后来开玩笑说的那样，他没有消除他的癫痫，而是消除了他的记忆。这个病人叫作亨利·古斯塔夫·莫莱森（Henry Gustav Molaison），通常被称为 H.M.。他注定要成为世界上最著名的神经学案例之一。

H.M. 的过去

H.M. 有一个平淡无奇的童年。他于 1926 年 2 月 26 日出生在康涅狄格州哈特福德的一个工人区，是一个在美国小镇里长大的孩子。他是一个安静、矜持和害羞的男孩，做着同龄人做的典型的事情。他和他的朋友们会一起在当地的汽水店消磨时间，在水库游泳。他对射击特别感兴趣，会花很多时间探索他家附近的树林，打鸟和野鸡吃。后来有一次，一个骑自行车超速的男孩撞晕了他，导致他的脸部和头部缝合了 17 针。有人认为，他后来的一些神经问题可能就源于这次事件。

在他 16 岁生日那天，他和父母一起开车去镇上庆祝。突然，他的身体僵硬了，他第一次出现全面的癫痫大发作。H.M. 失去了知觉，身体僵硬，而且开始不受控制地抽搐。他狠狠地咬自己的舌头，把舌头都咬出了血，膀胱也失去了控制。他的呼吸变得很浅，直到大约一分钟后抽搐停止。这些都是癫痫大发作的典型症状。在此之前，H.M. 曾注意到有时他的大脑会一片空白，但这些影响只是暂时的。H.M. 的父亲那边有三个表亲也患有癫痫，这说明他们有家族遗传史。

癫痫是一种神经系统疾病，使人容易出现癫痫发作（原来也叫作"痉挛"）。癫痫发作是由脑细胞工作方式的暂时变化引起的。在构成大脑的巨大神经元网络中，数以亿计的电子信息被来回传递。这些信息几乎决定了我们所有的想法、感觉和行为。在没有预警的情况下，大脑化学成分的紊乱偶尔会导致这些信息变得混乱，神经元的放电速度比正常情况下快，而且是一阵一阵的。正是这种紊乱导致了癫痫发作。癫痫发作通常只持续几秒钟或几分钟，然后脑细胞恢复正常功能。癫痫可能会遗传，但通常难以找到确切原因。

不幸的是，H.M. 没有得到家人和同龄人的同情。他在学校经常被嘲笑，最后不得不转学去了另一所学校。毕业典礼那天，他的老师拒绝让他上台领毕业证书，以防他癫痫发作。他的父亲古斯塔夫承受不住家里有个"精神病人"，就沉迷于酒精以寻求慰藉，将儿子的未来完全交给了妻子。H.M. 不得不放弃追随父亲的脚步成为一名电工的计划。26 岁时，他似乎注定只能从事没有前途的工作。H.M. 一直生活在对癫痫的恐惧中，到 1953 年夏天，他每周都会有 10 次轻微失去知觉和一次癫痫大发作。

他的医生决定向当地的神经科医院寻求专家帮助。有两位医生愿意接手这个病例，其中一位是比尔·斯科维尔，他专攻脑叶切除术，另一位医生专攻癫痫病。斯科维尔接下了这个病例。

真的是专业帮助吗

当医生们在 19 世纪第一次对精神错乱或癫狂感兴趣时，他们认为精神病人已经失去了理智——使人"成为人"的部分。精神病患者常常被以野蛮的方式对待，医生们基本上不再拿他们当人看。他们经常被绑起来，一连数周被关着。医生们发明了越来越多的疗法，但这些疗法现在看来不过是创新的酷刑。比如，一名医生发明了一种旋转椅，另一名医生会连续摇晃病人数小时；还有人发明了会倒塌的"桥",使病人"意外"跌入冰冷的水中。他们希望这样的治疗方法能够"触动"病人紊乱的大脑,从而使其恢复理智。令人惊讶的是,据报道,许多这样的治疗方法在改善躁狂行为方面是有效的。似乎可以肯定的是,这些病人只是被吓得屈服了。后来,医生们越来越拼命地寻找治疗精神疾病的方法。

在20世纪30年代,严重精神病的发病率一直在上升,但对其原因或如何治疗的认识却没有提升。一位名叫埃加斯·莫尼兹(Egas Moniz)的葡萄牙医生在一次会议上,看到一只脾气暴躁的黑猩猩在被切除额叶后变得特别平静,这给他留下了深刻的印象。莫尼兹想知道,类似的过程是否会对精神病患者有效?在他看来,精神疾病可能是由神经细胞功能失调引起的,那如果破坏掉这些细胞,病人的情况是否会出现一些好转呢?尽管莫尼兹的假设没有真正的科学证据,但这并没有阻挡他开始对人类病人进行精神外科手术。根据他自己主观的、有偏见的标准,莫尼兹宣布手术成功。

美国教授沃尔特·弗里曼(Walter Freeman)对这项新的"动刀的"技术表示了强烈的认可,并开始在大西洋彼岸赞扬它们的优点。后来,莫尼兹和弗里曼联合出版了一本颇有影响力的书,推广使用脑叶切除术来治疗精神病人(Freeman, 1949a, 1949b; Moniz, [1937]1994)。于是,在美国进行的脑叶切除术从1946年的100例增加到了1949年的5000例。这项技术似乎带来了前所未有的希望。弗里曼是一个叛逆的、有争议的人物,他开发的技术包括提起病人的眼睑,并将一个脑白质切断器(一种类似于冰锥的工具)插入泪管。他将脑白质切断器推入额叶约一英寸[①]半,并来回移动锋利的尖头。他还会在另一个眼窝重复这一动作。他喜欢双手同时对两个眼窝进行操作,以炫耀自己的技术。为了更好地"表演",他还订购了纯金手工制作的脑白质切断器。令人难以置信的是,他曾经因为在手术时退后一步拍照,不小心把脑白质切断器深深地插入了病人的大脑,导致病人死亡。也就是大约在这个时候,莫尼兹因发明脑叶切除术而获得了诺贝尔奖(这后来被认为是诺奖历史上最不光彩的奖项)。在这段时间,斯科维尔正在大学学医,不禁被这种堪称"奇迹"的手术程序所影响。

[①] 1英寸≈2.54厘米。——译者注

比尔·斯科维尔也是一个相当疯狂的人，经常驾驶红色捷豹车鲁莽行驶，还经常搞一些高风险的恶作剧，当地警察都知道他的大名。例如，他曾在夜里爬上乔治·华盛顿大桥的电缆塔。在他的职业生涯中，他似乎也愿意为了高回报而冒险。当地的精神病院曾招募合适的病人来进行探索性手术，斯科维尔往往很愿意为他们主刀。他相信沃尔特·弗里曼的座右铭——"脑叶切除术让病人出院回家"。然而，到了1953年，人们开始对脑叶切除术的有效性产生怀疑，这让斯科维尔看到了机会：能否在大脑中找到一个可能是精神疾病病灶的新部位？他在论文中公开报告，他正在切除病人（主要是精神分裂症患者）大脑中新的和不同的区域，并研究其影响。这些论文没有一篇提到伦理问题。斯科维尔表示，除一例外，没有发现任何不良反应（Scoville et al., 1953）。这是医学杂志第一次提到 H.M.。

尽管斯科维尔以前曾被警告过他做的手术的危险性，但 H.M. 还是在 1953 年 8 月 25 日坐上了他的手术椅。H.M. 被注射了麻药，并没有感觉到疼痛，当斯科维尔切开他的前额时，他是清醒的。斯科维尔用手钻在他的头骨上钻了两个洞，以进入他的大脑。他插入了一把金属铲子，以撬起他的额叶，进入大脑的深层结构。多年后的大脑扫描显示，H.M. 的额叶仍然有轻微的推高和压扁。接下来，斯科维尔插入一根银色的吸管，从两个半球吸出了一个橘子大小的灰质团。具体来说，斯科维尔切除了 H. M. 的大部分海马体（一个小的海马状器官）、杏仁核以及内丘脑和外丘脑皮层。这些区域的许多功能仍未被完全了解。例如，杏仁核似乎在处理感觉和认知信息以解释事件或思想的情感意义方面发挥着作用。在很大程度上，由于 H.M. 的案例，我们现在很清楚海马体在记忆存储方面发挥着作用。一瞬间，H.M. 就失去了编码新记忆的能力——他被困在过去和现在，但没有未来可以期待。

比尔·斯科维尔还没有完成他的手术。他决定在 H.M. 的大脑中放置金属夹子，以标记切口的边缘。如果手术成功，这将使研究人员能够通过 X 射线精确地定位他的伤口。然而，在手术后的第一天，H.M. 就又遭受了一次癫痫大发作。人们立即怀疑手术没有产生任何效果。然而，事实并非如此。H.M. 的癫痫发作确实不那么频繁，减少到大约每几个月大发作一次。有点巧合的是，斯科维尔关于癫痫发作在大脑内扩散的假设部分是正确的（现在已很清楚，海马体与精神疾病有关。在精神分裂症患者和某些类型的抑郁症患者的大脑中，海马体似乎都存在萎缩）。不幸的是，斯科维尔没有预见到强烈的副作用对病人的折磨——在 H.M. 的余生中，一直都无法更新记忆。尽管如此，斯科维尔仍在 H.M. 的出院记录上写道："病情有所好转。"

H.M. 的记忆力下降是显而易见的。他的母亲对于同意手术感到很后悔，并对丈夫把决定权交给自己以及斯科维尔说服她手术有可能成功的做法感到愤怒。斯科维尔回家后对妻子开玩笑说："你猜怎么着？我本想切除一个病人的癫痫病，结果却拿走了他的记忆！多有意思的交易啊！"他没有对这一手术表现出任何的愧疚，事实上，他还发表了相关的研究论文，但至少他确实警告了其他科学家正视这种手术的危险性。他打电话给当时最著名的神经学家之一——加拿大的怀尔德·潘菲尔德（Wilder Penfield），告诉他关于自己病人的情况。潘菲尔德对此很生气，不敢相信他竟然做了这样的手术，但在冷静下来之后，他认为 H.M. 提供了一个机会，可以让我们进一步了解大脑的工作机制。

"从梦中醒来"

潘菲尔德的同事布伦达·米尔纳（Brenda Milner）拜访了 H.M.，并开始了系统的调查。米尔纳现在被认为是世界上领先的记忆研究者之一，主要就是因为她对 H.M. 的研究工作（Milner et al., 1968）。H.M. 是有记录以来最明显的记忆缺陷者之一，他几乎不可能获得任何新的记忆。尽管米尔纳与 H.M. 在接下来的 20 多年中一直在一起工作，但每次见到她，H.M. 都觉得她是个陌生人。从手术的那天起，H.M. 就注定要活在"当下"。H.M. 经常会一遍又一遍地重复同样的话，但完全意识不到自己是在重复。米尔纳开始喜欢 H.M.，但也许就像喜欢宠物那样吧。她声称 H.M. 在手术过程中失去了一些独特的人类品质，任何人都不可能与一个一刻都记不住自己的人建立真正的友谊。

那么，H.M. 到底能记住什么呢？他仍然有正常的短时记忆。他可以重复刚刚听到的数字或字母列表。他的数字广度（在短时记忆中可以立即回忆起的项目数量）是正常的（也就是说，他可以回忆起大约七个项目），也就是说，他知道一分钟左右之前发生了什么。但除此之外——或者如果他分心了——他就什么也想不起来。他患上了最严重的顺行性失忆症,这指的是丧失创伤后的记忆,在本例中创伤指的就是手术。换句话说,他几乎没有能力产生任何新的记忆。起初,H.M. 似乎也患有逆行性失忆症(丧失创伤前的记忆),但逐渐地,他开始恢复手术前的记忆。他想起了自己童年时的一些事,认出了 20 世纪 40 年代的名人照片。最终,他 16 岁以前的大部分记忆都恢复了,但伴随着几乎无法形成任何新的记忆,他患上了 11 年的逆行性失忆症。也就是说,他无法回忆起手术前 11 年间的事情。有人认为,这为记忆需要很长时间才能永久地巩固提供了证据。

手术后,H.M. 继续和父母住在一起,他的母亲特别鼓励他工作,以恢复记忆和独立能力。例如,他会被要求去修剪草坪。他记得修剪草坪的程序,可以通过判断草的高度来确定要修剪的地方。然而,如果他的注意力中途被转移,他就会想不起自己正在修剪草坪。很显然,他将无法过上"正常"的独立生活。

H.M. 偶尔会讲述一些在手术后编码的记忆,这让研究人员感到很惊讶。他对肯尼迪总统被暗杀一事有模糊的记忆,尽管他经常将其与 1933 年富兰克林·罗斯福被刺案的刺杀企图搞混。他知道什么是隐形眼镜,并说"玛格侬"[①]是他最喜欢的电视里侦探的名字。似乎经过数百次的重复,他能够对一些新的(但经常是混乱的)记忆进行编码。后来经先进的大脑扫描显示,这可能是因为他的海马体在最初的手术中留下了小碎片。

尽管生活近乎毁灭,但 H.M. 仍然是一个聪明、风趣和有礼貌的人。他的智力并没有受到手术的影响;事实上,他的智商在手术后从 104 上升到了 117,而一般人的平均智商是 100。有一次,一位研究人员不小心把钥匙锁在了实验室里,H.M. 笑着说,至少对方知道在哪里可以找到钥匙,而这对自己来说是不可能的!H.M. 继续做他的填字游戏,他花了好几个小时来完成它们。也许是因为所有的线索都在那一页,他可以在任何时候回到这些谜题上,并立即看到自己做到了哪里。他不断地告诉来访者,他做填字游戏时并不觉得在重复。在提到他的失忆状态和对填字游戏的热爱时,他曾宣称自己是"字谜之王"。他仍然能够阅读和书写,只

[①] 美国犯罪电视剧《夏威夷神探》的主人公。——译者注

是一遍又一遍地阅读同一本步枪杂志——每一次都忘记了自己已经读过。

与许多失忆症患者一样，H.M. 想出了一些策略来试图掩盖他的失忆。手术后的几年里，H.M. 在一家机床厂做粗活，做一些琐碎、重复的工作。只要他不停下来或分心，他就能干好这些工作。但一旦他中途去了厕所，就再也找不到回来的路了。他的主管经常给他提供图片，让他去收集工具，H.M. 通常都能成功找到。H.M. 还学会了留意认识的人所表现出来的微妙的非言语线索，这能帮助他意识到这些人应该是他认识的。然而，情况并非总是如此。当他在手术后不久回到家与母亲一起生活时，他会邀请所有来访的人进屋喝茶——他认为所有登门的人都可能是朋友，为了不显得失礼，他把所有人都邀请了进来！

最终，对 H.M. 的研究转到了麻省理工学院，米尔纳以前的一个名叫苏珊娜·柯金（Suzanne Corkin）的学生于 1966 年接手了这项研究，并继续每年对 H.M. 进行三次测试，直到他 2009 年去世。此时，H.M. 不再匿名，我们发现他的真名叫作亨利·古斯塔夫·莫莱森。

手术后，亨利连自己的年龄和生日也记不住了。他认为自己大约 33 岁，大约出生在 1930 年。当在镜子里看到自己的样子时，他经常感到很震惊。人们也发现他已经不认识镜中的自己了。当他看到穆罕默德·阿里（Muhammad Ali）的照片时，他说那是乔·路易斯（Joe Louis）[①]。他不记得那次手术，但知道自己有失忆的问题。他经常担心自己说了一些让别人不高兴的话，但却记不起来了。他一直担心这一点，并不断询问人们是不是这样。他也似乎意识到自己的情况可以帮助别人。他曾说："我一直在想，我可能做过手术……但不知为何，我的记忆消失了……我在努力弄清楚。对我来说，这在某种程度上并不令人担忧……专家们能够从中学习，从而帮助其他人。"虽然亨利大部分时间都很乐观，但他偶尔也会因为被称为"那个案例"而难过。他形容自己的生活就像"从梦中醒来……每一天都是孤独的"。他发现自己很难进行对话和提问，因为他记不住"之前发生了什么"。在他生命的最后 50 年里，他经常重复讲述那 10 多件趣闻轶事。

---

① 穆罕默德·阿里和乔·路易斯都是美国职业拳击手。——译者注

心理测试显示，亨利的时间估计能力极差。超过20秒，他就无法准确地估计时间了，以至于研究人员认为，对他来说，几天就像几分钟，几周就像几小时，几年就像几周。这对于亨利这样的人来说可能是一个"上天的馈赠"，因为这意味着他最后50年的失忆时间可能看起来不比几个月长。

亨利对科学的贡献

亨利对科学的第一个贡献是使科学家们发现存在许多不同形式的记忆，它们位于大脑的不同区域。亨利的失忆涉及记忆的加工过程，即新记忆的形成、分类和存储。这似乎是海马体的主要功能。它不仅负责将新的记忆归档，而且会将它们与相关的记忆联系起来，从而帮助赋予新记忆意义。

第二个贡献是使科学家们发现失忆症患者在无意识的情况下能够学习新事物。亨利掌握了一些程序性记忆。程序性记忆（有时被称为肌肉记忆或内隐知识）涉及技能和程序的存储。这包括对技能性任务的记忆，如打网球、游泳或骑自行车。诸如此类的记忆最容易通过实际应用来证明，但描述这类记忆是很困难的，例如，向别人描述前爬泳动作。

具体来说，程序性记忆现在被认为包括三种类型：（1）条件反射；（2）情绪链；（3）技能和习惯。每一种记忆都与大脑的不同区域有关。条件反射的习得被认为与小脑有关。这方面最著名的例子是克拉帕雷德（Claparede）1911年的研究报告（Claparede, [1911] 1951）。他的一个失忆症病人从一次会面到下一次会面就不记得他了。有一天，克拉帕雷德手里拿了一根别针，在握手的时候扎了她一下。到他们下次见面时，病人又不认识他了，但拒绝与他握手。她无法解释原因，但就是不愿意这样做。这是一个简单条件反射（学习）的例子。亨利的小脑没有受到手术的影响，因此我们可以预期他应该能够以这种方式学习，尽管他意识不到自己已经学会了。然而，当发现亨利对电击有异常高的耐受性时，研究者不得不放弃对他的条件反射试验。他似乎能够忍受任何正常人都会觉得痛苦的电击。这方面的确切原因仍不清楚，但有人认为这可能是他广泛的神经系统损伤的另一个症状。情绪链——如知道何时感到恐惧或愤怒——与杏仁核有关。亨利的这一大脑结构大部分被切除了，因此尽管他看起来确实感到恐惧和愤怒，但他不知道自己为什么会有这种情绪。例如，手术后，亨利偶尔会表现出极端的愤怒。有一次，他用拳头反复敲打卧室的门，喊道"我不记得了，我不记得了"，把手指都弄伤了，他还不止一次威胁要自杀。有人担心，他开始意识到由于失忆，他的生活变得多么空虚。然而，大多数情况下，他都不记得自己为什么生气，也不记得自己实际表现出的愤怒。他会产生愤怒感，但却不记得自己为什么愤怒。这本身就很令人沮丧和困惑。

目前还不清楚哪些大脑结构与程序性记忆中的技能和习惯有关。小脑和海马体都被认为与之相关。亨利能够表现出对新技能的获得和保持。例如，柯金教他镜面绘画的技巧——通过镜子看一幅画，然后在纸上画下来。起初，这非常困难，但经过充分的练习，亨利进步得很快。亨利在这项任务上表现出的学习能力与常人无异，但在随后的一些场合，当被要求做这项任务时，他却完全意识不到自己早就掌握了这一技能。后来，他还学会了镜像书写和镜像阅读技巧。这些例子与另一位失忆症患者的情况很像，那位失忆症患者学会了打乒乓球，而且还打得不错，但也是不知道自己掌握了这项本领，也不知道游戏规则或如何记分。还有一位失忆的钢琴家学习了一首新的乐曲，后来尽管他表示"想不起来了"，但在给了他前几个音符后，他还是可以完美地演奏这首曲子。

亨利缺少的是对生活中发生的事件（例如，他的生日）进行编码的能力。这种类型的记忆被称为情景记忆。亨利也失去了学习新的事实性信息（例如，美国总统是谁）的能力。这种类型的记忆被称为语义记忆。很明显，亨利失去的大脑结构与程序性记忆无关，但对保持情景记忆和语义记忆至关重要。

亨利的贡献

那么，我们如何总结我们从对亨利 50 年的研究中所学到的东西呢？研究人员发现，短时记忆并不位于海马体，长时记忆有不同的形式；海马体不参与程序性记忆的编码或保持，但参与新的长时记忆（情景记忆和语义记忆）的形成；人格并不因海马体的丧失而受到很大影响。亨利总是被描述为一个可爱、温和的人，也仍然是一个聪明、友好和利他的人。多年来，在参加100多位神经科学家进行的记忆测试时，他总是很努力。似乎那场失败的手术并没有改变他的性格。

亨利比他的家人都要长寿，但他对他们的去世没有任何记忆。当被告知他母亲的死亡时，他每一次都悲痛不已。然而，他有时确实提到，他有一种感觉，母亲可能离开了他。以他的智力，通过照镜子来估计自己的年龄，他可以推断出他的母亲很可能已经去世了。

与许多处理其他案例（如第10章的杰妮）的研究人员形成鲜明对比的是，苏珊娜·柯金在她学术生涯的大部分时间都在研究亨利，成了他的"监护人"。她会满足他的兴趣，并帮助他安排生活的各个方面。她经常去他居住的疗养院里帮助他，直至他去世，还安排他到麻省理工学院参加研究。她确保他的医疗需求得到满足，并会在圣诞节和他过生日时送他礼物。尽管亨利从未真正记住她，但她成了亨利重要的人生导师。亨利对柯金有一种模糊的熟悉感，似乎认为他们是高中同学。苏珊娜·柯金50多年来对亨利惊人的帮助和无私的努力没有给他留下持久的印象，这似乎是一种很大的遗憾。

亨利总是说他想帮助其他处于类似困境的人，他和他的法定监护人同意在他死后将他的大脑捐献给科学研究。正如柯金（2002，p. 159）所说："他帮助其他人的愿望将得到实现。然而，遗憾的是，他仍将不知道自己的名气以及参与研究对国际科学和医学界的影响。"

人们经常思考，如果没有记忆，生活会是什么样子；如果没有记忆，人类将何去何从。没有记忆，就没有语言，没有科学，没有艺术，没有历史，没有家庭，没有任何有意义的存在。我们将永远活在"当下"，我们将只能用与生俱来的反应能力来应对这个世界；世界将与我们今天的世界完全不同——因为亨利，我们可以回答其中的一些问题。

从某些方面来说，亨利的失忆也可能是一件幸事，保护他无法完全意识到自己在手术后过着多么没有意义的生活。亨利的案例具有悲剧性的讽刺意味，这个没有记忆的人让我们对记忆的本质有了深刻的认识，并一直持续到今天。当被告知他对脑科学的巨大贡献时，他很快就会忘记，但这也会让他非常高兴，哪怕只有几秒钟。

2009年12月2日,亨利·莫莱森因呼吸衰竭在康涅狄格州疗养院去世,享年82岁。按照之前的约定,苏珊娜·柯金安排将他的大脑送到加州大学圣地亚哥分校的大脑观察站。在长达53小时的网络直播中,他的大脑被解剖并被切成标本段,以便研究人员在未来进行研究。柯金透露,她计划写一本关于她与亨利共事的回忆录,而亨利生前故事的电影版权最近也已卖给哥伦比亚电影公司。看来,这个没有记忆的人永远不会被遗忘。

亨利·莫莱森,由苏珊娜·柯金拍摄

来源:© Suzanne Corkin, used by permission of the Wylie Agency (UK) Limited

第 3 章

对重见光明感到失望的人：S.B. 的故事

> S.B.[①]在10个月大时失明了，由于他的问题比较特殊，医生宣布无法做手术。然而，许多年后，随着科学的发展，他的视力得以恢复。52岁那年，S.B. 又能看见东西了。他将第一次见到他的妻子，以及其他一切事物。一开始，他为自己恢复视力感到非常兴奋。然而，没过多久，他就变得沮丧、心灰意冷，并在两年内郁郁而终。他说对自己看到的东西感到很失望。

盲童的生活

S.B. 出生于1906年。他出生在英国伯明翰一个比较贫穷的家庭，是七个孩子中的一个。他在10个月大时因接种天花疫苗被感染而失明。S.B. 的姐姐过去每周都会带他去看眼科门诊，去拆掉他的绷带，然后清洗眼睛。她说，他的眼睛一直被包扎着，因为他的眼睛经常流泪，还会有难闻的分泌物。家人也曾经测试过 S.B. 的视力，他姐姐回忆说，他有光感，并能指出一些"大型白色物体"。他的右眼还能分辨出大约八英寸距离的手部动作。然而，在童年的大部分时间里，S.B. 的头部都缠着绷带。他自己报告说他只有三种视觉记忆，分别是红色、白色和黑色。这说明他基本上就是个盲人。他从9岁起开始就读于伯明翰盲人学校，并于1923年毕业，掌握了成为一名鞋匠所需的技能。

---

① 据格雷戈里1986年的报告，S.B. 的真名是西德尼·布拉德福德（Sidney Bradford）。

第 3 章
对重见光明感到失望的人：S.B. 的故事

在上学期间，他被描述为一个善良、有礼貌、聪明的男孩，只是偶尔会不听话。最初，他在伯顿特伦特家中的花园棚子里做修鞋工作。所有的工具和设备都有人给他准备好。据说，他的工作质量很高，基本上能够养活自己，但与视力正常的同行相比，他的收入就很微薄了。后来，他结了婚，据说妻子还是个活泼、积极的人。他可以自如地在无人帮助的情况下过马路，出门时一般也不会携带白色手杖。在一些比较熟悉的路线，比如去酒馆或商店，他有时也会撞到停着的汽车或其他意想不到的障碍物上而受伤。他喜欢骑自行车，长途骑行时，他会扶着朋友的肩膀来引导自己。他喜欢园艺，大家都觉得他是一个积极、热情并热爱生活的人。

这就是他的生活——相对平淡，但很充实——直到 1957 年的一次常规眼科检查为他打开了重获光明的大门。眼科医生希尔滕斯坦（Hirtenstein）对 S.B. 进行了测试，并建议，由于他实际上没有失明（从技术上讲，失明意味着对光线完全不敏感），也许可以通过手术来改善他的角膜功能，从而恢复他的视力。角膜是眼睛前面的窗口，它是透明的，负责接收光线。如果角膜不能正常透光，光线进入视网膜的路径就会被扭曲和/或阻断，从而导致相应的视力丧失。角膜移植术包括切除一部分角膜，然后替换上一块类似的角膜。1958 年 12 月 9 日，他的左眼接受了角膜移植手术，一个月后，右眼也接受了类似的手术。

一家全国性的报纸《每日快报》（*Daily Express*）听说了这件事，并进行了报道。一位名叫理查德·格雷戈里（Richard Gregory）的心理学教授在读了这个故事后立即写信给 S.B. 的外科医生，请求见一见他的病人（Gregory, 1986）。时至今日，格雷戈里仍然是世界上顶尖的视觉感知专家之一。在得到同意后，格雷戈里和他的助手简·华莱士（Jean Wallace）在 S.B. 的左眼手术 48 天后拜访了他。

重见光明

S.B. 在手术后的第一次视觉体验是看到给他拆绷带的医生的脸。《每日快报》的报道称，他看到了一个黑乎乎的物体，上面有一个凸点，然后他听到一个声音，他摸了摸自己的鼻子，意识到在他面前的"凸点"一定也是一个鼻子，因此，这个黑乎乎的物体一定是一张脸。他由此得出结论，这一定是外科医生的脸。后来，S.B. 自己也说，他之所以认出"那个各种颜色的物体"是外科医生的脸，纯粹是因为他记得外科医生的声音。他承认，如果没有声音，以及他预先知道声音来自脸，他就不会知道这是一张脸。起初，S.B. 并不觉得脸是很容易识别的物体。他形容他的妻子"就像我想的那样漂亮"。

研究人员对 S.B. 开展了一项对照研究，在术前和术后分别对 S.B. 进行检查和测试，这也使得他们有更多的时间来准备各种感知测试。尽管如此，在格雷戈里和华莱士正式与 S.B. 见面前，他们已经对 S.B. 的视力进行了一系列测试。他们先是看到他自信地在医院的走廊上漫步——他不用手触摸就从容地走进一扇门，他们表示他看起来很自信、外向、开朗，跟视力正常的人没两样。然而，他们很快意识到事实并非如此。他的视线集中在前方，没有对房间里的物品进行扫视。只有当要求他看房间里的某样东西时，他才会去看，全神贯注地盯着它，并且进行思考。

S.B. 能说出房间里所有物体的名字，甚至能说出挂钟上的时间。鉴于许多恢复视力的人在识别物体方面都很吃力，格雷戈里和华莱士想知道为什么他如此擅长识别物体。S.B. 解释说，大多数物体他都是从作为盲人的触摸经验中猜出来的。他向他们展示了他那块去掉了玻璃的手表，并演示了他是如何通过触摸知道时间的。此外，他还说自己能认出大写字母，因为他在盲人学校学过如何通过触摸识别大写字母。值得注意的是，他认不出小写字母，因为没有被教过如何通过触摸来识别小写字母。但他经常能够机智地猜对，从而掩盖了这种知觉上的异常。这种"填补知识空白"的做法与第 2 章中讨论的 H.M. 的情况很像，他也是用"有根据的猜测"来弥补自己记忆力的不足。

S.B. 对颜色的识别不是很有把握。以前的报告表明，恢复视力的人通常认为黄色是一种令人不愉快的颜色。S.B. 抱怨说黄色的种类太多了。他对绿色和蓝色有明显的偏好，而且一般都喜欢明亮的颜色。他对暗淡的颜色感到很失望。他发现这个世界相当单调，并对剥落的油漆和东西上的瑕疵感到沮丧。

S.B. 的深度知觉极差。他站在医院 40 英尺[①]高的窗户边往下看，认为自己可以伸手触摸到地面。他对尺寸的估计也不准确。他对公共汽车长度的估计是准确的，但高度就不对了——远远超出了实际。人们认为这是因为他在失明时熟悉触摸公共汽车的长度，但没有任何关于正确高度的经验。从本质上讲，如果是他之前通过触摸了解过的物体，他的尺寸估计就是相当准确的。

有两个东西特别让他着迷。手术三天后，他问护士长天空中的物体是什么。当被告知是月亮时，他表现得非常惊讶。他原以为四分之一的月亮就像一块四分之一的蛋糕，而不是月牙形的。同样，月亮也是一个他以前无法通过触摸体验的东西。他还表现出对镜子的迷恋，这种迷恋一直持续到他的后半生。他是当地酒吧的常客，经常一连几个小时坐在镜子对面的座位上（他最喜欢坐在那里），欣赏自己的影像。

心理测试

格雷戈里和华莱士让 S.B. 完成了一系列不同的知觉测试。这些测试包括测试深度知觉和长度知觉的著名视错觉测试、透视变化和色觉测试。与常人明显不同的是，S.B. 似乎并没有被这些"幻象"所迷惑。从本质上讲，它们在 S.B. 这里失效了。例如，经过仔细考虑，他报告左氏错觉[②]中的两条垂直线是平行的（如图 3-1 所示），而人们通常认为它们之间是不平行的。同样，对于纳克方块（如图 3-2 所示），S.B. 不觉得这个图形代表一个三维物体，也没有发现立方体的面发生了扭转，而很多人在盯着它看了一段时间后发现正面会"反转"到背面；反之亦然。

---

① 1 英尺 ≈0.3048 米。——译者注
② 左氏错觉是指一些平行线由于附加线段的影响而被看成不平行的。——译者注

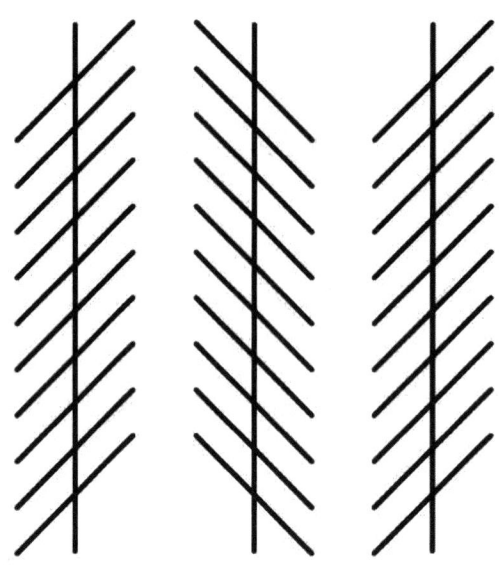

图 3-1 左氏错觉

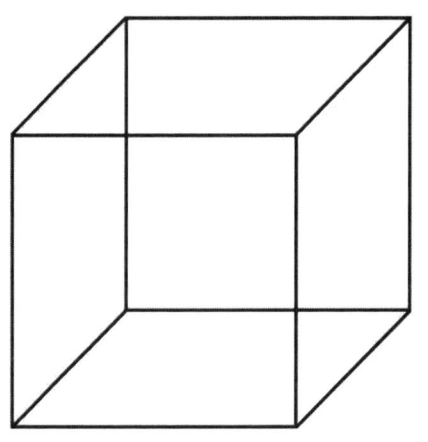

图 3-2 纳克方块

　　S.B. 还看了一些物体和景观的图片,比如剑桥河上的一座桥,但 S.B. 对此一无所知,他不认识河也不认识桥。他偶尔能认出一些颜色,但不知道它们代表什么。

他不知道重叠（叠加/交错）的意思。重叠给我们提供的信息是，如果一个物体挡住了另一个物体的一部分，那它一定比被挡住的物体离我们近。S.B.似乎对相对大小或大小–距离知觉的含义也知之甚少。这是指大小相同但距离不同的物体在视网膜上的成像大小不同，因此，看起来较小的物体可能离我们更远；反之亦然。

S.B.还参加了石原氏色盲测验，这个测验要求在对比强烈的彩色背景下识别出用彩色圆点标记的数字或字母。S.B.毫不犹豫地正确读出了每一个数字，这说明他的色觉正常。

S.B.还被要求画一些物体，包括公交车、农舍、锤子等。结果发现，他的画是典型的盲人画。在他的画中，他以前通过触觉识别的特征都是存在的，而他以前无法通过触觉体验的许多特征却没有。例如，他画的公交车车窗很夸张（车窗对他来说非常熟悉），但漏掉了引擎盖和散热器，因为他对它们不了解。他画的车轮是有辐条的，因为他更熟悉自行车和手推车的轮子。他画的公交车总是朝左边开，因为这是他在公交车站通过触摸感知到的（当然，大多数人都会这样画）。这些图画表明，尽管S.B.现在可以看到这个世界，但他看待世界仍然严重依赖盲人的方式。

S.B.的案例为从一种感官到另一种感官（在这里是触觉到视觉）的跨模式转移提供了非常好的证据。S.B.能够看到并很容易理解他以前通过触觉熟悉的物体。例如，他能从视觉上识别他通过触摸学会的大写字母，但却识别不了小写字母。

"厌倦了伦敦，也厌倦了生活"

手术后不久，S.B.被邀请去伦敦观光。在开车去的路上，他显得很沮丧，没有任何反应。尽管风景很新异，但他对旅行毫无兴趣。他抱怨说这个世界似乎很"沉闷"，当太阳落山时，他感到很失望。与手术刚结束时或者手术前那个开朗外向的人相比，他似乎一下子就变了一个人。他对景点没有什么兴趣，觉得特拉法尔加广场很无聊，建筑也很呆板。他发现交通很可怕，不敢通过哪怕是最安静的马路，而他失明时，却能自如地穿过最繁忙的大街。

在参观科学博物馆时，他对任何工具或机器都没有表现出兴趣，直到一个工作人员允许他摸一下其中一台车床。他立即兴奋了起来，说："现在我感觉到了，我可以看到了。"在伦敦动物园，他能正确认出一些动物，如长颈鹿、大象、猴子、狮子，但不能识别另一些动物，如熊、海豹、鳄鱼。格雷戈里和华莱士唯一一次看到 S.B. 笑，就是当两只长颈鹿从笼子顶部看着他时。伦敦之行并不成功。S.B. 似乎对看风景不感兴趣，对生活本身也很失望。

由于不喜欢颜色和物体上明显的缺陷，他承认自己对人脸感到失望。他说："我一直以为女人很可爱，但现在我觉得她们很丑。"S.B. 一直没有学会解读人们的面部表情，他无法从微笑、鬼脸等表情来判断人们的感受，但却可以从他们的声音中发现答案。

"看见"不会让我们失望

手术六个月后，格雷戈里和华莱士到 S.B. 家里探望了他。他们看到他以惊人的灵活性使用工具来制作鞋垫和做木工活。他用机械工具砍柴，速度和熟练程度都令人惊讶。S.B. 坦言，他对恢复视力感到非常失望。以前，作为一个盲人，他的自力更生令人钦佩，尽管他有残疾，但他的成就使他获得了极大的自尊，而现在他似乎意识到，视力的恢复并不能使他过上所期望的生活。视力给他带来的机会比他想象的要少。事实上，在某些方面，他仍过着盲人的生活。晚上，他经常坐在黑暗中，懒得开灯。

邻居和同事们不再钦佩他的成就，而是认为他很"古怪"。还有人嘲笑他或拿他的缺陷捉弄他，特别是他的阅读能力——"你现在能看见了，为什么不能辨认物体和阅读呢？"S.B. 自己也意识到，作为一个盲人，他的成就令人钦佩，但在正常人的世界里，他就不那么出色了。也许，他意识到了失明并非一个多大的障碍。作为一个很聪明的人，如果他没有失明 50 年，也许可以取得更大的成就。尽管不愿意谈论这个话题，但 S.B. 也承认，由于对外科医生和那些对他感兴趣的人的感激之情，他在手术后一开始表现得很热情。他显然患上了抑郁症，并表示他在手术中失去的比得到的要多。他最初对手术的热情被归因于他"不想让任何人失望"。他声称,许多人为他投入了大量的时间、知识和专长,他不想显得忘恩负义。然而,随着时间的推移,他越来越难掩自己的失望。

S.B. 的案件与感知的相关性

正如本书中所有的个案研究一样,我们很难从单一的个案研究中得出结论。在 S.B. 的案例中,我们仍然不清楚恢复视力后使用的方法是否适用于促进婴儿期的视力发展。唐纳德·赫布(Donald Hebb)等心理学家认为,S.B. 经历的和在其他视力恢复案例中注意到的"动机危机"源于难以获得视觉的感知技能(Gregory & Wallace, 1961)。然而,格雷戈里和华莱士认为,对病人产生不利影响的是一种整体上的不足感,而不是他们学习感知技能的缓慢速度。比如,像 S.B. 这样的病人的反应是由于意识到他们在视觉世界中仍然有障碍,而不是由于他们在知觉学习上的缓慢。赫布把儿童的知觉学习和恢复视力后的学习进行了密切的比较。格雷戈里和华莱士质疑这种观点。例如,他们觉得"为什么儿童似乎不会因为知觉学习的缓慢而遭受危机"以及"恢复视力的人已经花了很多年通过触觉来理解这个世界,这与从零开始的儿童有很大不同"。格雷戈里和华莱士的结论是,儿童和复明的成年人的视觉感知发展是非常不同的,无法进行有意义的比较。在他们看来,S.B. 的主要困难不是学习本身,而是将他的学习从依赖触觉转变为依赖视觉。他必须放弃现有的感知习惯,以便形成新的感知习惯。这要比重新学习某样东西更困难。比如,如果你已经学会了错误的触摸方式,要改变这一点比一开始就学习正确的要困难得多。

关于视错觉的测试表明 S.B. 的空间组织是不正常的。他并没有产生常人该有的错觉。这表明错觉的感知线索是习得的,而不是天生的。S.B. 还没有学会它们。那么随着时间的推移,他是否也会出现错觉呢?这倒是一个很有意思的问题。

展望未来

S.B. 的健康状况每况愈下。他的神经变得更糟了,他的手开始出现明显的颤抖,他被解雇了,有几次还因晕倒被转到了精神科医生那里。随着他的残疾消失,他也丧失了自尊。1960年8月2日,S.B.去世,此时距离他接受手术还不到两年。说他死于对自己看到的一切感到失望,也许并不夸张。

理查德·格雷戈里在布里斯托尔大学继续着他辉煌的职业生涯,先是一名心理学讲师,后来成为神经心理学名誉教授,并获得了女王授予的大英帝国勋位(MBE)。他在英国布里斯托尔建立探索性应用科学中心的过程中发挥了重要作用,该中心无疑激发了成千上万的人对科学的热情。后来,他因中风于2010年5月17日去世。

为 S.B. 治疗的心理学教授理查德·格雷戈里

来源:Heini Schneebeli/Science Photo Library

第 4 章

金·皮克：真正的雨人 [①]

在奥斯卡获奖影片《雨人》（Rain Man）中，汤姆·克鲁斯（Tom Cruise）扮演了一个名叫查理·巴比特（Charlie Babbitt）的年轻人，他发现自己没能继承父亲300万美元的遗产。而遗产的受益人是他之前都不知道的哥哥雷蒙德（Raymond）。雷蒙德完全生活在自己的世界里。这部电影围绕着兄弟俩去美国西海岸的公路旅行展开。对他们来说，这是一次探索之旅，对查理来说尤其如此，因为他开始意识到哥哥拥有特殊的天赋。虽然这部电影是一部虚构作品，但电影的灵感来自一个现实生活中名叫金·皮克（Kim Peek）的超级天才。在很多方面，金·皮克甚至比达斯汀·霍夫曼（Dustin Hoffman）在电影中扮演的角色更引人注目。他被称为"活着的谷歌"，是享誉世界的天才。不幸的是，2009年12月19日，由于心脏病发作，金·皮克在他的家乡犹他州盐湖城的一家医院去世。

童年

金·皮克出生于1951年11月11日。我们大多数人都不知道这天是星期几，但金一瞬间就会知道。这并不是因为这天是他的生日，而是因为他的特殊能

[①] 这一章的大部分材料都来自弗兰·皮克1996年的著作《真正的雨人：金·皮克》（The Real Rain Man: Kim Peek）。

力——他能很快知道历史上的任何一天是星期几。尽管他的父亲弗兰和母亲珍妮没有注意到这次生育有什么不寻常的地方，但很明显，金出生时确实有一些不同。金的头比正常人大30%左右，大到脖子上的肌肉都无法支撑其重量。随着时间的推移，金的发育好像与别的孩子也不同——他的眼睛彼此独立地移动；他不玩耍，而且对那些孩子们通常喜欢的刺激也没有反应。金的后脑勺开始长出一个水疱状的突起（称为脑膨出），由于担心这里面包含了他的部分大脑，医生没有将其切除。在金九个月大时的一次检查中，他被诊断为"智力障碍"。医生建议把他送到一个专门的机构，好让他的父母从对他无止境的照顾中解脱出来。在这个阶段，金大部分时间都是靠在沙发上的，因为他还支撑不了自己的头，爬的时候也不得不像铲雪车一样用头往前推。金的父母没有听从医生的建议，而是把金带回家，并对他倾注了大量的关心与照顾。他们花了很长时间读书给他听，握着他的手指在纸上写字。金三岁时，他后脑勺上的突起缩进了他的脑袋，但大家普遍认为他的小脑有一半要么被破坏了，要么没有发育。

也就是在这个时候，一件不寻常的事情发生了，这也让弗兰意识到他有一个非常特别的儿子。弗兰·皮克回忆说，金问他"confidential"（机密的）是什么意思，他开玩笑地叫儿子去查字典。金确实去那么做了，找到了这个词并把它读给了父亲听，这让弗兰感到很震惊。金从小就喜欢阅读，如饥似渴地读任何他有能力读的书。他的父母发现他能记住任何他读过的内容，只要他们提到书的页码，他就能一字不差地回忆起来！六岁的时候，金就已经阅读完并记住了家里整套的百科全书。

金的学校生涯几乎还没开始就结束了。金在第一堂课上待了七分钟后就被赶出了教室，因为他太过活跃给班级造成了破坏性影响。当时，有人提出，可以考虑对金进行脑叶切除术，以改善他的症状。幸运的是，考虑到脑叶切除术的复杂历史，他的父母拒绝了这个建议，决定在家里教育他。虽然金掌握的事实性知识以惊人的速度增长，但他生活的其他方面却不那么顺利。金非常害羞内向，不会自己穿衣，也不会自己洗澡。在他12岁那年的圣诞节，他第一次表现出能够与亲密家人以外的人交流。他们家的传统是每年这时候全家人聚在祖母家背诵故事和唱颂歌。就在这一年，金自愿在所有亲戚面前背诵了整个圣诞故事。

就这样，金主要在家里接受教育，外加每周几小时的正式教学，他在 14 岁的时候就完成了高中所有的学业要求。

"金电脑"

金狼吞虎咽地摄取着事实性知识——他经常把自己藏在房间里，一小时又一小时地阅读，再加上他惊人的记忆力，他从不忘记学到的任何细节。

金最喜欢的活动之一，也是他每周都会做的一件事就是去当地的图书馆。金大部分时间都待在他最喜欢的地方——犹他州的盐湖城公共图书馆参考资料区。他通常会取下几本参考书或电话簿，摊在桌子上。他会携带一个笔记本，上面有他上次读到哪里的记录，然后以惊人的速度开始阅读。事实上，他翻阅的速度是如此之快，以至于不熟悉他的人会认为他根本没有在阅读书中的信息。他可以用左眼看左边的一页，用右眼看右边的一页，虽然他一般不这样做。他通常能够在 15 秒内读完两页书。有一次他在 85 分钟内读完了汤姆·克兰西（Tom Clancy）的小说《猎杀红十月号》(*The Hunt for Red October*)。

每次去图书馆，金都能读八九本书。在测试中，他能回忆起他所读过的 98% 的内容，这远远超过大多数人。事实上，在阅读完汤姆·克兰西的小说四个月后，他还能回忆起书中那个俄罗斯无线电报务员的名字。在读完一本书后，金会把它倒放在书架上，表示它现在已经存在他的"硬盘"上了。由于他惊人的记忆力，他的朋友们亲切地称他为"金电脑"——他的记忆力似乎没有限制，而且也没有"删除"按钮。在图书馆里查阅完电话簿后，他能够回忆起任何条目下的名字、地址、城市、邮政编码和电话号码。事实上，他能够记住美国所有的区号和邮政编码。

他热爱学习，喜欢把信息存储在电脑般的大脑中。弗兰·皮克将儿子的大脑存储系统描述为一个"独立的互联网"。但是，他的概念思维能力很差。他倾向于从字面上理解词语的含义，因此对理解隐喻和谚语有困难。他也不擅长完成需要新思维的任务及数学推理等问题。有一件事说明了他是怎样根据字面意思去理解事情的。一天，一位教授问金关于亚伯拉罕·林肯在葛底斯堡的演讲的事情。金并没有意识到他的回答有多幽默——"威尔斯家[①]，西北前街 227 号，但他只在那里住了一晚，第二天就发表了演讲"（Treffert and Christensen, 2005, p. 111）。惊人的记忆力确实是他的长处，但要是把他简单地归类为"事实性信息的记录者"就大错特错了。金确实理解了他记忆的大部分材料——这种能力在其他天才身上并不总是很明显。事实上，近年来，在意识到人们喜欢谈论某些小说后，金也开始喜欢读小说。

金还有其他超凡的能力。比如他可以把书颠倒过来读或者横着读，还可以毫不费力地进行镜像阅读。他还似乎可以将看似不相关的事物联系在一起。也就是说，一个想法可能引发金回忆起无数其他事实，并将其相互联系起来。遗憾的是，其他人并不总是容易理解这些联系。因此，有时他的思维过程似乎很令人困惑和费解。然而，当这种情况发生时，有时可以追溯他的思考过程，看看他是如何将一个想法与另一个想法联系起来的。他的想法似乎在脑子里不停旋转，其速度之快是语言和他人难以跟上的。

金对古典音乐有着浓厚的兴趣，他能回忆起自己听过的每一首古典音乐，及其被创作和演奏的时间和地点。他还知道作曲家的名字和他们生活的细节。金有完美的音准，不论什么音乐，只要听过一次，就能哼唱一段儿。2002 年，他结识了犹他大学的音乐学教授阿普丽尔·吉南（April Geenan），开启了他的另一个天才领域。在她的指导下，金学会了弹钢琴。凭借完美的音高和渊博的音乐知识，金逐渐提高了手部的灵活性，吉南教授甚至把他比作莫扎特！

虽然金在某些领域拥有非凡的能力，但他应付日常琐事却很困难。他每天都需要父亲帮他刮胡子、刷牙和穿衣服，因为他的运动协调能力相对较差（可能是由于小脑受损）。多年来，金的父亲表现出了惊人的韧性和耐心，金总是说他的父亲和他"形影不离"。金也会有注意力不集中的时候，他说这些时候自己很容易生气和激动。天气的恶劣变化（这也是电影名字《雨人》的由来）或令人沮丧的消息都会让他焦躁不安——当这种情况发生时，他会发出类似汽车引擎的声音并来

[①] 威尔斯是葛底斯堡的地方律师，当时出于安全方面的考虑，威尔斯先生邀请林肯住在自己家里。——译者注

回踱步。但是，在电影《雨人》上映后，这种情绪的爆发有所缓解，电影似乎对金产生了非常积极的影响。

雨人和好莱坞的召唤

1984年，一位名叫巴里·莫罗（Barry Morrow）的好莱坞编剧接受邀请，加入了全美智力障碍公民协会委员会。弗兰·皮克就是该委员会的主席，就这样，莫罗与金得以相识。在与金畅谈了几个小时、了解到他惊人的记忆力后，莫罗提议以金的能力为基础写一个剧本。两年后，皮克夫妇接到莫罗的电话，说剧本已经卖给了联美电影公司——这部电影将被命名为《雨人》。

好莱坞电影不是一夜之间就能拍出来的，但最终金和弗兰得到消息，达斯汀·霍夫曼将出演主角。作为对这个角色研究的一部分，霍夫曼想要见见现实生活中的"雨人"。于是金父子与巴里·莫罗开始了一场充满挑战又激动人心的好莱坞之旅。在贝弗利山世纪广场酒店，一进门厅，金就对看门人说："雨人来了！"他们花了一点时间与电影的工作人员见面，还与达斯汀·霍夫曼见了面。第一次见到霍夫曼时，金倾着身子碰了碰霍夫曼的鼻子，说："达斯汀·霍夫曼，从现在起，我们将合二为一！"霍夫曼觉得金很迷人、很有魅力，他很享受他们的会面。金送给霍夫曼一件印有自己头像的T恤，霍夫曼立即穿上了。在大约一个小时的会面中，金还向霍夫曼展示了他的一些"怪癖"，霍夫曼尽力地模仿。我们可以从电影中很明显地看到，霍夫曼在塑造雨人的形象时使用了很多这方面的细节。霍夫曼还把金介绍给了正在走廊里工作的丹尼斯·霍珀[①]（Denis Hopper）。金马上开始唱《逍遥骑士》的主题曲，"开动你的汽车，驶向高速公路……"霍珀和霍夫曼也加入了合唱，"天生狂野！"离开时，霍夫曼拥抱了金，对他说："我也许是星星，但你是天堂。"霍夫曼对弗兰·皮克说，金是一个如此特别的人，他"应该与世界分享"。

毫无疑问，这部电影获得了巨大的成功，赢得了评论家和公众的一致好评。

[①] 好莱坞著名电影演员、导演，代表作《逍遥骑士》。——译者注

霍夫曼凭借自己的表演获得了奥斯卡最佳男演员奖，影片获得的其他奖项还包括最佳影片奖、最佳导演奖和最佳剧本奖。在接受奥斯卡颁奖时，霍夫曼这样开场："我要感谢金·皮克的帮助，让我把雨人变成了现实。"当晚，金和他的父亲就坐在观众席上，那个害羞内向的男孩不见了——他似乎很享受媒体聚光灯下的关注。

电影《雨人》给金带来了一些意想不到的好处。在这部电影之前，金是一个非常内向和害羞的人。金宣称《雨人》改变了他的生活。部分出于对回应公众的考虑，金和父亲开始考虑金公开露面的可能性，以宣传残疾人的积极形象，改变公众的认知。虽然大部分家人都表示反对，担心金的露面会变成"畸形秀"，但经过慎重考虑，金和父亲还是决定与公众见面，成为特殊需求者的代言人。渐渐地，金开始在各种会议、工作坊上露面并发表演讲。这些活动非常成功和受欢迎，金似乎从这些活动中也获益良多。大家都喜欢测试他的记忆力，看看他到底记住了多少东西。在这些活动中，他的父亲总是陪伴着他，帮助他，确保不会出现问题。曾经内向的金已经在公开场合会见了200多万人。这表明发育障碍者也能取得相当大的进步。通过这样的互动，金变得更加善于结交新朋友，并获得了更多的社交技能。

脑部扫描

金在32岁时接受了脑部扫描，结果显示，他的大脑是一个整体，组织区域似乎融合在一起。通常，人类有两个独立的大脑半球，由一束称为胼胝体的组织连接。而金的大脑中没有胼胝体存在，因此他的两个大脑半球融合成了一个无缝隙的脑组织。后来的扫描证实了这些最初的发现，还显示他的右侧小脑裂成了大概八块。这一损伤很可能是由于他后脑勺的肿胀缩回到脑内造成的。小脑通常与运动活动有关，因此这可能是导致金有许多运动困难的原因。其他一些没有胼胝体的病例有时似乎也没有伴随异常症状。类似地，还有些人为了减少癫痫而切除了胼胝体（这项手术可以将癫痫发作限制在一个大脑半球），以便可以通过两个独立运作的大脑半球来正常工作生活。但是，像金这样生来就没有胼胝体的人，似乎只有一个巨大的大脑。胼胝体的确切用途尚不清楚。一些神经学家认为，我们可以确定的胼胝体的功能有两个：（1）传递癫痫信号；（2）使左右大脑连接在一起

(Treffert and Christensen，2005)。

金的左脑也有一些结构异常。有人提出一种理论来解释这一现象，即男性比女性更容易患上学者症候群、孤独症和阅读障碍。男性胎儿有更多的循环睾酮，这对脑组织的发育是有害的。左脑比右脑发育得慢，因此更有可能在较长一段时间内受影响。关于金的大脑，你可能会认为存在一些例外的东西可以解释他的天赋和缺陷，但显然他的大脑是受损的。由于左脑的损伤，金的右脑似乎摆脱了通常占主导地位的左脑的控制，因此能力得到了充分发挥。受损的左脑也可能促使右脑对受损的功能进行补偿，从而有可能导致了他的特殊能力。毕竟，人们常说，一些盲人的听力改善是对他们失明的一种补偿。同样值得思考的是，金的能力是否存在于我们所有人身上，只不过被我们功能健全的左脑抑制了。金的独特之处不是他能存储这么多的信息（考虑到我们巨大的大脑容量，这是完全可行的），而是他能如此轻易地提取所存储的信息。

学者症候群

所谓的"学者症候群"（savant syndrome）是一种罕见的疾病，患者拥有一个或多个领域深度的专业知识、能力或才华，而这通常与他们的整体局限性形成鲜明对比。尽管这种障碍通常与孤独症有关，但事实并非总是如此——一般估计，只有10%的孤独症患者拥有一些类似学者症候群的技能，而所有学者症候群患者中有一半有孤独症或其他障碍。然而，豪林（Howlin，2009）等人称，一项研究发现，28%的孤独症患者表现出了一些学者症候群式的技能，他们意识到，这个数字可能仍然被低估了。达罗·特雷费特（Darold Treffert，2009）认为，几乎所有的天才都有一个共同特征，那就是惊人的记忆力。严格地说，金不仅是一位天才，更是一位超级天才（megasavant）。他在历史、莎士比亚研究、古典音乐、地理、体育、电影、表演、文学、圣经和教会历史等15个不同领域都有特殊才能。据推算，金生前阅读的书多达1.2万册。他还被评为"天才学者"，即在某一领域的能力足以被称为"神童"或"超常的天才"。除了惊人的记忆力，天才也具有其他的能力（如艺术才能），比较典型的例子是出生于英国的艺术家斯蒂芬·威尔特希尔（Stephen Wiltshire）和美国音乐家托尼·德·布洛瓦（Tony de Blois）。

"白痴天才"（idiot savant）一词最早是由约翰·兰登·唐（John Langdon Down）在1887年提出的（他更出名的是提出了唐氏综合征分类）。20世纪初，科学家和医学家用"白痴"一词来形容智商低于25（人群的平均智商为100）的人。"白痴"作为一个科学术语现在已经不太使用了，因为它带有贬义。因此，用"白痴天才"一词来形容像金这样的专家并不合适，因为（即使接受与IQ测试有关的所有可能的批评）近年来接受智力测试的学者症候群患者的得分都在40以上。事实上，一些患者的智商早就被认为高于平均水平。因此，智力迟钝不是学者症候群的先决条件。之所以选择"学者"（savant）一词，是因为它源于法语单词"savoir"，意思是"知道"。

关于学者症候群还有很多有待发现的地方。目前还没有一个被广泛接受的理论来解释许多患者表现出的所谓的"技能和疾病"。有一种理论认为，患者将他们的认知能力集中在细节上，这有助于提高他们学者式的记忆力。另一项研究表明，他们拥有更高水平的感知力，或者可以从大脑中提取出未经深加工的信息，而这些信息是正常人所意识不到的。还有一种观点认为，左脑某种程度的损伤导致了右脑的过度补偿。大多数患者展示出的技能都往往与右脑有关，而那些通常缺失的技能则与左脑有关。大脑扫描倾向于支持他们左脑受损的观点。还有一些人成年后由于左脑——或更确切地说，左前颞叶——受损而发展出学者般的技能，被称为"获得性学者症候群"，这进一步支持了这一假说。也有一些病例表明，患有额颞叶痴呆的老年人表现出了学者般的技能。甚至有孤例表明，人在神经外科手术中受到刺激后，也会表现出非凡的记忆力。诸如此类的例子表明，学者般的能力可能"潜伏"在我们所有人身上。目前还不清楚为什么我们不能或不使用这些能力，但有一种说法是，程序性记忆或机械记忆（以学者式记忆为代表）被一种更广泛、更全面的语义知识回路所覆盖，后者在日常生活中更为有效。未来的研究将开启一种令人兴奋的可能性，即利用磁路暂时抑制特定的大脑区域功能，以观察其他大脑区域是否可以补偿、产生和显示不同的认知能力。学者症候群患者的技能往往限于五个领域：音乐、艺术、数学计算、机械（如修理机器）以及空间技能（如看地图和记忆路线）。日历计算在普通人群中是如此罕见，但在学者症候群患者中却几乎是司空见惯的（正如金所证明的那样）。具体的原因仍然难以捉摸，金自己也不知道他是如何做到的。而音乐能力，包括拥有完美的音高在这类患者中也是相当普遍的，如金·皮克和斯蒂芬·威尔特希尔都拥有这种天赋。还有一些患者则表现出了特殊的语言能力，或者对气味或触摸非常敏感，有些人还能准确估计时间的流逝。事实上，这类患者的案例已经促使心理学家们开始思考大脑损伤是否可能导致补偿性发展，或者促进潜在能力的发挥。或者说，这些特殊的能力真的潜藏在我们每个人身上吗？

未来

通常，金会在早上5点起床，读一个小时的报纸，查看邮件，下午早些时候到市中心盐湖城公共图书馆的参考资料区，"输入"更多的信息。他继续担任特殊需求者的代言人，并激励所有见过他的人。在金的一生中，父亲弗兰对他投入了非凡的爱和奉献。这是所有父亲都希望付出的爱，尽管有时会不可避免地觉得难以忍受。金说，他的父亲有着圣人般的耐心，他们密不可分。然而，随着弗兰日渐老去，人们开始对金的未来感到担忧。但意外的是，2009年12月19日，金突发心脏病去世，享年58岁。金·皮克——一个残障和天才的混合体，至今仍然鼓舞着我们所有人，神经学家和心理学家仍在试图理解其背后的奥秘。"记忆的珠穆朗玛峰"——金，还有他的父亲，感动了每一个读过或听说过他们独特而振奋人心的故事的人。也许有一天，学者症候群患者会提供一把钥匙，来打开可能存在于我们所有人大脑里的真正潜能。

金在好多次演讲结束时都会说这样一句话："我们要学会识别和尊重他人的独特之处——用你希望被对待的方式对待别人，这样我们才能生活在一个更美好的世界。你并不是因为残疾才与众不同，每个人都是独特的。"

以接近人类的方式研究人类

真正的"雨人"——金·皮克

来源：Dmadeo, from wikimedia.org

第 5 章

霍莉·拉蒙纳与记忆的本质

兴旺的拉蒙纳家族似乎在加利福尼亚州纳帕谷实现了美国梦。但在 1989 年 9 月 5 日，19 岁的霍莉·拉蒙纳（Holly Ramona）因为抑郁症和暴食症而去看了治疗师。治疗师马希·伊莎贝拉（Marche Isabella）告诉霍莉，她的暴食症有可能源于儿童期性虐待。在治疗过程中，霍莉逐渐详细回忆起了 12 年来被父亲加里·拉蒙纳（Gary Ramona）性侵的可怕经历。对这些回忆的揭露导致了拉蒙纳家庭的分裂，引发了一场轰动的法庭案件，并将"被压抑的记忆"这一概念带入了公众的视野。针对这些现象，学者和治疗师相互对峙，争论一直持续到今天。

这一章必定是所有个案研究中最具争议的。关于被压抑或隔离的记忆是否存在，争论双方的主角都收到过泄愤信，甚至死亡威胁。那些质疑被压抑的记忆存在的学者被指责是在保护恋童癖者，而那些相信被压抑的记忆存在的学者则被指责利用弱势群体，拆散他们的家庭，甚至在极端情况下把无辜的父母送进监狱。可以这么说，研究清楚地表明，所有的记忆都可能出错，它们可能会被过去的经历改变（这并不是说所有的记忆都受到这种影响）。鉴于这种情况，我们必须认识到，这一章也很有可能受到这种潜在的影响。

"完美"的家庭和美国梦

拉蒙纳一家由加里和妻子斯蒂芬妮以及三个女儿霍莉、凯莉和肖娜组成。他们住在加州的纳帕谷，加里在蒙大菲葡萄酒公司工作，拿着六位数的薪水，至少在外人看来，他们是典型的完美家庭。但事实上，加里和妻子之间的关系很紧张，他有严重的洁癖，并喜欢猜疑，这导致他们的婚姻很不幸福。他们的女儿霍莉是一个安静、害羞的女孩，但逐渐开始发胖。到 1988 年，霍莉的体重超过了 11 英石（约 70 千克），但只有 5 英尺 4 英寸高（约 1.62 米）。上大学后，霍莉开始暴饮暴食，几乎就要开始催吐了，之后，霍莉患上了暴食症。1989 年 8 月，她第一次见了治疗师马希·伊莎贝拉——一位饮食失调心理治疗方面的专家。在早期对斯蒂芬妮的访谈中，马希声称，70% 的暴食症患者曾被性骚扰过。这些统计数据是有争议的，而且难以证实，因此马希此举很有可能被指控渎职。

在开始接受治疗后不久，霍莉就报告了一些关于父亲性侵她的"回忆"。霍莉和其他患者一起参加了小组治疗，马希建议霍莉使用阿米陀钠（又称"吐真剂"）来测试这些闪回是不是真实的记忆。母亲斯蒂芬妮知道了霍莉对丈夫的指控，但不知道该怎么办。尽管斯蒂芬妮从未见过加里性侵他们的孩子，但她知道，如果当面质问他，他们的美国梦就终结了——"幸福"的家庭、豪华的房子、加里 40 万美元的薪水以及他们的婚姻都将不复存在。然而，尽管没有确凿的证据，斯蒂芬妮依然选择相信霍莉。斯蒂芬妮被告知她必须立即处理这个问题，否则可能会被人认为与加里合谋。她听取了这一建议，也告诉了其他孩子霍莉对她们父亲的指控，并立即提起了离婚诉讼。当年幼的孩子们被问及加里是否对她们有过不正当的举动时，她们断然否认。霍莉和斯蒂芬妮都想看看是否能找到性侵的确凿证据，所以安排了一次对霍莉的体检。结果显示，没有确凿的证据表明她的处女膜破裂，虽然检查显示有轻微的撕裂，但这可能是其他因素造成的，比如月经、骑自行车或骑马。

霍莉想和她的父亲谈谈她被性侵的事情，尽管当时加里并不知道自己被指控为施暴者。事实上，加里也质疑霍莉是否被人性骚扰过，最初他似乎认为霍莉指控的可能是她儿时的一个十几岁的邻居。在霍莉与父亲加里对质的前一天，她服用了阿米陀钠并接受了询问，这次询问似乎向霍莉和马希再次证实了加里·拉蒙纳确实强奸了自己的女儿。虽然霍莉仍然担心自己可能在药物的影响下撒谎，但马希向她保证不存在这样的可能。第二天，加里来到医院，霍莉指控他强奸了自己。加里面对这样的指控感到难以置信，同样令他震惊的是，房间里的每个人似乎都相信霍莉的话。他的妻子斯蒂芬妮甚至从来没有问过他有没有这回事，就完全相信了霍莉的话，从那一刻起，加里·拉蒙纳的生活崩溃了。斯蒂芬妮和两个小女儿都支持霍莉，并指控加里猥亵儿童，然而，由于没有足够的证据进行刑事审判，加里最终没有被起诉。

加里的生活变得一团糟，他怀疑霍莉的记忆可能是马希·伊莎贝拉植入的，以符合她关于暴食症和抑郁原因的理论。尽管所有人都试图隐瞒这一家丑，但朋友们还是开始怀疑拉蒙纳家庭破裂的原因，并且不可避免地，每个家庭成员都向几位信任的亲密朋友倾诉了这件事。

法庭审判

这个家庭陷入了四分五裂，加里同意与妻子离婚，并与女儿分开生活。蒙大菲葡萄酒公司也不再聘用他，加里失了业。无独有偶，加里还失去了在社交圈子里的地位，他的朋友和同事有的支持他女儿，有的支持他。他和他的家族努力积累的财富很快就荡然无存。在这些打击之下，加里决定起诉霍莉的心理医生，控诉她的渎职并要求损害赔偿，以洗清自己的罪名。这起案件引起了轰动，法院允许霍莉和她的治疗师马希·伊莎贝拉提供针对加里的证据（这些证据在此之前因缺乏说服力被否认）。其他学者也提供了专业证词，包括来自华盛顿大学的心理学教授伊丽莎白·洛夫特斯（Elizabeth Loftus）——主要研究记忆的重建本质，以及精神病学家和儿童性虐待研究专家丽诺尔·特尔（Lenore Terr），她也发言支持霍莉。

在审判中，霍莉详述了她被性侵的证据。她说梦到自己体内有蛇，不愿做妇科检查，还说讨厌汤姆·克鲁斯（Tom Cruise）①，因为他和她父亲一样有"尖尖的牙齿"。她告诉法庭，她不能吃整个香蕉（必须切片），也不喜欢融化的奶酪和蛋黄酱，因为这些会让她想起给父亲口交的记忆。她还详细描述了关于父亲多次强奸她的记忆。她的治疗师马希·伊莎贝拉说这些都是被性侵儿童的典型症状，其

---

① 美国电影演员、制片人，代表作《夜访吸血鬼》。——译者注

他人不同意马希的观点，质疑她对霍莉被压抑的记忆的坚定和不加批判的信念。由于没有确凿的证据证明霍莉遭受性侵，陪审团不得不听取证人的话，权衡"证据的可信度"，从而对渎职做出判决。尽管一些陪审员认为加里和霍莉之间确实"发生过什么"，但最终还是认为没有足够的证据证明发生了性侵。陪审团后来报告说，他们认为如果真的存在长达12年的暴力的、可怕的性侵，那应该会有比处女膜破裂更多的证据。因此，他们认为，加里是一个不称职的家长，但不是一个性侵者。最终，陪审团不得不将加里遭受的损失按比例分配责任。陪审团认为，40%是治疗师马希·伊莎贝拉的错，5%是加里自己的错，40%是其他人的错（其他较小的比例归咎于医院和另一位治疗霍莉的医生）。该案并没有提到"其他人"是谁，但据报道，陪审团后来提到，斯蒂芬妮和她朋友圈里的一些女性在没有证据的情况下，指责加里性侵儿童。尽管加里的律师要求赔偿800万美元，但陪审团最终判给加里50万美元的损害赔偿金。这一案件是恢复记忆疗法的一个分水岭，也是对治疗师热衷于有争议的技术的警告。判决结束后，斯蒂芬妮愤怒地大喊，加里强奸自己的女儿，不应该得到一分钱。直到今天，斯蒂芬妮和霍莉都坚信加里性侵了霍莉。

审判结束后，霍莉·拉蒙纳向洛杉矶高等法院对她的父亲提起了民事诉讼，但上诉法院下令驳回此案。1997年，霍莉·拉蒙纳决定不再上诉，她与父亲加里的官司也接近尾声。霍莉认为，如果她输掉了最后一场官司，可能会损害其他性侵受害者起诉的权利。

到目前为止，这个家庭仍然处在分裂状态，尽管后来有报道称，加里的一个女儿肖娜同意与父亲见面喝咖啡。总之，这个家庭在未来和解的可能性仍不乐观。

被压抑的记忆的本质

拉蒙纳的案例使压抑或恢复记忆综合征的问题清晰地呈现在了人们面前。当然，压抑并非一个新概念，弗洛伊德（1901，1914）就认为某些遗忘是一种无意识的动机过程。他认为，我们之所以会遗忘，就是因为某些记忆令我们太痛苦，以至于我们不愿想起它们，因此通过压抑将它们赶出意识。这些记忆并没有丢失，而只是被压制在我们的潜意识中。因此，压抑是一种保护我们意识的"防御机制"。"压抑"一词既可以描述那些从意识中分离出来的记忆，也可以描述那些未经分离而被压抑的记忆。被压抑的记忆有时可能在记忆被编码数年后恢复，可能被任何环境刺激所激活，如特定的气味、味道、类似的事件或任何其他与原始记忆相关的线索。正如拉蒙纳的案例所描述的那样，在心理治疗中，被压抑的记忆可能通过暗示被唤起（这并没有假定它们一定是虚假的）。

对被压抑的记忆进行实验研究几乎是不可能的。然而，莱温格和克拉克（Levinger & Clark，1961）进行的情绪激活词语研究为弗洛伊德的压抑理论提供了实验依据。在这项研究中，研究人员给被试提供了一系列消极词汇（如"恨""愤怒""恐惧"）和中性词汇（如"窗户""牛""树"），然后要求被试准确地说出当他们看到每个单词时脑海中浮现的是什么（这被称为自由联想任务），同时测量他们的皮肤电反应（GSR）。GSR能够检测出手指上的汗液，是一种测量情绪反应的方法。最后，被试再次得到提示词，被要求回忆他们刚刚报告的联想。莱温格和克拉克发现，被试需要更长的时间来回忆有关情绪词汇的联想，对情绪词汇的皮肤电反应也更强烈。此外，对情绪词汇的联想记忆也不如中性词汇。

莱温格和克拉克得出结论，由于情绪词汇更容易引发焦虑，所以在被压抑之后，形成联想或回忆这些词就更加困难。这项研究被认为是对压抑最好的实验证明之一。关于压抑的实验证据之所以很难获得，是因为程序中必须包含引发被试焦虑的事件，而这是违反伦理准则的。然而，有人声称，唤醒被压抑的记忆对短时记忆有负面影响，但却有助于长时记忆。但压抑实际上并不能解释这种长时记忆增强的效应（Eysenck & Wilson，1973）。该实验存在的一个方法论问题是，情绪词汇不太容易进行想象，因此更难形成联想。如果从这一点来看，那么实验的结果很可能与压抑无关！

巴塞尔·范德考克（Bessel van der Kolk）博士也相信存在被压抑的记忆。他是国际公认的心理创伤研究领域的领军人物，也是美国马萨诸塞州布鲁克莱恩创伤中心的创始人和医学主任。1995年，他写道，创伤性情感记忆比普通记忆更持久、更准确，它们可以通过解离来消除，但很久之后会作为可靠的有意记忆再次出现。他将这一方法应用于一项关于创伤后应激障碍（PTSD）和童年创伤的研究中。根据 46 名 PTSD 患者报告，他们以碎片化的心理印记的形式回忆起了创伤记忆，至少一开始是这样。随着时间的推移，被试逐渐报告了更多的细节。在 35 名具有童年创伤的被试中，有 15 人（43%）对他们生命中某一时期的创伤经历有较严重或完全的遗忘。范德考克报告说，35 名童年创伤患者中有 27 人（77%）证实了他们确实存在童年创伤（van der Kolk & Fisler，1995）。执业治疗师用临床证据支持了这些研究。例如，美国费城宾夕法尼亚医院研究所解离障碍专家理查德·克鲁夫特（Richard Kluft）声称，超过 60% 的记忆被压抑的儿童性侵受害者，在治疗中能够回忆起至少一个受侵害的片段。

有很多关于记忆不准确的新闻和实验报道。最著名的发展心理学家之一皮亚杰，曾经报告过他的一段记忆：在他只有两岁的时候，有一个人试图绑架他。当时他正坐在婴儿车里，一个护士推着他走在香榭丽舍大街上；护士和那个人扭打在一起，并在扭打中被抓伤。绑架没有成功，皮亚杰的父母送给了这位护士一块昂贵的手表，以示感谢。然而，13 年后，皮亚杰惊讶地发现，这位护士把手表还给了他的父母，并写信说，绑架事件完全是她编造的。皮亚杰意识到，他一定是在童年时代反复听过这个故事，以至于他讲述时就好像这是一件他亲身经历过的事情。

我们都经历过记忆扭曲或不准确，但关键的问题是，是否可以完整地创造出一开始就不存在的记忆。有证据表明，一些"记忆"一定是不真实的，是通过暗示或催眠产生的。斯帕诺斯等人（Spanos，1991）的四项研究表明，一些被试甚至会报告回溯到刚出生和前世的记忆。被试所报告的人生经历的可信度由催眠师定义，这些经历是真实的还是仅仅是想象的，是由催眠师来判断的。

实验研究

还有一些学者不相信存在被压抑的记忆。伊丽莎白·洛夫特斯现在是加州大学欧文分校社会生态学、法学和认知科学的杰出教授，她职业生涯的大部分时间都在研究记忆的本质。洛夫特斯佐证说，霍莉被压抑的记忆是暗示的结果，并不是准确的回忆。

洛夫特斯引用了她的科学研究，她声称，这些研究证明了记忆是如何根据以前的经历、之前的预期和暗示被重建的。巴特莱特（Bartlett，1932）是最早证明记忆不像照相机那样准确工作的研究者之一，相反，它更容易基于先前的经验或图式而出错。换句话说，记忆容易出现重构错误。洛夫特斯本人因在华盛顿大学研究记忆重建的实际应用，即目击者证词（EWT）的准确性，而一举成名。洛夫特斯指出，目击者的记忆会受到目击者在目睹犯罪后所面对问题的措辞的影响。洛夫特斯指出了影响目击者证词的两种（错误的）引导问题：

- 诱导性问题，即使目击者的图式有可能影响他们给出期望答案的问题；
- 事后信息问题，即在事件发生后添加新的误导性信息的问题。

洛夫特斯和帕默（Loftus & Palmer，1974）进行了一项研究，考察了诱导性问题的效果。他们向学生被试播放了关于两车事故的幻灯片。一些人被问道："两辆车撞毁时车速有多快？"而在其他条件下，"撞毁"一词被替换成了"碰撞"或"接触"。结果发现，被试估计的车速明显受到了问题中所用动词的影响。当使用"撞毁"时，平均估计速度是 41 英里[①]/时，而使用"接触"时，平均估计速度是 32 英里/时。这项研究（以及其他许多研究）似乎表明，记忆的提取可能会因使用的语言而被扭曲。

另一项研究则证明了添加事后信息的力量。该研究有两组被试，他们观看了同一部电影。在电影中，一辆汽车驶过了停车标志（Loftus，1975）。之后，A 组被问道："当白色汽车在乡村道路上通过停车标志时，它的速度有多快？"而 B 组被问道："当白色汽车在乡村道路上经过谷仓时的速度有多快？"（电影中并没有谷仓，但这个问题的前提是有谷仓）。一周后，17% 的 B 组人报告说看到了谷仓，而 A 组中只有 2% 的人说看到了谷仓。事后信息问题错误地暗示了他们曾经看到过谷仓。对这个问题的解释是来源错误归因，即目击者混淆了事件本身和事后信息。问题是，这些研究是否适用于现实生活中的记忆，它们是否与恢复的儿童性侵记

[①] 1 英里 ≈1.61 千米。——译者注

忆有关。

在这些研究中，被试想不到大学研究人员会故意误导自己，因此重建记忆也不奇怪。此外，与现实生活中的犯罪相比，不准确的记忆的后果在研究环境中是最小的，因此被试可能没有强烈的动力和责任去准确回忆事件。福斯特等人（Foster et al., 1994）表明，与模拟犯罪相比，目击证人对真实犯罪的识别更准确。的确，有证据表明，当信息明显具有误导性时，对重要事件的记忆是不容易被扭曲的，误导性信息只会影响记忆中较小的、相对不重要的方面，例如上述研究中的"谷仓"细节。

这样的研究真的能应用于长达12年的性虐待吗？难道这一系列的创伤性事件会被完全遗忘，而不是以略微不同的方式被重新建构？记忆真的会被扭曲到明明可以清楚地证明某事没有发生，但一个人就是坚定地认为发生了？洛夫特斯同意这些是重要的和相关的批评，所以她试图用她所谓的"商场迷失"实验来调查这一点。

商场迷失

洛夫特斯安排她在华盛顿大学的学生招募了24名被试，年龄从18岁到53岁不等（Loftus & Pickrell, 1995）。研究者给每位被试都发了一本小册子，上面有被试的亲戚提供的关于被试童年所经历的三个真实事件的简要描述。被试的亲戚还提供了关于被试"去商场或大型百货公司购物的一次可信经历"的描述，研究者根据这次购物经历，虚构了一件被试和亲戚在一起时发生的事情，这样小册子中就有三个真的事件和一个假的事件。被试被告知他们正在参与一项关于童年记忆的研究，以了解人们如何以及为什么会记住一些事情而不是其他事情。被试先阅读了亲戚告诉研究人员的每一件事，并被要求在小册子上写下自己关于每一件事的记忆。如果完全不记得某件事，就直接写已经忘记了。24名被试中有7人（29.2%）完全或部分"记得"那个虚假事件。

在小册子测验完成一周后，研究人员对被试进行了采访。这时，只有6名被试（25%）仍然相信他们所回忆的虚假记忆是真实的。一周后，被试们接受了第二次采访，然后被告知研究人员编造了一个虚假事件。被试被要求从小册子中选出那个虚假事件。5 名被试（20.8%）将其中一个真实事件当作了虚假事件。这些百分比并不是最重要的，根据洛夫特斯和皮克雷尔的说法，这项研究表明虚假记忆综合征确实存在，而且一些人可能会受到它的影响。然而，这项研究同样受到了批评。研究人员质疑这项研究与儿童性虐待案例的相关性：亲戚告诉你一个可信但不真实的事件和至亲告诉你一个涉及性虐待的事件之间有显著的区别。例如，佩兹德克等人（Pezdek et al., 1997）的一项研究发现，尽管 24 名被试中有 3 人（15%）在"商场迷失"实验中接受了似是而非的虚假记忆，但没有人接受令人难以置信的虚假记忆，比如"童年时期，父母让他们遭受了一次痛苦的灌肠经历"。

洛夫特斯的研究仍然存在争议，无论是关于它所包含的思想、它在法庭和媒体上的表现方式，还是一些研究进行的方式。洛夫特斯在奥利弗·诺斯（Oliver North）案[①]、罗德尼·金（Rodney King）被殴打案[②]、梅内德斯（Menendez）兄弟谋杀案[③]、迈克尔·杰克逊（Michael Jackson）性侵案[④]和泰德·邦迪（Ted Bundy）谋杀案[⑤]的审判中提供了证词。这些工作在方法论和伦理上也面临着挑战。任何成果的相对价值都是很难判断的，而这一话题的争议性又使之更加复杂。正如洛夫特斯自己承认的那样，在科学的所有领域，重要的都是不要只看到具有表面价值的工作，而要采取寻求实现严格科学审查的立场。

洛夫特斯继续在记忆领域工作，帮助那些因恢复的被压抑记忆而被指控性侵儿童的人。2000 年后不久，洛夫特斯报告说，她收到了一对夫妇的来信，信上说

[①] 奥利弗·诺斯是美国伊朗门事件的主要人物和主要证人。——译者注
[②] 1991 年，在洛杉矶，四名白人警察殴打黑人青年罗德尼·金的过程被人偶然摄入录像镜头，四名警察遂因刑事罪遭到加州地方法院起诉。——译者注
[③] 梅内德斯兄弟是加州洛杉矶富商之子，两人于 1989 年 8 月冷血地谋杀了双亲，但一开始并未引起警察的怀疑。——译者注
[④] 1993 年与 2003 年到 2005 年，迈克尔·杰克逊两次被控猥亵男童，两次都在当时引起了轩然大波，两次恋童案对迈克尔·杰克逊的事业、精神世界和健康状况产生了很大影响。但最终迈克尔·杰克逊被判无罪。——译者注
[⑤] 美国一个活跃于 1973 年至 1978 年的连环杀手。在于 1978 年 2 月最后一次被捕之前，他曾两度从县监狱中越狱成功。被捕后，他完全否认自己的罪行，直到十多年后，才承认自己犯下了超过 30 起谋杀案。——译者注

他们的女儿指控家庭成员性侵了她。在治疗过程中，这些记忆再次被恢复。洛夫特斯询问了治疗师的名字，并惊讶地得知治疗师竟然是霍莉·拉蒙纳（Wilson, 2002）。

有些治疗师可能会因为在没有火的情况下看到烟雾而感到内疚。正如加里的辩护律师在审判中所说，"弗洛伊德自己也说，'有时候雪茄就仅仅是雪茄'"。美国心理协会也表示，如果没有确凿的证据，目前还无法区分真实的被压抑记忆和虚假的记忆。英国皇家精神科医学院正式禁止其成员使用旨在恢复童年性侵记忆的治疗方法。英国心理学会虽然还没有走到这一步，但已经敦促治疗师"避免对治疗期间恢复的记忆得出过早的结论"。然而，同一份报告还得出了这样的结论：没有证据表明治疗师对他们的病人制造了虚假的记忆。

记忆是被压抑的还是被植入的

大多数心理学家都同意，每段记忆都会经历一个重建的过程，因此都会有一定程度的歪曲。即使人们深信自己的记忆是真实的，它实际上也可能是完全虚假的。有时，这些虚假记忆会造成极大的伤害。关于那些记忆究竟是被压抑的还是被植入的，两方面都有不同的研究。那些支持"记忆是被压抑的"观点的人往往更多地依赖临床个案研究，而那些支持"记忆是被植入的"观点的人则强调此类案例缺乏证据，而且支持记忆可塑性的科学证据也不足。看起来当研究者"骗到"被试的真实记忆后，就可以将有关童年事件的虚假记忆植入其中，但这很难做到，而且实验室场景与真实治疗过程也完全不同。此外，只有少数人表现出了易受影响的认知特征——可催眠性或创造性想象力。这些以及对类似事件的了解和信念等因素似乎在其中发挥了重要作用（Brewin & Andrews, 2017）。

研究表明，恢复虚假记忆是可能的，而且这些虚假记忆的后果也是深远的。然而，如果我们被这项研究蒙蔽了双眼，从而误判了真正的性侵案，那将是一个悲剧。那些恢复的记忆究竟是被压抑的还是被植入的？两者都有的可能性仍然存在，目前我们还不能绝对肯定地区分它们。唯一可以确定的是，不加批判地接受虚假记忆或不相信恢复的真实记忆，都可能会对所有相关的人造成巨大的伤害。

第 5 章
霍莉·拉蒙纳与记忆的本质

专家证人伊丽莎白·洛夫特斯

来源：© Jodi Hilton/Pool/Reuters/Corbis

PART 2
第二部分
社会心理学

第 6 章

哭喊着被杀害的女孩：凯瑟琳·吉诺维斯的故事

1964 年 3 月 13 日，28 岁的凯瑟琳·吉诺维斯（Catherine Genovese）下班后像往常一样步行回公寓，但这却是她最后一次步行回家了。她被一个不知名的行凶者刺伤后性侵并杀害。在纽约，这类犯罪并不罕见，但这起谋杀的特殊性却使其在全世界引起了轩然大波——犯罪持续了半个小时，其间有 38 名邻居目击，但却无一人报警。吉诺维斯案被认为是研究旁观者行为现象的导火索。直到现在，心理学家仍在争论引起"吉诺维斯综合征"的原因。

正如纽约心理学教授斯坦利·米尔格拉姆（Stanley Milgram）所说："这个案件触及了人类生存的一个基本问题……如果我们需要帮助，我们周围的人是会袖手旁观，任由我们灭亡，还是会来帮助我们？"（quoted in Blass, 2009, p. 252）

谋杀案

凌晨，凯瑟琳离开了经营的酒吧，把她的红色菲亚特车停在了公寓附近的停车场。她住在纽约皇后区的邱园，这是一个犯罪率相对较低的中产阶级社区。就在她往家前门走的路上，她注意到一个人影朝她走来。行凶者后来说，她立即就逃跑了。凯瑟琳发现了他手里的刀，然后试图去附近一个可以直接打到 112 警察分局的公用电话亭。但行凶者还是追上了她，扑向她并在她背后捅了好几刀。凯瑟琳尖叫起来："我的天呐！他拿刀捅我！救命啊，救命啊！"这时，许多附近的居民打开了灯，艾琳·弗罗斯特（Irene Frost）清楚地听到了尖叫声，也看到了打斗，据艾琳说："又传来一声尖叫，她躺在地上大叫。"七楼的罗伯特·莫泽尔（Robert Mozer）也打开窗户，看到他们在打斗，就喊道："喂，放开那个女孩！"行凶者听到了他的喊叫声，急忙跑开了。六楼的马乔里（Marjorie）和塞缪尔·科什金（Samuel Koshkin）报告说，他们看到行凶者跑回了他的车，但注意到他10分钟后仍在附近徘徊。不幸的是，这场悲剧并未结束。

尽管失血严重，凯瑟琳还是摇摇晃晃地走到公寓的一侧，倒在了大厅里。她抬头看到攻击她的人回来了，又捅了她一刀，凯瑟琳再次大叫起来："我要死了！我要死了！"她的很多邻居又一次听到了她的尖叫声。正如凶手后来所说，"我回来是因为我还没有完成我要做的事情"。他对凯瑟琳进行了性侵，然后丢下她流血致死。这场袭击总共持续了32分钟。据报道，在此期间，没有任何目击者给警察打过电话。

行凶者冲回他的车里并逃离了现场。在逃离到几个街区外等红灯时，他注意到旁边一辆车的司机睡着了。他下了车，叫醒了司机，提醒他开车时睡觉很危险——没想到一个双手沾满鲜血的人竟然能做出如此善行。

最后发现，凯瑟琳·吉诺维斯是他杀害的第三个人。

行凶者：温斯顿·莫斯利

行凶者温斯顿·莫斯利（Winston Moseley），29岁，是一个体力劳动者，他在事发一周后因谋杀罪名被捕。他没有前科，与妻子和两个孩子就住在附近。在警方的审讯下，他很快承认了谋杀罪，并说自己当时有一种无法控制的杀人冲动。三个月后他因谋杀罪受审。尽管莫斯利以精神错乱为由认罪，但1964年6月11日，他还是被判处电椅死刑。然而，由于法官没有在审前听证会上提出关于莫斯利精神健康状况的证据，莫斯利被减刑为无期徒刑。

一年后，莫斯利企图越狱。他袭击了一名狱警并偷走了对方的枪，挟持了五名平民作为人质，还强奸了其中一名妇女，最终在与全副武装的联邦调查局特工对峙半小时后投降。莫斯利至今仍在纽约州的大草甸州立监狱服刑。到目前为止，他所有的假释申请都被拒绝了。在2008年4月最近的一次听证会上，莫斯利声称，他的行为部分应归咎于他的成长经历，他的父亲是一个恶毒的人，经常殴打他的母亲，还曾打算杀死她。

由于这起犯罪令人震惊，在当时引起了轰动。然而，报纸报道的耸人听闻的故事并没有围绕实际的谋杀细节，而是强调有多达38人在附近目睹了凯瑟琳被谋杀，但却无一人报警。实际上有人报了警，警方在接到电话后两分钟内就赶到了现场，但那时凯瑟琳已经死亡了。报警的男子先是给拿骚县的一个朋友打电话征求了建议，然后才做出的决定；即便如此，他还是走到女邻居索菲·法勒（Sophie Farrar）身旁，让她给警方打电话。他后来解释说自己不想卷入此事。毫无疑问，如果有目击者在第一时间报警，凯瑟琳很可能不会死亡。这场谋杀让大家都感到困惑的是：明明那么多人都看到这个无辜的女人被伤害，为什么没有人报警？

是因为目击者太多，所以无人帮忙吗

在这起犯罪事件发生后不久，许多专家试图解释旁观者的冷漠，提出了许多观点。其中包括个体的异化（去人格化）——由于在城市生活中缺乏内在的社区归属感。在随后的几年里，时常会有人群"引诱"自杀者跳楼的报道。其中有一次，当警察说服一名试图自杀的人不要轻生时，还遭到了旁观者的嘘声。讽刺的是，据一位不愿透露姓名的神学家说，这座城市（纽约）的去人格化程度超出了人们的想象！由于大多数解释仅仅是猜测，两位纽约的心理学教授比布·拉塔内（Bibb Latané）和约翰·达利（John Darley）决定研究旁观者的行为。他们决定开始研究这一领域的直接原因就是凯瑟琳·吉诺维斯谋杀案。

拉塔内和达利想知道，是否正是因为有那么多目击者，才没有人帮忙。他们提出的第一个解释是"多数无知"（Latané & Darley, 1969）。该理论认为，在模棱两可的情况下，人们会向他人寻求帮助，以便知道该怎么做（社会现实）。在紧急情况下，如果其他所有旁观者也不确定该怎么做，都在寻找指导，那么求助于他人就可能得到错误的指示，这就导致没有人采取行动。也许，其他目击者也在观察是否有人采取行动，如果没有人报警或阻止，那他也会认为这不是紧急情况。简单地说，如果没有其他人帮忙，那就说明也许不是紧急情况。目击者同时还在思考是否有其他可能的解释，比如只是"恋人之间在争吵"或"一对情侣在闹着玩"。目击者马德琳·哈特曼（Madeleine Hartmann）是一位法国人，她后来承认自己可能误解了这一事件，没有觉得这是件多可怕的事。她说："夜里我的确听到了很多次尖叫声，但我不是警察，我的英语也不太好。"

他们提出的第二个解释同样与在场的旁观者人数有关。依据旁观者理论，其他人的在场会影响决策过程。如果有很多人在场，就会发生"责任分散"——每个人都觉得自己对紧急情况的责任很小，因为其他人也可以提供帮助。鉴于吉诺维斯案有大量证人以及他们都知道还有很多人看到事情的发生（他们可以看到灯亮着，窗户边有人），人们可能认为其他人会承担责任，所以如果没有人帮忙，也不完全是自己的错，总是可以说："好吧，别怪我。其他人也什么都没做！"——每个旁观者都认为另一个旁观者会报警。

这种责任分散的解释得到了目击者证词的支持。比如六楼的科什金夫妇，科什金先生想报警，但科什金太太却不想，她后来对媒体说："我没有让他这么做，我告诉他肯定已经有30个人报警了。"

令人惊讶的是，凶手莫斯利似乎意识到了旁观者可能不会报警或阻止，据他后来说，他对公寓楼里传出的制止声并不在意，他说："我有一种感觉，这个人肯定会关上窗户回去睡觉，果然，他真的这么做了。"

心理学研究

1969年，拉塔内和达利进行了一系列巧妙的实验，测试了所谓的旁观者效应。

首先，学生被试被邀请讨论"大学生面临的个人问题"。为了避免尴尬，他们分别坐在不同的隔间里，通过对讲机进行交流。每个被试轮流发言两分钟。在第一轮发言中，一名被试提到他在压力下会癫痫发作。在第二轮发言的时候，这个人癫痫发作了。他大叫道:"救命啊……我癫痫发作了……我快死了……救命啊……"在那些认为现场只有自己和癫痫患者的人中,有85%的人在两分钟内提供了帮助。在那些认为自己是在三人组(一名真被试、"受害者"和一名假被试)的人中,62%的人报告了这个情况。在那些认为自己在六人组(一名真被试、"受害者"和四名假被试)的人中,只有31%的人在两分钟内帮助了受害者。这是证明责任分散效应的一个明显的例子:其他人的存在意味着每个人都觉得自己帮助别人的责任减少了。

在第二项研究中,学生们被要求坐在一个房间里,与另一名被试一起完成一份关于城市生活压力的问卷。当他们做问卷时,烟雾(实际上是蒸汽)开始通过墙上的一个小通风口涌入房间。有50%的人在四分钟内采取了行动,75%的人在六分钟内做出了反应。然而,当房间里还有其他两个人的时候,只有4%的人在四分钟内报告了有"烟雾",只有38%的人在六分钟内报告。当有两名实验者加入不知情的被试中,并对所有被问及的问题(比如"你认为我们应该做些什么吗?")回答"不知道"时,只有10%的被试在六分钟内报告了烟雾,这证明了多数无知的现象:人们不想显得反应过度和失去冷静。当有他人在场时,如果我们寻求他人的指引,对方表现得很冷静,我们就不会认为有问题。

责任分散和多数无知的结合也许解释了为什么吉诺维斯案的旁观者会如此冷漠。他们可能认为,既然其他人都没有做出反应,那就说明可能不是紧急情况。此外,即使他们中的一些人怀疑可能是紧急情况,责任分散效应也会使他们觉得自己不必采取行动。在吉诺维斯案中,旁观者更倾向于认为自己不需要做任何事,因为会有其他人打电话报警或向窗外大喊来制止这一恶性事件。

吉诺维斯案仍然给我们提出了一个问题:为什么我们不希望在紧急情况下显得反应过度?反应过度总比什么都不做要好吧?许多人对此的解释为害怕被嘲笑或尴尬。但为什么做自己认为正确的事会令人尴尬呢?也许是因为人们进行了成本-收益分析,并意识到自己的潜在成本(时间、精力、危险)超过了可能产生的收益。那么这些行为在其他文化中也一样吗?

可预测的冷漠

围绕吉诺维斯案的争议一直持续到今天。那些旁观者怎么能无视凯瑟琳的呼救声呢？他们为什么不做点什么？为什么在事后接受采访时，他们中的许多人都对自己的不作为无动于衷？根据拉塔内和达利的理论，旁观者的行为似乎完全是可预测的，也完全符合我们现在了解的群体环境中的社会行为。注意，目击者们互相知道彼此的存在表明这是一个群体情形。肖特兰德（Shotland，1985，p. 52）得出结论："经过近20年的研究，证据表明，这种现象——后来被称作'旁观者效应'——适用于所有类型的紧急情况，无论是医疗还是犯罪。"

曼宁等人（Manning et al.，2007）质疑，站在窗口的个别目击者是否可以被视为一个不作为的团体，而不是群体，然而这个案件却常被视为群体反应。不管最后的真相是什么，毫无疑问，吉诺维斯案促进了对旁观者效应的研究。在此之前，心理学倾向于认为群体的危险在于引发群体事件或暴民政治；在此之后，人们开始意识到，群体不作为和消极应对的危险也应引起重视。

需要吸取的教训

鉴于人们对吉诺维斯综合征的了解越来越多，如果你需要帮助，可以记住一些简单的规则。首先，你要努力让旁观者不要对你需要帮助产生任何怀疑。例如，你要清楚地表明你受到了侵犯，而不仅仅是喝醉了。其次，你要明确求助于某个人，以减少责任分散效应。比起说"嗨，那个穿灰色夹克的，过来，这是紧急情况，请马上帮我报警"，人们更容易忽视"救命"的呼声。你需要对当下的状况负责。要知道一旦有一个人伸出援手，"系统默认"的社会规范就会从不提供帮助变成提供帮助，而且其他人也很可能会认为这是一个紧急情况，并采取行动来帮忙，这就解决了多数无知效应。正如达利等人1973年所说，旁观者之间的交流有助于预防旁观者效应。这样你将得到大量的帮助！要让心理学为你所用，而不是对你不利。

这起案件还产生了另外一个好处。几年前，有一个醉汉摇摇晃晃地走在我家门外的路上，由于这条街道很繁忙，他这么走下去很有可能会发生事故。我本想报警，但又想到可能已经有很多人报过警了，考虑到吉诺维斯综合征，我改变主意并报了警。五分钟后，警察赶到并带走了他。第二天，警察回到现场向我表达了谢意，因为我是第一个报警的。他们还说并不介意接到多少重复的报警电话。第二天早上，这个醉汉毫发无伤地离开了警局。

在对吉诺维斯案背后的心理学解释有了更清晰的理解后，人们就可以更好地应对生活中的紧急情况。这样的认知可以拯救你或另一个人的生命。

不幸的是，凯瑟琳·吉诺维斯的故事不是结束。每年都有类似的悲剧事件发生。2003年，瑞典外交部部长安娜·林德（Anna Lindh）在一家拥挤的百货商店里被袭击者追上扶梯后被刺身亡，当时有几十个旁观者，但没有人出手帮忙，再次出现了吉诺维斯综合征。

最近的质疑

近年来，人们对吉诺维斯案进行了进一步的研究。在案发地邱园（如图6-1所示）住了35年的约瑟夫·德·梅（Joseph de May）开始重新调查案件的具体细节。德·梅认为，有证据表明，其实有人在袭击期间报了警。比如当时只有15岁的迈克尔·霍夫曼（Michael Hoffman）发誓说，他告诉父亲他看到温斯顿·莫斯利逃跑了，并目睹父亲报了警，而警方却说没有这通电话的记录。后来霍夫曼成为纽约的一名警察，他的描述似乎是可信的。此外，德·梅估计，可能只有三名目击者清楚地看到了最初的袭击，而后来凶手离开了现场，凯瑟琳一直倒在她的公寓旁，这导致目击者可能认为她脱离了危险。在审判中，只有三名目击者被传唤出庭作证（People vs Moseley, 1964），尽管当时的地区助理检察官查尔斯·斯科勒（Charles Skoller）辩称，可能有更多的证人，但未被传唤，因为他们明显的不作为和冷漠可能会分散陪审员的注意力。鉴于第一次袭击的速度很快，其他目击者不可能当时就在窗边看到整个过程。第二次袭击和性侵发生在公寓楼里，其他人已经看不到案发过程了。他们听到尖叫声或喊叫声，有可能认为是深夜狂欢的人从附近嘈杂的酒吧发出的。因此，德·梅认为，所谓的旁观者群体不作为在多大程度上是由于对谋杀的冷漠或事件的误解是值得怀疑的。

图 6-1　凯瑟琳·吉诺维斯被杀害的地点，邱园，纽约，1964

来源：*NY Daily News* via Getty Images

需要道歉吗

关于凯瑟琳·吉诺维斯的案件，我们还能说些什么呢？也许可以将这个案件总结为："虽然犯罪是悲剧，但它确实服务了社会，促使我们去帮助处于困境或危险中的成员。"这句话出自一封由温斯顿·莫斯利所写、于1977年发表在《纽约时报》上的信。莫斯利最终为他的罪行道歉，甚至在狱中获得了社会学学位，但他的假释申请还是被拒绝了18次。2016年4月4日，81岁的温斯顿·莫斯利在被监禁52年后死在了丹内莫拉监狱，是纽约州服刑时间最长的囚犯。

凯瑟琳的兄弟姐妹并不怨恨目击者，他们只怨恨凶手。凯瑟琳的弟弟比尔·吉诺维斯（Bill Genovese）在姐姐被害时只有16岁，半个多世纪后，他制作了一部关于这起案件的纪录片——《沉默的证人》(*the Witness*)，该片入围了奥斯卡最佳纪录片。在这部纪录片中，他们找到了一些最初的目击者，解开了一些关于谋杀的秘密。毫无疑问，"有38名目击者"的说法不完全正确，许多人只是听见了而没有看见，并不确定发生了什么事。但很多人说他们确实报警了，而且很明显，索菲·法勒（凯瑟琳在公寓楼里的朋友）不顾自己的安危出去帮助了凯瑟

第 6 章
哭喊着被杀害的女孩：凯瑟琳·吉诺维斯的故事

琳，最后时刻还在楼梯井里抱着她。然而，正如比尔·吉诺维斯所言："我们往往更容易记住故事而不是事实。"尽管他声称"我不会花大量时间去治愈痛苦和创伤"，但他显然对深爱的姐姐的死亡久久不能释怀。他希望，无论案件的真相如何，在当今世界，每个人都需要表明立场，为自己的行为负责，他总结道，"我们绝不能再成为消极的旁观者"（Alexander，2017，n.p.）。

凯瑟琳·吉诺维斯

来源：*NY Daily News* via Getty Images

第 7 章

琼斯镇惨案和服从的危险性

1978年11月18日，圭亚那的乔治镇有907个人受人引导服毒自杀。在这个被称为"琼斯镇"的地方，很多居民因为盲目地服从他们"神通广大"的宗教领袖吉姆·琼斯（Jim Jones）牧师而结束了自己的生命。琼斯对他的信众的影响太大了，直到现在，许多评论者（以及少数幸存者）还将这一事件称为大屠杀。直至2001年"9·11"事件发生之前，这都是美国平民在非自然灾害中丧生人数最多的一次灾难。心理学家对琼斯镇的案件很感兴趣，它揭示了盲从、顺从、宣传和说服的危险——会以灾难性的方式影响人们的行为。

牧师吉姆·琼斯和人民圣殿教

吉姆·琼斯于1931年5月3日出生于美国印第安纳州的克里特岛，是家中的独子。他的父母感情不和，信仰的也是偏离正统的宗教。琼斯的母亲在镇上的名声很差，年幼的琼斯常感被排挤和孤立，吉姆的父亲也未尽到教育他的责任，因此，吉姆在很小的时候就迷失了自我，觉得活着没有意义。直到有一天，一个邻居带着年幼的琼斯参加了五旬节派教堂的礼拜，他瞬间就被那里充满魅力的牧师迷住了。10岁的琼斯找到了自己的使命，从那以后，他经常在屋后的谷仓练习布道。当时，他的同学都觉得小吉姆有一些古怪——他开始痴迷于宗教和死亡。他们后来报告说，他杀死了一些包括猫在内的小动物，仅仅是为了给它们举行葬礼。16岁时，他开始在里士满黑人居住区的街角传教。一个白人男孩向受歧视的黑人宣传基督教的包容性，这很快就使他收获了一批追随者。在卫理公会参加了一系列培训后，吉姆创立了自己的宗教，到 1956 年，他将其称为"人民圣殿全福音教会"，简称"人民圣殿教"。那时，谁也没有想到这个宗教会引起什么灾难性的事件。

在接下来的时间里，琼斯努力发展自己的演讲风格，使用所有的技巧使自己成为一名鼓动人心的演说家。戏剧性的停顿、语调的变化、喊叫、甚至戏剧性的治愈或奇迹，让所有人相信了他的宗教力量和才华。从表面上看，他所传达的信息很有吸引力。当很多人觉得传统宗教在被边缘化时，这个白人传教士却在为妇女、黑人和穷人争取权利。他还收养了几个非白人孩子，这就很容易理解为什么人们会被他的魅力吸引。琼斯让人们觉得自己是与众不同的，他们来到这个世界上是有目的的，并且会给他们任何想要的东西。渐渐地，他的声名开始远扬，教会成员也开始激增。琼斯成了一名有影响力的政治人物，政客们也热切地希望他能够支持自己。他似乎站在了民权运动的前列，尽管事后来看，琼斯的言行只是吸引和欺骗追随者的手段。琼斯曾说"有人在我身上看到了基督"，但在他最后的传教生活中，人们只看到了邪恶。

1965 年，琼斯成功地说服了他的一些追随者，如果害怕与苏联即将爆发的核战争，就搬家到加利福尼亚州，那里会更加安全。一批追随者就这样抛家舍业跟着他搬到了加利福尼亚州，从而确保了琼斯拥有一批最忠诚的追随者。迁移完成后，他们就开始招募新成员。

在琼斯的布道中，他常常表现出非凡的预见能力或能够创造所谓的奇迹。实际上，这些都是琼斯设计安排的，他雇人假装残疾，在他实施"奇迹治疗"的时候突然从轮椅上站起来。他的亲信会被安排融入信众，并报告他们无意中听到的对话，然后他就用这些话让信众相信他有未卜先知的能力。

琼斯经常吹嘘他惊人的专注力和精力，但很明显，他实际上是使用了药物右旋安非他命或"快快"[①]在某段时间内维持看似无限的能量。这些药物的一个副

[①] 甲基安非他命，一种中枢神经兴奋剂，俗称"快快"。——译者注

作用就是会使人变得偏执，因此琼斯的言行也渐渐偏执起来。为了让他最信任的追随者团结起来，琼斯安排人对他的教堂进行了多次明显的"袭击"。这种"被围攻"的心态（暗示着有"他人"来攻击"我们"）会使人们团结在一起，因此，在接下来的几年间，他充分利用了这一点，他准备把整个教会搬到圭亚那的"应许之地"。

琼斯总是担心有人会离开他的教会，因此他用尽一切手段阻止追随者离开。他让追随者们在一张空白的纸上签名，他称之为"考勤表"，但是签名上方可以写上或印上任何东西，从而成为签名者的供词。他告诫他的追随者，要杀死任何反对人民圣殿教的人，并逐渐在集会时对他们进行言语和身体虐待。仪式性的殴打变得越来越常见，并逐渐升级为父母在舞台上鞭打孩子，以至于孩子们不得不被抬下舞台。在遭到惩罚之后，孩子还必须说："谢谢你，父亲。"

琼斯总是更青睐那些专注于他的革命目标，甚至准备为他的事业而自杀的人。琼斯想知道他的追随者是否对他的事业有如此强烈的忠诚。由于意识到那些以宗教的名义自杀的信徒会引起大量的公众关注，因此他问是否有人愿意从金门大桥上跳下去。尽管信徒们拒绝了，但琼斯还是把这个想法记在了心里。在1976年元旦的集会上，他送给在场的30多名信徒每人一杯酒，在他们喝下后，琼斯告诉他们那其实是毒药，他们将在一个小时内死去。有些人不相信他，还有些人试图跑出去寻求帮助，45分钟后，琼斯告诉他们，这只是对他们忠诚的考验，看他们是否愿意接受命运的审判，为自己真正的信仰而死。

此时，琼斯决定制订一个更大、更周密的计划。他想知道他的追随者到底有多忠诚，他能把他们逼到什么地步。因此，他打算在圭亚那的丛林中建立一个新社会，这个"应许之地"或"自由之地"将被命名为琼斯镇。

琼斯镇惨案

英属圭亚那于1965年脱离英国独立，建立了社会主义政府，主要人口是讲英语的黑人。与其他加勒比国家不同的是，圭亚那没有繁荣的旅游业（海滩是泥而不是沙），此外，圭亚那也无法生产足够的粮食养活其居民。然而，琼斯却认为这是一个适合建立新教会的地方。圭亚那政府以每英亩[①]25 美分的价格租给了人民圣殿教 3800 英亩土地，租期为 25 年。圭亚那总理福布斯·伯纳姆（Forbes Burnham）强烈希望向当地人民展示合作社的可持续性，就这样，琼斯镇于 1976 年 2 月成立了。这片"应许之地"最终将成为充满折磨、苦难和死亡的土地。

在早期，只有几十名移民来到这里，试图盖起一些建筑物、植树，并为种庄稼做准备。在琼斯到来之前，这里弥漫着希望和热情的氛围，尽管人们的生活非常艰苦，但是他们很快乐也很享受这种生活。然而，随着越来越多的人来到这里，贫瘠的土地已经不能满足居民们的生活所需。琼斯前往圭亚那，通过制作虚假的反映乌托邦式生活的电影来不断招募新成员。信众刚来的时候都很失望，但是他们没有任何办法——因为他们已经变卖了所有家产，这里是他们唯一的选择。他们没有钱，没有财产，而且距离家乡有 4000 英里之远。即使他们有勇气大声呼救，也没有人能听到他们的声音。

琼斯是一位杰出的谈判家和战略家。他组织了一个被称为"公关团队"的女性小组，与圭亚那掌权的男性"合作"。琼斯的主要"政治妓女"（据她自己所称）是宝拉·亚当斯（Paula Adams），她与圭亚那驻美国大使的约会，使琼斯前所未有地了解了圭亚那政府的运作。确实也有一些教会成员设法离开了，并宣称教会只是一个奴隶殖民地，但与之相反，总有人支持并争辩说琼斯镇是一个天堂。琼斯还设法组织了来自"敌对势力"的假袭击，假装教会受到了攻击。

渐渐地，琼斯的控制欲越来越强烈。他不断地殴打信徒，给他们下毒，甚至故意破坏他们的婚姻和家庭关系。虽然有很多人希望离开，但没有得到许可，更何况他们没有逃走的手段和资金。那些质疑琼斯想法的人会被派去参加"学习小组"，在卫兵的监督下，他们被迫每天进行 16 个小时的体力劳动。琼斯镇的惩罚越来越残酷，会让信众赤身裸体地游行并当众羞辱他们，而这只是身体虐待的开始。琼斯甚至会把运输箱当作隔离禁闭室，把人单独监禁在里面好几天。据报道，有人在经历"箱子禁闭"之后，需要好几个星期才能恢复正常。琼斯镇的所有居

[①] 1 英亩 ≈ 4047 平方米。——译者注

民，除了琼斯本人和他信任的副手们，都遭受过禁闭、虐待和断食——他们在神志不清的状态下更容易被操控。

琼斯继续渲染教会被围攻的氛围，他说圭亚那政府、美国中央情报局和其他资本主义势力正准备攻击他们。他不断地向人们灌输"革命性自杀"的思想，认为宁可自杀，自由地死去，也比被法西斯分子和资本家杀死要好。人们很快就意识到他们的生活完全被琼斯控制了，与他争论也是徒劳。

一天，琼斯安排了一次自杀演习来测试信众的忠诚度。他让大家排队喝下"毒药"，卫兵强迫人们喝下，任何拒绝的人都会被贴上无政府主义者或叛徒的标签。如果他们试图逃跑，就会被枪毙。有些人已经绝望到认为自杀也好过在地狱般的琼斯镇暗无天日地活着。还有一些人认为"毒药"是假的，只是一种测试，尽管有些人为了再苟活几天或几周而拒绝喝它。这些假毒害被人们戏称为"白夜"。当然，这一次是琼斯的恶作剧，药剂不是毒药，只是一次服从性测试。然而，在接下来的几个月里，情况变得更加糟糕：下一次的毒药是真的氰化物。居民开始生病，粮食产量也不足，大多数人认为琼斯镇注定要灭亡。

"有关亲属委员会"

毫无疑问，琼斯镇的许多人都有近亲在美国。其中一些人对于亲人杳无音信感到担忧，或者质疑他们所收到的消息的真实性。最终，琼斯镇居民的 25 名亲属对人民圣殿教提起诉讼，要求提供有关他们亲人的信息。该组织称自己为"有关亲属委员会"（Concerned Relatives）。琼斯非常愤怒——这件事登上了报纸，琼斯知道他操纵所有媒体资源的"蓝图"开始瓦解。在美国，人们继续提出质疑，最终，美国政府开始正视这近 1000 名公民的福祉。琼斯怎么也洗不白了，有许多关于琼斯镇状况的故事流传出来，涉及身体、精神虐待和监禁。琼斯强迫有亲人在"有关亲属委员会"的教会成员制作录音带，详细描述他们在琼斯镇是多么快乐，并说明如果有机会，将如何折磨这些多管闲事的亲人。

正如琼斯所预料的那样，美国政府确实开始注意到琼斯镇的美国居民。美国领事理查德·麦考伊（Richard McCoy）来到琼斯镇采访了居民，看他们是否想离开。没有人表示想这样做,因此麦考伊得出结论:这些居民不太可能是被强行拘禁的。看起来琼斯将要成功地渡过这一劫,直到黛比·布莱基(Debbie Blakey)叛逃,告诉麦考伊关于琼斯镇的真实情况。黛比·布莱基是琼斯信任的助手,也是公关小组的成员,参加教会长达七年。在回到旧金山的安全地区后,布莱基预言了大规模自杀的可能性,并敦促美国政府保护生活在琼斯镇的美国人。但麦考伊很难相信近1000人可以通过这种方式被控制。此外,美国政府还面临一个问题,即第一修正案禁止干涉公民的隐私和宗教自由。琼斯对这一事件的转折开始忐忑不安,下令对社区进行"封锁",并将该地区与外界隔绝。由于没有针对琼斯镇的具体证据,美国和圭亚那当局都不确定该怎么做。在这场对峙中,琼斯命令他信任的沙赫特医生订购了大量氰化钠和氰化钾——这足以杀死1000人。

这时,来自加利福尼亚州圣马特奥的民主党国会议员里奥·瑞恩(Leo Ryan)应部分选民的要求,决定访问琼斯镇,以了解那里的真实情况。琼斯很生气,担心会有居民告诉瑞恩实情,这样很多人就会选择离开。琼斯绝不允许这种情况发生。

终局

琼斯有一个信任的信徒渗透进了"有关亲属委员会",并告诉了琼斯关于国会议员瑞恩将要来访的消息。他还向圭亚那政府中的"自己人"行贿,让该政府尽其所能拖延或阻挠这次访问。琼斯警告瑞恩一行人,他不欢迎他们的到来,琼斯镇是私人财产,如果他们试图闯入,就以非法入侵罪逮捕他们。不过,瑞恩代表团依旧飞往了圭亚那。他们一到圭亚那,琼斯就改变了主意,同意让他们继续访问,但陪同的众多记者却被留在了机场,只有瑞恩和其他三名记者被护送进了琼斯镇。琼斯已经向居民简要说明了什么该说、什么不该说,居民们将在访问的那天得到一顿诸如烤猪肉和咖啡之类的像样的食物,这让他们在访问中看上去"精神良好"。精心策划的活动(比如才艺表演)似乎把琼斯镇的生活描绘得很美好。瑞恩甚至在美国全球广播公司的节目中对观众说:"这里有些人认为这是他们人生中发生的最美好的事情。"访问似乎进行得很顺利,但是有两个人偷偷给代表团塞了纸条求助。到了第二天,有20个人都向瑞恩表明想要离开,并被安排返回居住的棚屋取回物品。但是有的家庭中出现了分歧,他们争论如果只有一方愿意离开,那孩子是否可以跟着离开。人群对着逃离者大喊大叫,局面开始失控。一些想要离开的人害怕琼斯会当场杀死他们,事实上确实有一位信徒用刀袭击了瑞恩,他试图割开瑞恩的喉咙,但瑞恩推倒了他。瑞恩认为是时候尽他所能带更多的人离开这里。琼斯最信任的助手之一——拉里·莱顿(Larry Layton),在最后一刻决定离开,跟瑞恩一起前往机场。其他逃离者不相信拉里·莱顿是真的想走(拉里·莱顿有"琼斯的机器人"之称),但瑞恩答应过带任何想走的人离开,所以只好接受莱顿的请求。

在快速驱车前往机场后,逃离者和记者都渴望登上飞机,尽快离开此地。第一班小型航班被延误了,他们在此期间紧张地等待着。但在飞机起飞前,一辆小型卡车朝他们驶来,停在了大约 10 米远的地方,六名男子从卡车的后车厢里跳下来,开始向国会议员开枪。国会议员瑞恩、NBC 记者鲍勃·布朗(Bob Brown)皆被枪杀。拉里·莱顿也开始用事先藏在飞机上的枪对在场的人射击,琼斯的杀手回到琼斯镇报告机场的情况。当琼斯听说所发生的事时,他意识到自己的社会实验就要结束了,但还有最后一件事没完成。琼斯召集信众到展馆参加最后一次"白夜"会议。

1978 年 11 月 18 日:最后的"白夜"

琼斯把他的信众召集在一起,说明了在机场发生的事件,并表示这些行动无疑会引发圭亚那或美国军队的入侵。琼斯说,如果他们不希望被逮捕、折磨和杀害,除了进行革命性自杀外别无选择。琼斯傲慢地录下了自己的许多演讲,这场 45 分钟的长篇演讲也不例外;这在将来会被称为"死亡录音带"。琼斯多年来一直"驯化"他的信众,就是为了这一天,确保他们会追随他一直到死。

当杀手们返回报告瑞恩已经死亡时,琼斯的助手从厨房里搬出了很多个桶,桶里装着调味葡萄汁和致命剂量的氰化物。一名大屠杀幸存者回忆道,当时屋外四周有 25 名卫兵。虽然这些卫兵的职责是保护教会成员,但他们此刻却拿枪对着信众,而不是屋外丛林中的其他威胁。在最后一盘死亡录音带上,有一些微弱的

第 7 章
琼斯镇惨案和服从的危险性

声音质疑革命性自杀是否明智，但那时，琼斯已经在很大程度上操纵人们按照他的意愿行事，所以这些声音被无视了。母亲们被要求先让自己的孩子服毒，一些母亲用去掉针头的注射器将毒药注射到孩子的嘴里，然后自己服下毒药，坐在外面的丛林空地上。一直以来，信徒们都被琼斯和他的助手所鼓动，认为琼斯做的都是正确的。一些信徒还兴奋地谈到了转世。孩子们最先开始抽搐和口吐白沫，然后死亡；而他们的父母却要在生命的最后几分钟目睹这一切。那些还在大厅的人看不到大多数垂死之人的惨状，所以可能还不知道这件事的恐怖，直到一个15岁的少年冲进大厅，在人群面前抽搐，他们才意识到，这很明显不再是一次彩排，琼斯把革命性自杀变成了事实。那些不愿意自杀的人被迫在枪口下服下了毒药。面对近1000具尸体，琼斯深信自己的目标已经实现了——他成名了，并且在历史上留下了印记。也许，当他扣动瞄准自己头部的左轮手枪扳机时，他还对自己一生的努力感到莫名地满意。

在大屠杀之前，琼斯向其他地方的信众发送了无线电信息，要求他们杀死其他成员并自杀，这是教义的一部分。当时，正在乔治城参加比赛的琼斯镇篮球运动员被命令杀死瑞恩来访时留在那里的"有关亲属委员会"成员（他们之前没有被允许进入琼斯镇），但这些篮球运动员并没有执行这个命令。

最终的死亡人数为909人。其中究竟有多少人是自愿自杀并认为自己是为一件有价值的事业而放弃生命的，我们将永远无法得知。但即便是那些自愿死去的人，毫无疑问，也是在教会中被琼斯欺骗了。美国政府要求将尸体就地掩埋，但被圭亚那政府拒绝了，运回那些尸体花了四天，由于丛林的高温，尸体腐烂到只能认出631人。在这场屠杀中，一共有304名儿童被杀害，其中包括131名10岁以下的儿童。许多已经确认身份的死者甚至没有亲属来安葬——要么没有通知到亲属，要么他们的亲属认为这是一件很丢人的事。人民圣殿教的信徒都被描绘成谋杀儿童的罪人，几乎没有人把他们视为被琼斯操纵的"无辜"受害者。公众无法理解，如果在场的每个人都不是真的邪恶，又怎么会做出这样的事。最后，一共有408名受害者遗体被运回美国，安葬在奥克兰的长青公墓，琼斯被火化，骨灰被倒进了大西洋。

浩劫余波

琼斯镇大屠杀的幸存者很少。有一些人逃到了丛林中，但一直害怕被人跟踪，还有一些人装死躲过了服毒。还有一些人幸运地外出了，在灾难发生那天不在琼斯镇。在那之后，大多数幸存者都避免公开露面，但也有少数人进行了巡回演讲，并撰写了有关人民圣殿教的报道，通过出售这些故事来牟利。迈克尔·普罗克斯（Michael Prokes）是人民圣殿教的"杰出"成员，大屠杀发生时，他负责去丛林中取出资金以妥善保管，从而逃脱了自杀的命运。几周后，他在加州的一家酒店召开了新闻发布会并开枪自杀，留下一条信息称琼斯被人误解了。拉里·莱顿因参与谋杀国会议员瑞恩在美国监狱服刑了18年。据报道，有小部分之前离开人民圣殿教的信徒被不明身份的袭击者杀害，但这些谋杀是否与琼斯镇有直接关系尚不清楚。

琼斯镇也被当地人洗劫一空，一场大火烧毁了包括展馆在内的许多建筑。现在这里杂草丛生，只有一棵树孤零零地站着，标志着展馆的位置。偶尔也会有人提出重建展馆以供游客参观的计划，但至今仍未付诸行动。一些信徒努力恢复了正常的生活，但还有一些人的生活彻底崩溃了。

需要吸取的教训

毫无疑问，吉姆·琼斯的个人魅力吸引了大量的人加入人民圣殿教。人们总是很容易把这种骇人听闻的事件视为"孤例"，即一个邪恶的人成功转变了很多人的思想，进而使他们犯下暴行。然而，有各种各样的社会和心理过程都可以帮助我们解释为什么信众会对琼斯毁灭性的命令盲目服从，这有助于我们预防未来发生这种性质的暴行。人们一开始为什么要加入这个教派？当他们意识到琼斯无法兑现自己的承诺时，为什么不离开呢？是什么导致他们杀害无辜儿童然后自杀？这些方面可以从说服、宣传、服从、从众和顺从的角度来解释。

如果你对某人拥有绝对的权力，那么自然可以让他别无选择，只能做你想让他做的事。毫无疑问，琼斯逐渐地、不知不觉地获得了对追随者的控制权。持不同意见和反对意见的人会受到最严厉的惩罚，很快信众就意识到反抗和争论是徒劳的。回想琼斯组织的公开羞辱、对逃离者进行的人身威胁，许多信徒开始相信流传的关于前成员遭遇意外和无法解释的死亡的故事。然而，有一些心理学研究表明，即使没极大的暴力或恐吓威胁，人们也会破坏性地服从权威人物。这方面最著名的研究是由斯坦利·米尔格拉姆（Stanley Milgram）在20世纪60年代早期进行的。

斯坦利·米尔格拉姆

服从可以被定义为一种社会影响，在这种影响中，某人响应权威人物的直接指示而采取行动。服从，或它的近义词从众（跟从大多数人的观点的行为），通常被认为是消极的；但是反过来，如果人们不遵循大多数人同意的法律或不成文的社会规则，社会就无法成功运行。正如米尔格拉姆（1974, p. 4）写道，"服从是社会生活结构中最基本的元素；某些权威体系是所有公共生活的必要条件"。

通常，在服从的问题上，人们认为，如果没有权威的命令，人们就不会这样做。斯坦利·米尔格拉姆对纳粹如何能让如此多的普通人积极参与大屠杀暴行很感兴趣。当时的普遍观点是，"邪恶"的人才会做出邪恶的行为（性格假设），但米尔格拉姆想知道，如果有人教唆，环境的力量是否会让普通人甚至是"善良"的人做出邪恶的行为（情景假设）。他通过一系列巧妙设计的实验验证了这些假设。

米尔格拉姆（1963）实验的目的是测量被试在权威人物的指示下对另一个人实施电击时的服从程度。

被试为40名年龄在20~50岁之间的男性，他们是通过报纸和直接邮寄广告招募来的，但招募广告上写的是为耶鲁大学的一项记忆和学习研究招募志愿者。米尔格拉姆有意选择了各行各业的人，他们看起来都是普通人——毫无疑问，实验者没有告知他们研究的真实目的。

被试在参加实验时会被介绍给另一名被试——华莱士先生。华莱士先生看起来是个友好的中年男子，但他实际上是米尔格拉姆的"同伙"，已经知道会发生什么。然后，被试和华莱士先生各从帽子里抽出一张纸条，来决定谁是"学生"，谁是"老师"。抽签的结果是固定的，被试总是扮演老师的角色，而华莱士先生扮演学生的角色。但这种"抽签"会使被试觉得他们的老师角色是偶然获得的。

然后，华莱士先生被带到另一个房间，在"老师"（被试）的注视下，被绑在了椅子上，手腕上也绑上了电极。研究者向"老师"解释说，之所以要把"学生"绑在椅子上，是为了防止他在被电击后逃脱。他告诉不知情的被试："尽管电击可能非常痛苦，但不会造成永久性组织损伤。"米尔格拉姆制造了一个看起来很逼真的电击启动器，上面有30个开关，从15伏开始，以15伏为增量一直增加到450伏。

为了让"老师"明白15伏的电压是什么感觉，研究者让他们接受了15伏的电击（这是整个研究中唯一一次真正的电击）。然后，"老师"被安排坐在电击启动器前，为"学生"朗读一系列单词组。"学生"（华莱士先生）被要求记住这些单词并接受测试，当华莱士先生回答错误时，研究者指示"老师"对他实施电击。因此，被试认为他们是在测试惩罚对学习的影响。实际上，这个测试是对破坏性服从的研究。如果华莱士先生给出了正确答案，那他们就继续下一个单词组；如果华莱士先生回答错了，"老师"必须告诉他正确答案，并告诉他将受到什么样的电击惩罚。接下来，每答错一个问题，"老师"都被要求将电击强度提升一档（比上次电击的电压高15伏）。

一旦"老师"表现出不服从或不愿意实施电击，研究者就会用事先安排好的"刺激"（提示）鼓励他，说这样做是对的，比如"请继续"或"实验要求你继续"。那么，有没有被试真的对无辜、温和、友好的华莱士先生实施电击呢？答案是肯定的！尽管所有被试都表现出了明显的紧张和不安，但他们或多或少地都服从了研究者。在40名被试中，14人因紧张而大笑，3人因为压力大而癫痫发作。情境的力量是如此之大，所有40名被试都服从了研究者的指示，给"学生"施加了高达300伏的电击。其中多达65%（26名被试）的被试甚至施加了最强电击——450伏（Milgram, 1963, 1974）。在电击达到最高水平后，实验结束，大多数被试都表现出极大的解脱或后悔地摇着头。还有一些被试甚至询问他们是否严重伤害了华莱士先生（"学生"）。

米尔格拉姆对这种高度的服从提出了许多可能的解释，包括这个实验发生在著名的耶鲁大学，被试相信实验是有价值的并且认为受害者也是自愿参加研究的，因此即使过程不愉快，他们也有义务继续下去（Milgram, 1963, 1974）。

近年来，有研究者使用虚拟现实技术部分复制了米尔格拉姆的实验研究，发现了许多类似的结果（Slater et al., 2006）。当然，当代的读者也很想知道，他们是否会像米尔格拉姆的大多数被试那样行事。我认为我不会，但同时也觉得这个答案不够真诚。如果没有事先对这项研究的了解，我认为大多数人（包括我自己）也会以类似的破坏性和服从的方式行事。事实上，绝大多数人都会这样做，如果我们觉得自己在某些方面不同于常人，那就太傲慢了。有人可能认为，这些结果是时代的产物，尽管这么说是有争议的（Burger, 2009）。难道20世纪60年代的人们更听话？1999年，托马斯·布拉斯（Thomas Blass）回顾了对米尔格拉姆1961年至1985年研究的各项重复研究，发现结果与研究进行的年代没有任何关系。随着时间的推移，人们的服从水平似乎保持稳定。说实话，如果事实并非如此，我们反而会感到惊讶，因为我们的文化倾向于让人们服从那些我们认为的权威人士，比如警察、父母和老师。如果人们以这种方式服从权威人士的指导，社会往往可以运行得更好。

人民圣殿教信徒盲目服从的教训

一些批评人士认为，米尔格拉姆的研究可能帮助那些暴虐者利用这些最新发现来达到自己破坏性的目的。几乎没有任何证据表明吉姆·琼斯懂得任何关于破坏性服从的社会心理学知识，尽管他表现出了许多强有力的说服技巧。琼斯的确成功运用了许多心理学技巧，说服处于恐惧下的正常人对自己和他人做出残暴的行为。那他是怎么做到的呢？

破坏性服从的一个重要因素是绝对权力的逐步崩坏。许多人民圣殿教的信徒在最后的"白夜"无力反抗，可能就是由于面对琼斯绝对权力的无助。这些信徒卖掉了他们所有的财产，也交出了护照，承受着巨大的服从压力。然而，从书面证据可以很清楚地了解到，他们刚开始加入教会时，情况并非如此，他们是曾有机会离开的。同样地，还有一些人，即使在最后的自杀行动中，仍然坚持对琼斯和人民圣殿教的信仰，并甘愿自杀。例如，一名女子的尸体被发现时，手臂上用墨水潦草地写着"吉姆·琼斯是唯一的救世主"，还有一名卫兵的遗言据说是"虽然我们都死了……但这是一个伟大的时刻"（Lifton, 1979, p. 276）。相比很大程度的服从，循序渐进地让人们做出承诺并增加服从度来得更自然和有效些。米尔格拉姆要求被试逐次增加15伏的电击就证明了这一点——既然已经增加了15伏的电击，再增加一次又能怎么样呢？既然施加了185伏的电击，那为什么不可以施加200伏呢？如果没有前面的递加，被试肯定在电压增加到450伏之前就停止了电击。一位被试也意识到了这一点，他说："如果一开始就必须实施450伏的电击，肯定不会有人这么做。"（Perry，2012，p.76）

米尔格拉姆的渐进式电击技术应用的是销售人员所钟爱的"登门槛"技术。弗雷德曼和弗雷泽（Freedman & Fraser，1966）证明了这一技术的有效性。他们假扮成消费者组织的雇员，往居民家中打电话。他们最初的要求是要房主回答一些关于他们使用的肥皂的问题。几天后，他们要求房主允许一组研究人员前去拜访，对他们所有的家用产品做一个完整的清单。在之前答应了小要求的人中，有53%的人答应了第二个大要求，而在一开始就接到大要求的人中，只有22%的人答应了。推销员和妇女们每天都在使用这种技巧，很明显，琼斯也是这样做的。他让教徒最初对该教会的小承诺变得越来越大，并利用了人们保持行为一致性的愿望。

想象一下这样的场景：从每周花在教堂几个小时逐渐增加为更有实质意义的承诺；你投入教会的时间、精力和金钱越来越多——人们需要合理化自己的行为。这与本书后面详细讨论的认知失调的概念有关（见第8章）。当一个人的行为与他们的信念不一致时，会产生一种不愉快的紧张状态。加入教会的人需要减少信徒身份造成的失调感。他们可以合理化自己的行为，要么完全退出教会（有些人已经这么做了），要么留下来，进一步说服自己相信吉姆·琼斯创立的教义，从而减少挥之不去的不适感。渐渐地，当人们失去他们所有的财产，除了待在人民圣殿教别无选择时，他们必须更加坚定地致力于这一事业，以减少他们一定会产生的失调感。如果不这样做，他们就会面临可怕的前景：意识到自己是多么愚蠢。也许继续相信吉姆·琼斯比觉得自己是个傻瓜要好。珍妮·米尔斯（Jeanne Mills）在她1979年出版的书中描述了这一过程：

> 我们不得不面对痛苦的现实，我们一生的积蓄都没了。我们的财产被抢劫一空……我们疏远了父母……甚至我们的孩子都公开与我们为敌……我们现在所拥有的只有吉姆和教会，所以我们决定屈服，并把精力投入其中。
>
> （Mills，1979，p.167）

合理化自己以前的行为和对这一"事业"的投入,是最终走向集体自杀的过程中一个简单的步骤。

认知失调理论还预测,我们试图减少冲突的另一种方式是有选择地关注"一致的"信息,即支持我们决定的信息。我们不仅会更多地关注那些让我们感觉更好的信息,还会选择性地将模棱两可的信息解释为与我们的认知一致,这被称为"证实偏差"。这对人民圣殿教的信徒来说一定很容易——在许多其他人也对琼斯表示支持的情况下,他们也会想要与大多数人的观点保持一致。琼斯设计的那些明显的"奇迹",在不加批判的人看来也可能是令人信服的。

需要吸取的教训

对米尔格拉姆的一系列服从研究的一种批评是,暴君和自大狂可能会学习他的研究,即意识到让人们服从命令以达到破坏性的目的似乎很容易。有些人认为,最好相信只有邪恶或愚蠢的人才会被误导,而不是每个人在情境的影响下都有可能犯下罪恶。另一方面,值得注意的是,在米尔格拉姆研究的后续重复实验中,有一些人拒绝服从具有破坏性的权威人物,他们引用米尔格拉姆的研究作为证据来说明人们会以这种方式被操纵。这表明,了解这项研究发现可以帮助人们不服从危险的权威人物!此外,还有一种情况(米尔格拉姆没有报告),如果被试之间的关系很亲密,那么在分别扮演"老师"和"学生"的过程中,"老师"的反抗水平非常高,这引发了这样一个问题:权威人物是否可以如此轻易地让普通人对他们最初感到同情或交好的人做出令人震惊的行为?(Perry, 2012)

斯坦利·米尔格拉姆在他的职业生涯中饱受争议,许多人对他的伦理程序、研究发现和随后的声名大噪感到不快。在被一些同事不同意授予他终身职位之后,米尔格拉姆离开了哈佛大学,在相对不出名的纽约城市大学获得了教授职位。他于1984年12月20日因心脏病发作早逝,享年51岁。他的研究和著述继续影响着科学事业、当代文化和思想,这是他的许多哈佛大学前同事梦寐以求的。

吉姆·琼斯可能在不知不觉中创造了完美的条件来欺骗、欺凌和控制人们,以达到破坏性的目的。我们只希望人们能够从琼斯镇惨案和米尔格拉姆的一系列实验中认识到情境的强大力量，以及我们所有人都要对自己的行为进行更多的关注，为自己的行为负责。同样重要的是，要抵制"自动化行为"，要注意情境需求，要具备批判性思维技能，要准备好承认自己最初服从时的任何错误，不要害怕改变自己的想法。

斯坦利·米尔格拉姆仍然是社会心理学的真正巨擘，他说过的一句话很适合用来结束这一章：

> 当一个人与权力对立时，他会尽最大努力寻求群体中其他人的支持。人民互相支持是我们对抗绝对权威的最强大的堡垒。
>
> （Milgram，1974，p. 121）

此外，"20世纪的社会心理学揭示了一个重要的教训：往往不是一个人是什么样的人，而是他所处的环境决定了他将如何行动"（Milgram，1974，p.205）。要是吉姆·琼斯的追随者知道这一点就好了。

吉姆和妻子玛瑟琳坐在他们收养的孩子中间，
琼斯的嫂子（右）和她的三个孩子，加利福尼亚州，1976年

来源：Photo by Don Hogan Charles/New York Times Co./Getty Images

第 8 章

世界末日即将来临：多萝西·马丁的故事

1954年9月，美国犹他州盐湖城的《湖城先驱报》刊登了一篇报道，讲的是一个名叫多萝西·马丁（Dorothy Martin）的郊区家庭主妇收到消息说，12月21日将是世界末日。马丁预言，一场大洪水将淹没从北极圈到墨西哥湾的地区。报纸报道说，马丁声称她收到了一个名为"克拉里昂"星上的高级生物发送的信息。这些生物曾乘坐飞碟造访地球，并注意到地壳的断层线，预测了洪水的来临。此外，马丁还吸引了一批相信她预言的追随者，他们自称为"探路人"（seekers）。心理学家利昂·费斯廷格（Leon Festinger）及其同事亨利·瑞肯（Henry Rieken）、斯坦利·沙赫特（Stanley Schachter）在阅读这篇文章时，认为这是一个不容错过的好机会。他们决定渗透到"探路人"中，观察研究他们当预言不可避免地被证明是错误的时候，他们会有什么反应[1]。他们的工作是对认知失调现象的早期探索。认知失调指的是当信念或行为相互矛盾或冲突时所产生的心理冲突。当"探路人"对世界末日的信念和不争的事实明显矛盾时，他们会如何减少他们的不和谐感呢？

世界末日

每隔几年，我们身边就会出现关于世界末日的预言，但令人惊讶的是，居然

---

[1] 本章大部分资料来源于费斯廷格等人的记录和著作。

还有人相信这种预言。就拿近些年来说，玛雅历法曾预言2012年12月21日是世界末日，国际家庭电台独立部的创始人哈罗德·康平（Harold Camping）曾预言2011年5月21日是世界末日。康平在美国的5000个广告牌上发布了世界末日的广告，以警告公众末日即将来临，引起了广泛关注。尽管最后证明他的预测是错误的，但康平争辩说他只是把日期搞错了。令人惊讶的是，这样的预言通常与那些信奉《圣经》的人有关。《圣经新约》中对末日的预言是相当明确的，"但那日子，那时辰，没有人知道，连天上的使者也不知道，子也不知道，唯有父知道"（Mark 13:32）。

最臭名昭著的世界末日教派之一是所谓的"天堂之门"（Heavens's Gate）组织，这个组织最初在美国得克萨斯州活动，后来又在加州。其领导者马歇尔·阿普尔怀特（Marshall Applewhite）宣扬说宇宙飞船将把真正的信徒从即将到来的末日中拯救出来。1996年底，该组织听到一个广播节目中说有人在夜空中看到海尔–波普彗星尾部有一个不明飞行物（UFO）。于是这群人开始准备登上所谓的UFO。为了让他们的灵魂能登上飞船，他们进行了集体自杀。警察在1997年春进入"天堂之门"的会所时，发现了39具腐烂的尸体。他们穿着相同的黑色衣服，头上盖着紫色的布，身上带着一张5美元的钞票，这表明他们生前为来生做了一些准备仪式。关于他们死亡的确切情况有待推测。尽管很多人都知道这个组织的可怕故事，但其他世界末日组织仍继续存在和发展着。

心理学家想要了解这些世界末日预言团体，但缺乏有关他们信仰和行为的信息。这些组织中有许多是非常隐秘的，他们的信仰和活动大部分都是在组织内部进行的。直到20世纪50年代，心理学家才通过直接观察（打入"探路人"组织）获得相关信息。

多萝西·马丁（玛丽安·基奇）和"探路人"

多萝西·马丁（为了她的匿名性，费斯廷格等人称她为玛丽恩·基奇）是一个"瘦弱结实的女人，一头黑发，眼睛炯炯有神"。事件发生时，马丁大概50岁。她说，在一个冬天的早晨，她一觉醒来，感到胳膊上有一种奇怪的麻木感。不知为什么，她拿起一支笔，开始以一种与她自己的风格完全不同的方式写作。她意识到有人在用她的手传递信息。马丁问那个人是谁，然后意识到那是她已故的父亲。

马丁以前就对通灵现象有一些了解，她信奉山达基教，对飞碟和外星生物存在的可能性也很感兴趣。她的母亲和其他许多人一样，对"亡夫联系女儿"的想法嗤之以鼻。但这并没有阻止马丁，她花了很多时间去完善她的"自动写作"，而且常常要等上好几天才能收到下一条信息。后来，马丁声称自己能更好地接收信息了，很快她开始从一个被她叫作"哥哥"的人那里接收信息，然后又从被她称为"克拉里昂"和"切鲁斯"的行星上接收信息。当年四月中旬，她收到了来自"萨南达"①的信息，"萨南达"说自己就是当代的耶稣。来自"守护者"的消息让马丁更加相信，她是"天选"的信息接收者，她应该把信息传播给其他人。马丁把她的经历告诉了一些亲密的朋友，通过口口相传，她逐渐培养起一小群忠诚的追随者。她还陆续收到了以下信息：

> 我们和地球上的人类有很多共同之处：虽然我们的文化与你们有数百万年的差异，但我们仍然是兄弟。我们每天的日常享受，是你们这个世界的人无法想象的。
>
> （Festinger et al.，1956，p. 44）

还有类似的：

> 我们正穿过你们的大气层，你们的天文学家看到我们了……我们不会像你们一样死亡。当我们需要或渴望改变的时候，改变就会像化蝶一样自然。我们不会回到地球世界了。
>
> （Festinger et al.，1956，p. 44）

很明显，"守护者"与马丁的沟通是为了让她教导人类"推动人类精神发展的规则、想法还有正确的行为，并且为未来的某些变化做准备"。许多信息表明，将

---

① "哥哥"和"萨南达"都是马丁口中的人物，"萨南达"是来自外星球的"守护者"。——译者注

会有来自太空的访客，而且很快就会出现关于战争和洪灾的预言。

7月23日的一个早晨，马丁收到一条消息，说一艘宇宙飞船将在中午降落在兰利空军基地。她被告知要去那里见证这一事件。当时，有12个"探路人"和她一起前往，到了中午，没有飞船着陆，但他们在路上遇到了一个不认识的人。马丁说他举止古怪，眼神怪异。那人拒绝了别人提供的食物和饮料，而且很快消失了，就像他出现得那样快。除此以外，那天没有发生别的事。但8月2日马丁收到了一条消息，说那个人就是"萨南达"假扮的。马丁很高兴，因为她相信她已经和耶稣的化身交流过了。然而，并不是所有的"探路人"都如此坚信这一点，到了12月，在兰利空军基地目睹这一事件的12人中，只有5人仍然是马丁的信徒。

马丁透露，她的追随者们被指示在洪水到来（预计在12月21日）之前，前往阿勒格尼山。在那里，他们要建立一个圣坛或心灵共同体，然后会有一艘宇宙飞船把他们的身体和灵魂带到"克拉里昂"星或金星上。在经过一段时间的教化后，他们将会安全地返回地球并与"光的使者"一起重新点燃圣坛。在洪水来临前的几个月里，多达33人参加了与洪水预言有关的集会。然而，只有8名成员非常投入，并且采取了与"洪水一定会发生"的信念一致的直接行动。这些行动从公开告诉别人洪水将要来临，到辞职、变卖财产或不做任何末日以后的计划。有7名成员显得将信将疑，也不太愿意积极地讨论这个问题。这个组织中成员的年龄、受教育水平和职业各不相同。

从12月16日起，许多报纸都报道了洪水预言的消息，马丁和该组织的另一位主要成员阿姆斯特朗博士被记者们轮番采访和提问，但他们拒绝向记者透露这件事。各大报纸纷纷发表文章，嘲笑他们和所谓的洪水预言。尽管如此，马丁和她的追随者们也没有想过改变自己的信仰。费斯廷格等人想知道，当他们的预言被推翻时，他们会做何反应。估计等不了多久了。

尽管马丁相信洪水会在12月21日到来，但她希望宇宙飞船能在这之前着陆，在灾难发生之前拯救她和她的信徒。该组织的许多成员从12月4日起就在等待救援，并做好了"24小时待命"的准备。鉴于报纸连篇累牍的嘲笑，马丁和她的追随者都祈祷能尽快逃离。12月17日星期五，马丁接到了一个自称"外太空的Video舰长"的人的电话，"舰长"告诉她，一艘宇宙飞船将在下午4点降落在她的花园来接她。费斯廷格等人相信确实存在这个电话，但很明显是一个恶作剧。即便如此，马丁和她的追随者还是认真对待了它，并开始制订计划。他们取下了自己身上所有的金属物品——珠宝、手表、有金属衬垫的纽扣，甚至扯掉了衣服上的拉链。下午4点，那些选择离开的人穿上外套，在厨房里望着天空等待着。马丁处于一种极度兴奋的状态。到了下午4点40分，紧张的气氛缓和了下来，到了5点30分，大家都放弃了，回到客厅，马丁拒绝谈论这件事。她坐在那里，手里拿着笔，等着"接收"消息，想弄明白发生了什么事。后来，马丁收到消息说，"萨南达"已经决定，被选中的那些人将被宇宙飞船带走，也不需要再返回地球。马丁很高兴，这个消息再次证实了他们在整个计划中的重要性。组织的其他成员猜测，飞船没有着陆是因为房子周围的媒体太多了（下午4点，外面有一个电视摄制组）。但很明显，没有人相信这种说法。最后，他们认定这次只是一个测试，时机一到，飞船自会来接他们。

在这一点上，最新加入该组织的人似乎对预言有一些怀疑。一个对飞碟有着狂热爱好的18岁女孩在遭受第一次失望后，于当晚11点离开集会去见男朋友，然后就再也没有回来。这个组织最新加入、投入最少的成员放弃了，而其他成员则继续遵守他们的承诺。

从那时起，费斯廷格等人观察到，马丁、阿姆斯特朗博士和"探路人"们再一次努力说服其他人相信他们的信念。从表面上看，这很令人惊讶，因为没有新的证据来支持他们的信念。而事实上，情况正好相反。午夜时分，马丁又收到一条消息，说有一架飞碟在来的路上。留在房子里的"探路人"们急忙计划再次上飞船。女人们在湿漉漉、雪下得又冷又湿的后花园里等待着，她们脱下了有金属扣的胸罩，还有一个人担心牙齿里的金属填充物会不会碍事。在寒风中苦等了两个小时后，他们再次失望地回到了房间，上床睡觉了。早上起来，所有人都相信昨晚肯定又是一次演习，并且决定不告诉其他人这件事。

在接下来的几天里，马丁接到了两个自称来自"克拉里昂"星的年轻人打来的电话。后来,有五个年轻人出现在了房子前,自称是宇航员。阿姆斯特朗博士和马丁对他们进行了测试,确定了他们的身份。"探路人"们很满意,也更加相信自己的信念——接头是在周六晚上而不是周五晚上。然而,又有两名追随者失望地离开了这个组织,再也没有回来。

12月20日上午10点,马丁收到一条消息,说第二天午夜,信徒们会被汽车送到一个地方,那里将有一艘飞碟在等着他们。"探路人"们确信他们漫长的等待就要结束了,这让他们终于松了一口气。他们再一次做了准备工作,包括取出身上的金属物品。当他们半夜在房子里等待时,气氛很紧张。午夜过五分钟后,"造物主"宣布计划仍然有效,只是稍微延迟了一点。两点半,马丁收到一条消息,说大家应该喝杯咖啡休息一下。成员们讨论了他们的失望,并怀疑是不是把日期搞错了。4点45分,马丁说她又收到一条信息,说世界得救了,因为"探路人"们在等待的过程中传播了太多的光,上帝将世界从毁灭中拯救了出来。大多数信徒听到这个解释都很高兴,也很满意。但又有一名成员离开了组织,再也没有回来。

还有一个预言是12月24日将有一名宇航员来访。再次,五名成员聚集在一起唱圣诞颂歌,准备见证这一事件。预言再一次没有得到证实。在最后一次预言失败后,这个组织开始分裂。然而,费斯廷格等人1956年称,似乎有压倒性的证据表明事实恰恰相反——马丁和她最亲密的追随者在预言宣告失败后,开始更多地预言。

认知失调

费斯廷格和他的同事此前曾推测,在预言失败后,多萝西·马丁可能会更加相信自己的信念。也许这是唯一一个在整个故事中应验的预言!费斯廷格指出,如果一个人在信念失败或者被证伪后成为一个更狂热的信徒,必须具备以下五个条件。

- 信念必须是信徒所坚信的,并且必须与实际行动有一定的关联,也就是说,关键要看信徒做了什么,以及如何做的。

第 8 章
世界末日即将来临：多萝西·马丁的故事

- 持这种信念的人必须投身其中，也就是说，为了这个信念，他一定采取了一些难以反悔和改变的重要行动。一般来说，这些行动越重要、越难撤销，个体对信念的承诺就越坚定。
- 信念必须足够具体，与现实世界足够相关，以便事实可以毫不含糊地驳倒信念。
- 这些不可辩驳的反证必须发生，必须被信徒承认。
- 信徒必须有社会支持。一个孤立的信徒不太可能承受得了这种不可辩驳的反证。然而，如果信徒是一群相互支持的信众的一员，这种信念就可能会被维持，该信徒也可能会试图说服非信徒相信该信念是正确的。

了解了多萝西·马丁的行为，你可能会惊讶于她居然能吸引到追随者，但心理学研究表明了，这些预言的失败是如何令人惊讶地使其支持者的信念更加坚定。这可以通过费斯廷格等人所谓的"认知失调"现象来解释。

认知失调理论解释了为什么人们会有动力去改变他们的态度。1956 年，费斯廷格等人提出了认知失调理论，该理论关注的是当人们意识到他们持有的两种想法或认知不一致时（即世界末日预言和与之相反的直接证据），他们的态度会发生怎样的改变。这两种想法或认知之间的冲突引发了一种消极的失调感或心理不适。人们处理这种失调的方式要么是改变其中一种认知，要么是增加一种新的认知来解释冲突。比如你觉得你的一个朋友在聚会上忽视了你，这样你所持的"他是我的朋友"的认知就和他在聚会上的行为产生了冲突。你将如何处理这些导致认知失调的矛盾思想呢？你可以改变自己的一个想法，比如认为朋友很无礼，跟你也没那么要好，不是真正的朋友。然而，你也可能会认为他或她的行为并没有那么无礼。这时，你可能会增加一种新的认知，比如抱怨是他的新伙伴让他和你作对。任何一种新的认知都将有助于减少认知失调，而产生认知一致性的感觉。费斯廷格认为，减少失调的需要与安全的需要或避免饥饿的需要一样，都是人的基础需要。这是驱使我们保持一致的原动力。问题越重要，态度和行为之间的差异越大，体验到的失调感就越强烈。在多萝西·马丁的案例中，"探路人"们可以通过放弃他们的世界末日信念，或者编造一些其他的信念来调和他们的认知失调。这包括重新计算日期，或者暗示这个团体的付出是如此卓著，以至于上帝决定拯救世界。

认知失调理论的一个关键因素是,它认识到人们并不总是理性思考。人们也确实经常试图合理化自己的行为,尽管有时是以一种非理性的方式。人们会通过创造一种新的认知来欺骗自己,即如果他们理性地思考这些认知,就知道这一定是错误的(Gross,2005)。吸烟就是一个很好的例子。全世界的吸烟者似乎都能为继续吸烟找到理由,尽管他们的理由在理性上站不住脚。

费斯廷格(1965)认为,人们会选择性地回避可能增加认知失调的信息。因此,吸烟者可能就不会阅读详细介绍吸烟危害的小册子。我们总是选择那些能证实我们的态度和行为的电视节目和书籍。同样,我们选择朋友也是如此,这就是为什么我们的很多朋友都和我们着有相似的观点。多萝西·马丁的周围都是信徒,那些持反对意见或不同观点的人很可能会强化组织成员的失调过程,从而被组织拒绝。这种选择性的接触偏好有助于减少失调。

费斯廷格(1965)也指出,有些因素会增加认知失调的感觉。问题越重要,失调感就越强烈。做出决定与付诸行动之间间隔的时间越长,失调感就越大。在做出决定后,改变决定的难度越大,人们就越会为自己是否做出了正确的决定而苦恼,原因是显而易见的。这有时被称为"事后怀疑"(Griffin,1997)。有时候,即使做出决定,人们也会继续寻找支持决定的证据。还有一个过程被称为"最小正当性"假设(minimal justification hypothesis)。它提出了一个反直觉的观点,即改变一个人态度的外部激励/奖励(或正当性)越少,态度的改变就越大。下面的20美元和1美元实验就证明了这一点。

研究者针对认知失调理论进行了大量的实验研究,其中很多都是强迫依从性研究,被试几乎是被迫对他们并不真正相信的事情持相互矛盾的观点。其中最著名的是20美元和1美元实验。

20美元和1美元实验

费斯廷格和卡尔史密斯想通过实验测试认知失调理论的以下两个方面。

第8章 世界末日即将来临：多萝西·马丁的故事

- 如果一个人被诱导去做或说一些与其个人意见相反的事，他们就会倾向于改变自己的意见，以便使其与他们所做或所说的相符。
- 引发公开行为的压力越大（超出引出这种行为的最低限度），上述倾向就越弱。

他们设置了一个实验室实验，共有 60 名男生参加。被试被要求在 30 分钟内做一些非常无聊的重复性任务。一些被试在之后获得了 1 美元，另一些人获得了 20 美元。其中一项任务是在一块大木板上一次转动一个木桩。在完成了这些无聊的任务后，他们被要求去等候室和其他即将参加实验的被试打招呼，然后告诉对方（实际上是研究者的女"同伙"），实验任务非常有趣。在这之后，研究者对被试的态度进行了测量。那些获得更多报酬的人似乎态度改变的程度也应最大，"奖励越大，态度改变越大"似乎很有道理。然而，事实并不像费斯廷格和卡尔史密斯所预测的那样；相反，那些只得到 1 美元的被试态度改变的程度最大：获得 1 美元的被试觉得任务没有那么无聊，而获得 20 美元的被试对任务的态度丝毫没有改变——仍然觉得很无聊。那么，为什么会发生这种情况呢？

费斯廷格和卡尔史密斯（1959）认为，1 美元组经历了更多的认知失调。他们对下一个女性被试说的话和他们对任务的态度之间存在很大的冲突。为了减少这种认知失调，他们改变或修改了自己对无聊任务的看法——"也许它们没有那么无聊"。相比之下，20 美元组的认知失调要少得多。尽管他们也觉得这些任务很无聊，但可以为自己的谎言辩解（或称"反态度辩护"），因为"看在钱的份上"。而 1 美元组却不能通过这一过程来减少认知失调（因为钱实在是太少了），所以他们改变了对任务的态度——他们必须为自己违心的表现找另一个理由。这种效应——即奖励或激励越小，态度改变越大——被称为"较少导致更多效应"（less-leads-to-more effect）或"最小正当性"假设（Gross，2005）。

> **最早的认知失调故事**
>
> ### 伊索寓言：狐狸和葡萄
>
> 在一个炎热的夏日，一只狐狸在果园里漫步，看到一串刚成熟的葡萄长在高高的葡萄架上。"这些葡萄正好可以解渴。"狐狸说着，后退了几步，然后冲过去跳起来，但却没有摘到葡萄。他回过身重来了一次，一，二，三，狐狸又跳了起来，但还是没有成功。一次又一次尝试之后，狐狸最后不得不放弃。它昂起头，边走边说："葡萄还没有成熟，肯定很酸。"

来源：Aesop（2017）. Aesop's Fables. London: Macmillan Collector's Library

对认知失调理论的评价

前面已经提到，费斯廷格的一些结论可能是反直觉的。较大的激励还没有较小的激励对人态度改变的影响大，这一观点在社会科学界引起了极大的质疑（Griffin, 1997）。许多心理学家认为奖励实际上可能不利于行为的引导。20美元和1美元研究似乎就证明了这一点。

对认知失调观点的进一步研究导致一些人认为这一理论在概念上是薄弱的。艾略特·阿伦森（Elliot Aronson）声称，该理论未能解释在什么条件下会发生失调。认知失调理论被批评为一种"永不失败"的理论——当认知失调明显导致了态度或行为的改变时，这种观点会得到支持；但当研究未能发现态度或行为的改变时，就归因于这个人没有经历足够的认知失调来改变态度或行为。因此，认知失调理论永远不会被证伪。阿伦森发展了这一理论。他认为个体经历的认知失调程度与投入的行为努力有关——一个人在某件事上付出的努力越多，所体验到的失调就越强烈，因此态度改变的压力也就越大，这被称为"困苦成就喜好"效应（suffering-leads-to-liking effect）（Gross, 2005）。举个例子，我儿子想加入当地的足球队。两支最好的球队都邀请他参加选拔赛。在第一次训练后，一支球队同意他加入，但另一支球队却告诉他很难说他是否能被录取，让他继续来接受训练。

三周后，第二支球队也同意他加入。那他接受了哪个球队的邀请呢？——他签下了自己费了很大劲才进入的球队。

认知失调理论后来以一种更复杂的方式被扩展。在最初的 20 美元和 1 美元研究中，被试要说服下一个被试（实际上是研究者的同伙）并不是实验的一部分。被试可以选择拒绝这一请求。此外，由于假被试声称"除非被告知实验很有趣，否则就不会参加实验"，因此被试的谎言，即"实验很有趣"，会给下一个被试带来负面后果（Hewstone et al., 1996）。其他的研究已经证实，自由选择权和反态度行为的负面后果是引起失调的重要因素。因此，认知失调理论是一个复杂的理论，涉及选择的自由、激励的大小和行动的负面后果。

已有很多实验支持费斯廷格的认知失调理论，但问题是，由于我们无法亲眼看到认知失调，所以无法客观地测量它。因此，这一术语显得有些主观。人们的表现是否会像这个理论所预测的那样也存在个体差异。高度焦虑的人更有可能会这样做，相比之下，更多的人似乎能够应对相当大的失调，而不会经历该理论所预测的紧张。

最后，需要注意的是，许多支持认知失调理论的研究外部效度都较低。例如，转动木桩（费斯廷格的实验任务）是一项刻意的人造任务，不会在日常生活中发生，因此，从这些实验中得出的结论可能很难推广。

认知失调和日常生活

如果正如费斯廷格所说，减少认知失调的需求是如此重要，那么我们在日常生活中该如何应对这些感觉呢？我想这在很大程度上取决于我们所经历的失调程度。多萝西·马丁一定感受到了强烈的认知失调，因此她坚定地说服别人相信她的信念，以缓解她的感觉——自己是唯一一个相信自己预言的人。在社交生活中，我们不断地制造"善意的小谎言"（比如"你穿那件衬衫真漂亮"）。尽管这可能会让我们有点焦虑，但有助于维持社交关系。马茨等人（Matz et al., 2008）表明，我们的个性也有助于中和认知失调的影响。他们发现，性格外向的人更少感受到认知失调的负面影响，也不太可能改变自己的想法；相比之下，内向者则会感受到更多的失调，也更有可能在生活中改变自己的态度以迎合大多数人。

你可以思考一下认知失调在你生活中的作用，你是否曾经对自己撒谎，或者你的想法和行为是否令自己感到舒适。正如苏格拉底所写："未经审视的人生，不值得度过。"换句话说，对于任何让你在直觉上感到不太对劲的决定或行动，你都要持怀疑态度。

认知失调也可以作为一种治疗手段来改变不健康的态度和行为。它已被用于改变饮食失调、赌博、路怒症和其他负面行为（Becker et al., 2008）。在这些干预措施中，人们被要求考虑他们当前的态度和行为，以及与不健康的信念相关的代价。人们要去评估自己的观点，并检查这些观点与健康行为之间的冲突程度。通过了解认知失调在我们大部分生活中所发挥的作用，我们可以留意到它有时带来的负面影响。

参与式观察

多萝西·马丁预言案的另一个问题涉及使用秘密参与者来获取关于被观察者每天真实行为的数据。大多数心理学研究都涉及一些行为观察，无论是观察在学校操场上玩耍的孩子，还是观察一个人在实验室里的反应速度。观察可以作为实验室研究的一部分。当人们谈到观察技术时，通常指的是一种以观察为主要研究方法的研究，包括对自然发生和相对不受约束的行为进行精确（客观）测量。此外，观察通常发生在被观察者自己的自然环境中。主要存在两种类型的观察。

- **参与式观察**。这意味着观察者积极地参与被研究对象的活动。除了单纯的观察，心理学家还可以从被观察的人和行为中体验到一种更"主动"的视角，即他们成为研究的"参与者"。参与式观察可以是公开的（人们被告知他们正在被观察），也可以是不公开的（参与者不知道自己被观察）。
- **非参与式观察**。这意味着研究者从远处观察行为，他们不会积极参与被研究的行为。

参与式观察和非参与式观察之间的界限并不总是那么明确，因为在参与式观察中，观察者可能难以充分参与某些行为（例如犯罪活动）；类似地，非参与式观察也不太可能对情况完全没有任何影响。比如足球裁判，他们是比赛的非参与者还是参与者？费斯廷格的观察小组从未向多萝西·马丁或她的追随者透露他们正在对该组织进行一项心理学研究。他们必须被充分接受并融入团体，同时避免做出任何可能对活动进程产生不当影响的承诺、行为或诱导。不告知他们工作的真实性质存在明显的道德问题，但如果这样做就会立马被马丁的组织开除，很难想象还有什么其他方式可以收集这些数据。然而，如果参与者不知道他们在被观察，就会出现侵犯隐私和知情同意的问题。但这样做也有一个优点，就是当人们不知道自己正在被观察时，不会存在什么要求特征[①]方面的问题。在这种情况下，研究人员需要在不影响群体行为的同时也不能太脱离群体，不然就会引起其他成员的怀疑。这对研究人员来说是一个很难达到的平衡。

费斯廷格和他的同事（1956）意识到了研究中的这些困难。马丁组织中内部参与者的观点，以及大量丰富的细节，都是不可能通过其他方式获得的。然而，这种参与式观察的两个主要误差来源——研究者偏见（bias）和反应性效应（reactivity effect）仍然存在。所有的事件都是从观察组的视角报道的，所以我们怎么才能确定他们对事件的报道没有偏差呢？如果观察者知道研究的目的，就更容易看到他们想看到的东西。观察者需要得出可靠的结果。当不只有一个观察者时，不同观察者的观察记录可以被核对或相比较，以确定他们是否以相同的方式观察。这样的比较被称为评分者信度（inter-rater reliability）。在马丁的组织中，所有的观察者都是一有机会就对他们所看到的一切做大量的记录——一些人甚至在小组会议期间，躲到多萝西·马丁家的厕所里做记录。不同观察员之间的合作使得数据更加可靠，尽管我们仍不能确定观察组在其报告中有没有掺杂某些主观因素。

观察者一旦全情投入到一个群体中，就会对被研究的群体产生同情，或者会感到被群体疏远。这两种情况都可能导致有偏见的报告。另一个问题是，由于观

[①] 被试自发地对实验者的实验目的产生一个假设或猜想，然后再以一种自以为能满足这一假想的实验目的的方式进行反应。——译者注

察者是被观察的活动和事件的参与者,因此很容易影响其他人的行为,从而产生反应性效应——影响被观察的事物。费斯廷格的团队再次意识到了这一问题,并试图通过在小组会议上尽可能不做出承诺来避免这一点,同时设法维持自己"忠实的成员"的人设。有时,要做到这一点极其困难。例如,1954年11月底的一个晚上,多萝西·马丁要求一位研究人员主持会议。在表示同意后,研究人员建议小组"静心冥想,等待灵感"。幸运的是,在随后的冥想中,小组中的另一个成员第一次扮演了"媒介"的角色。很显然,如果没有研究人员的提议,也许就不会发生这样的事。还有一次,研究团队得知了一场即将举行的会议,但如果没有内部消息,不可能知道这场会议。当他们找到马丁,要求参加那天前后的会议时,马丁把他们的"巧合"请求看作超自然现象的证据。

如果说研究人员对该群体的行为有什么影响的话,目前还很难得知。梅迪（Medin,2011,n.p.）认为,观察者的整体影响可能是"在预言的日期到来又过了之后,改变人们信念的一个次要因素",但研究团队"对观察者效应的谨慎、平衡的讨论"是"良好科学的典范"。我们可以说,这些研究数据的有效性已经得到了其他来源的数据的确认,费斯廷格的研究结果似乎也与其他在不同时期对多萝西·马丁事件感兴趣的记者的报告材料相吻合。

依然坚信

费斯廷格和他的同事认为,当预言失败时,会引发认知失调,但改变对这种预言的信念很困难,因为马丁和她的组织为维持这种信念付出了极大的努力。他们还有一个选择是为自己的信念争取社会支持。正如费斯廷格（Festinger,1965,p.236）所写的那样,"如果越来越多的人能够被说服相信这个信念体系是正确的,那么很明显,它终究是正确的"。费斯廷格等人报告的多萝西·马丁的案例为认知失调现象提供了很好的证据。

毫无疑问,马丁对各种预言的失败感到失望,对可能被送进精神病院也感到担忧,于是她离开芝加哥,在秘鲁的"七束光"兄弟会生活了几年。这是一个由乔治·亨特·威廉姆森（George Hunt Williamson）建立的社区,他也自称是外星人的联络人。马丁声称耶稣在那里显灵并治愈了她的癌症。在被"萨南达"(耶稣)治愈后,她开始使用她的宗教名字"德拉(Thedra)修女"。她于1965年回到了亚利桑那州,并成立了萨南达和萨南达·库马拉协会(the Association of Sananda and Sanat Kumara)。在这段时间里,她继续传递来自"长老们"的信息。在加州的沙斯塔山短暂发展后,这个协会在亚利桑那州的塞多纳安定了下来。1992年6月13日,星期六,多萝西·马丁去世,终年92岁。但时至今日,她创建的协会在塞多纳仍然存在(在互联网上也存在)。尽管据报道,该组织中没有人收到过她曾经收到的信息。

利昂·费斯廷格

来源:© Estate Of Francis Bello/Science Photo Library

第 9 章

人性还是情境：阿布格莱布监狱与斯坦福监狱

> 琳迪·英格兰（Lynndie England）是一名美国陆军预备役军人，曾在第 372 宪兵连服役，并于 2003 年 6 月被派往伊拉克战争。之后她被派到巴格达的阿布格莱布监狱去帮助管理囚犯，并计划着在战后光荣地返回美国，但结果却没有如她所愿。英格兰和其他一些美国士兵因虐待囚犯而被捕，最终于 2005 年 9 月 26 日被判处三年有期徒刑，并被开除军籍。有人问，一个普通的美国妇女怎么会在阿布格莱布监狱虐囚？是她一直有这些邪恶的想法，恰好找到了"志同道合"的战友来实施这些行为，还是她的行为受到了周围环境的影响？她对囚犯的病态行为是完全源于她潜在的个性，还是各种因素使然？许多学者、专家和心理学家都对她的行为原因提出了自己的观点，并就性格与环境的力量对比争论不休，这种争论一直持续到现在。

背景

琳迪·英格兰于 1982 年 11 月 8 日出生在美国肯塔基州。父亲是一名铁路工人，她自小在西弗吉尼亚州的一个拖车停车场长大。进入社会后，她做过出纳员、养鸡场工人等各种工作。1999 年，17 岁的她为了能接受更好的教育，成了一名陆军预备役军人，并于 2003 年被派往伊拉克参战。她曾在第 372 宪兵连服役，但很快就被派到了巴格达的阿布格莱布监狱工作，当时，乔治·布什总统已经宣布"任务完成"。阿布格莱布监狱囚犯众多，工作人员严重不足。在此期间，英格兰和其他工作人员经常在上级的指挥下贬低、折磨和虐待伊拉克囚犯，并拍摄他们受辱的画面。这些影像后来被媒体曝出，直接导致了他们随后被逮捕和监禁。对英格兰和她的预备役战友，包括查尔斯·格兰纳（Charles Graner）——所谓的头目——的指控涉及对受害者施加身体虐待（包括性虐待）和心理虐待。审判过程详细讨论了英格兰和其他狱警是否认为他们的行为实际上得到了上级的非正式批准，以及他们使用的一些审讯方法是否合法。

值得探讨的地方在于，是什么导致英格兰及其同事做出这样的行为？难道答案就只是简单的"狱警就是没受过教育、麻木不仁的施虐狂"，然后偶然地发现自己和同类们被聚集在一起，就利用这个机会残忍地对待他们？还是他们所处的环境使其做出了如此可怕的行为？也许这个问题的答案可以在几十年前斯坦福大学的一个地下室里找到。

斯坦福监狱实验

1971年，菲利普·津巴多[①]和他的同事在斯坦利·米尔格拉姆的服从实验（1963）基础上开始了一项新的研究（Haney et al., 1973）。现在，在社会心理学领域，斯坦福监狱实验（SPE）几乎和10年前米尔格拉姆的实验一样出名。这项研究质疑了所谓的"邪恶"的本质——恶行究竟是源于一个人的个性，还是由其所处的环境或特殊情境所致？研究的基本前提是检验"性格"假说，即监狱中的情况是由监狱中的人（包括狱警和囚犯）的天性和个性共同作用的结果。也就是说，是这些人的性格而不是监狱的环境影响了他们的行为。如果是这样，那么即使改变监狱的环境，他们的行为也不会受到影响；而如果行为是由环境影响的，那么改变监狱的环境条件就会产生一些积极的影响。要测试这个"性格 vs 环境"假设，就需要建立一个与现有监狱相当的新监狱，而这个新监狱中的囚犯和狱警都

[①] 在这一章中，我将主要强调津巴多，而不是材料的主要作者克雷格·哈尼（Craig Haney）。这是因为到目前为止，津巴多已经成为团队中最知名的研究者。

是"正常人"或"普通人",没有任何反社会倾向。这项研究的结果将对我们所有人产生具有社会敏感性的影响,并让我们质疑自己在特定情况下可能会如何行动。有趣的是,津巴多的很多研究结论都受到了质疑,研究结果也没能被成功复制,但尽管如此,这项研究仍然是社会心理学的一项开创性研究,至今仍影响着心理学和法律论证。

1971年8月14日,研究者在斯坦福大学招募了24名男大学生,到大学的地下室参加一项模拟监狱研究。这些学生被评估为"具有良好的社会适应能力,没有过任何越轨行为或攻击倾向"。学生被试被随机安排为"狱警"或"囚犯",每组12名学生。这个模拟监狱由菲利普·津巴多本人担任监狱长。被试们被告知这项研究的目的是调查成为囚犯或狱警所产生的心理影响,以及角色的权力、去个体化、去人格化和定向障碍[①]会如何影响他们。

这个模拟监狱建在一个10.5米长的地下室里,每间牢房只有4平方米。与囚犯不同的是,狱警有休息时间和放松区域。为了让"角色扮演"显得更逼真,研究者给狱警们发了监狱制服(前军服卡其裤和衬衫)、木制警棍和反光太阳镜,以避免他们和囚犯之间直接的目光接触。研究者还给囚犯们穿上了不合身的短罩衫,上面印有指定的监狱编号,并要求他们用长袜包住头发来代替剃光头,增加去个体化的感觉。毕竟在20世纪70年代,让学生剪掉长发可能太过分了!尽管狱警们被告知不能伤害囚犯的身体,但可以尝试剥夺他们的个性,增强他们的无力感,并以任何他们能想到的方式制造恐惧。根据指示,狱警要根据囚犯衣服上的号码来称呼他们。

在研究开始时,津巴多曾询问帕洛阿尔托当地警方是否可以在要成为"囚犯"的学生们的家中逮捕他们,从而使研究更加真实。虽然警方最初拒绝了这一要求,但由于当天有一些警车空闲着,他们便答应了这一要求。于是,我们的"囚犯"们就在自己家中被捕了(很多还是当着邻居的面),并被"指控"涉嫌持械抢劫。他们被带到模拟监狱,被脱衣搜身、除虱子、取指纹,并被赋予新的身份。每间

[①] 定向障碍是指对环境或自身状况的认识能力丧失或认识错误。——译者注

牢房大约有三名囚犯，还有一间单独监禁的牢房和一个用作监狱院子的小走廊。狱警轮班工作八小时，下班后可以回家。

津巴多明确表示，在研究期间，囚犯将受到监视，一些基本的公民权利将暂停，但不会有身体虐待。津巴多声称，并没有给被试提供任何关于囚犯或狱警角色应有行为的指示。虽然研究者给狱警们开了一个介绍会，但津巴多认为只对他们进行了最基本的指导，以帮助他们了解如何履行自己的职责。

第二天，囚犯们决定反抗，他们在牢房里不出来，并拒绝服从命令。而狱警们早就料到了这一点，他们中的许多人自愿多待几个小时，以防类似的事情发生。狱警们决定试着对囚犯施加更多的控制，他们设立了一个特权牢房，表现好的囚犯会在那里得到更好的食物等特殊奖励。在整个研究过程中，狱警使用"分而治之"的方法，不断升级这些心理战术。而对囚犯而言，这个过程却是让人非常痛苦的。关于这一点的第一个迹象是，仅仅36个小时后，8612号囚犯便开始尖叫、咒骂，进入一种暴怒状态。"监狱长"津巴多认为这不是囚犯在表演，出于对该被试的健康考虑，津巴多结束了他的实验过程。狱警继续嘲弄其他的囚犯。囚犯被迫念出他们的号码，不断地受到骚扰；狱警踩在他们的背上，强迫他们做俯卧撑，并把牢房中的厕所设施换成水桶；狱警们还把牢房的床垫和毯子拿走，迫使囚犯睡在水泥地上；一些囚犯因为不服从狱警命令而被惩罚脱光衣服；囚犯们还被要求徒手清洁厕所，甚至被猛推到小便池上。据说最过分的侮辱是在厕所里进行的，因为那里对狱警们的行为监控更少。事实上，有五名囚犯由于极度抑郁、崩溃和焦虑而提前结束了研究。在剩下的囚犯中，只有两人表示不愿意放弃金钱，提前"出狱"。在研究结束时，所有的囚犯都很高兴，而大多数狱警似乎很痛苦。一名狱警报告说，他对囚犯的痛苦感到很不安，并且曾考虑过要求调换角色，但没有说出口。每次休息的时候，所有的狱警都会来"加班"，有些甚至自愿在下班后继续值班。

一些囚犯要求从监狱"假释"，这被津巴多视为他们已经内化了囚犯角色的证据。因为他们本可以简单地坚持退出研究，这可比等待"假释听证会"要快得多。

尽管人们普遍认为，所有被试都遵循同样的狱警或囚犯行为模式，但他们之间存在着显著的个体差异。一半的囚犯能够应对这种压迫性的气氛，也并不是所有的狱警都对囚犯表现出敌意。这些囚犯的私人谈话都会受到监控，结果发现他们90%的时间都在谈论监狱和他们所处的环境。狱警们主要谈论的也是监狱状况和囚犯的行为。

津巴多当时的女友（后来成为他的妻子）克里斯蒂娜·马斯拉奇（Christina Maslach）也是斯坦福大学的心理学毕业生。一天晚上，她参观了这座模拟监狱，并对狱警的所作所为感到震惊。她劝津巴多尽早终止这项研究。尽管津巴多最初不愿意停止，但在计划的14天仅过了6天后，他还是于1971年8月20日叫停了这项研究。

这项研究，就像津巴多儿时的朋友米尔格拉姆之前的研究一样，现在已经作为有史以来最著名的社会心理学研究之一，被载入了心理学的编年史。1973年，津巴多和他的同事们将这项研究发表在了相对晦涩的《海军研究评论》（*Naval Research Review*）杂志上，很快就获得了大量关注。但这项研究到底说明了什么呢？

津巴多说，他小时候最喜欢的书是罗伯特·路易斯·史蒂文森（Robert Louis Stevenson）所著的《化身博士》（*The Strange Case of Dr Jekyll and Mr Hyde*），书中原本善良的杰基尔博士变成了邪恶的海德先生。他觉得，这个故事说明了"好人"和"坏人"之间的界线是模糊的。此外，他在纽约南布朗克斯贫民区那充满挑战的成长经历也证实了善与恶之间的微妙界限。津巴多认为，鉴于自己的成长环境和成长经历，他选择进行这项模拟监狱研究是必然且可预见的。津巴多（2018，p.3）提到，这项研究展示了"善良的大学生是如何通过扮演狱警，被情境的力量操控转变为虐待狂、操纵者的"。此外，他认为"我们都有爱和邪恶的潜能——去成为特蕾莎修女，或成为希特勒，而不同的情境会激发不同的潜能"（2018，p.3）。津巴多总结道，这项研究令人信服地证明，情境的力量会将社会适应良好的普通人变成邪恶的施暴者。若将一个原本正派的人置于一种特定的环境中，并给予他绝对的控制权，那么他就有可能成为专制的虐待狂。这并不是因为他们是人格或性格有缺陷的坏蛋，而是因为他们认为，作为狱警，环境要求他们做出这种行为。换句话说，"橘生淮南则为橘，生于淮北则为枳"。但这种说法真的经得起检验吗？

具体的批评

尽管斯坦福监狱实验是心理学领域发表过的最著名的研究之一（可以说津巴多本人也因此名声大噪），但没过多久就出现了许多对这项研究及其结论的批评。与津巴多的结论相比，对这些批评的报道较少，这一事实也说明了津巴多的影响力。不过这不应被理解为对津巴多个人的批评，津巴多本人当然也会意识到这一点，并且毫无疑问会认可并鼓励这样的学术辩论。在随后的阿布格莱布监狱事件的审判中，津巴多试图提供专业知识为陆军上士伊万·弗雷德里克（Ivan Frederick）辩护，这一事实证明，津巴多很乐意推广一个不受欢迎的真相，如果他认为这是正确的。此外，津巴多很支持对研究的辩论，他把模拟监狱的所有笔记、录音录像和文本都交给了斯坦福大学档案馆留存，并以开放的心态接受对这项研究的潜在批评——正如预期的那样，这一举动确实带来了对这项研究的详细审查。

首先，斯坦福监狱研究肯定不是一个真正意义上的实验。在2018年的一次电话采访中，当被问及这项研究是否具有科学价值时，津巴多回答说：

> 这取决于你对科学价值的定义。从一开始，我就一直在说这只是一次证明。它唯一的实验特点就是对囚犯和狱警的随机分配，这是自变量。但这项研究没有对照组，没有比较组，所以它不符合"实验"的标准。但它是对一种心理现象的有力证明，并且与此相关。所以，是的，如果你只想称之为一次猎奇，那确实是在贬低它。但如果你想问，"这是在科学上有效的结论吗？"我想说，它并不一定要在科学上确定无疑，因为它是从一个强有力的、独特的论证中得出的结论。
>
> （Resnick, 2018, n.p.）

模拟监狱研究没有在同行评议期刊上发表，这也不利于其宣称自己的科学地位。另外，研究基金来自美国海军研究办公室也为其惹来非议：模拟监狱更像一个战争集中营，而非真正的监狱。这也意味着从这项研究中得出的任何结论都要从这个视角出发，并且将结论推广到其他情境中也必须谨慎。

另一项批评是，津巴多作为监狱长参与了过多的研究，他和其他研究人员纵容狱警按照他们的方式行事。事实上，曾因谋杀未遂而在监狱服刑17年的卡洛·普雷斯科特（Carlo Prescott），就曾给津巴多就模拟监狱提供了建议，他写道：

> 我敢打赌，所有这些经过仔细的测试、心理稳定的中上阶层白人狱警都能意识到自己的所作所为很荒唐……当他们只是在做津巴多和其他人（包括我自己）一开始就鼓励他们做的事情，或者坦率地把做这些事情当作基本规则时。我在不知不觉中成了一场戏剧表演的帮凶。

（Prescott，2005）

津巴多声称自己只是引导狱警如何"入戏"，但没有告诉他们可以自由选择如何行事，因为他是这么描述囚犯的情况的：

> 他们将没有选择的自由。我们不允许他们做任何事，也不允许他们说任何话。我们将以各种方式剥夺他们的个性。在这种情况下，我们拥有绝对的权力，而他们则没有。

（Haney et al.，1973，p. 3）

一些人认为，这项研究研究的不是情境的力量，而是狱警如何愿意服从分配给他们的角色，以及他们是如何被促使做出某些行为的。同样值得注意的还有，只有大约三分之一的狱警虐待囚犯。其中一些狱警事后辩称，他们只是奉命行事而已。其中一名狱警戴夫·埃舍尔曼（Dave Eshelman）因其在研究中的表现而获得了"约翰·韦恩"（John Wayne）[①]的绰号，他热衷于业余戏剧表演，并极力地制造冲突、"煽风点火"，以使矛盾激化。尽管津巴多后来说，埃舍尔曼的行为已经超出了"强硬的狱警"的表演，但埃舍尔曼声称他只是在演戏而已，想看看会发生什么。在一段臭名昭著的视频中，囚犯道格拉斯·科尔皮（Douglas Korpi）大喊："天啊，我要爆炸了！……我一个晚上也忍不了了，我再也受不了了！"他后来声称他的精神崩溃是装的，只是为了逃避接下来的研究。津巴多反驳说，所有被试都可以在任何时候退出，但科尔皮在2017年表示，真希望自己当时提出了非

[①] 美国影视男演员，以出演西部片和战争片中的硬汉而闻名，代表作有《关山飞渡》等。——译者注

第 9 章
人性还是情境：阿布格莱布监狱与斯坦福监狱

法监禁指控，这表明他实际上并不知道有"退出"这个选项。

科学的一个主要特点是可重复性。但由于道德约束，斯坦福监狱研究无法被完全复制，BBC 在 2002 年尝试了一项类似的研究（2006 年发行），由英国心理学家亚历克斯·哈斯拉姆（Alex Haslam）和史蒂文·赖歇尔（Steven Reicher）实施。他们的发现与斯坦福大学的研究形成了鲜明的对比，并引发了之后两个研究团队之间激烈的论战。赖歇尔和哈斯拉姆在他们为期八天的研究中发现，狱警们没有将角色融入自己的身份，也没有将角色的权威强加于人，事实上，他们最终被囚犯战胜，平等的社会制度随之产生。赖歇尔和哈斯拉姆得出结论："人们不会自动地按照斯坦福监狱实验（SPE）所解释的那样扮演角色"（Haslam and Reicher, 2006, p. 62）。他们反对"群体行为必然是不受控制、非理性和反社会的"这一观点，并指出，研究结果表明，强势群体成员的行事方式依赖于与其社会身份相关联的规范与价值观，因此既可能是反社会的，也可能是亲社会的。哈斯莱姆和赖歇尔认为，他们的研究与 SPE 开始时的方式类似，囚犯们有很强的群体认同感，但当津巴多介入并告诉他们不能离开监狱时，这种认同感就瓦解了。他们失去了行动方向，团队凝聚力崩溃，出现了"角色混乱"，这让狱警占据了上风并获胜。SPE 的结论是，普通人（或者说斯坦福大学的中产阶级学生）在特殊情况下，会在没有注意他们行为的领导者的影响下而犯罪。然而，普通人之所以做坏事，可能并不是因为他们没有意识到自己的恶行，而是因为他们把自己的行为重新定义为正确的行为。换句话说，他们认同为这种行为辩护的群体思维。也许英格兰和她的同事们认为他们审问自由世界的敌人和折磨萨达姆·侯赛因的追随者是正当的。没有人告诉他们这是错误的，他们也没有受到监督，这进一步证明了他们的行为在自己心中是正确的。SPE 结论的一个问题在于，它可能有助于解释并成为这种行为的借口。正如哈斯莱姆和赖歇尔（2006，p.59）所说的：

> 援引津巴多的分析来否认对这种骇人听闻的暴行的责任，这种做法应该为社会心理学敲响警钟。因为它反映了我们的理论是如何被用来为压迫行为辩护并将其合理化，而不是使其成为问题并找出克服压迫的方法。简言之，把虐待说成"很自然的、意料之中的"事情，让我们成了为不可原谅的行为辩护的人。

当然，这种解释在对琳迪·英格兰的审判中并没有被接受，她要为自己的行为负责。

如果上面的这些质疑是正确的，那么 SPE 可能更多地涉及对权威的服从，更接近米尔格拉姆之前所做的研究，而不能说明情境的影响。有人认为，津巴多在"这出戏"中更像一个剧作家，而不是演员，正如班亚德（Banyard，2007，p. 494）写道：

> 并不是角色造成了狱警的虐待行为，而是马基雅维利式①的监狱长的操纵……并非如津巴多所说，那些狱警在 SPE 的空白画布上写下了自己的剧本，而是津巴多本人创造了恐怖的剧本。

换句话说，被试积极地跟随津巴多的领导，认同研究的目标——他们只是按照他们认为津巴多想要的去做，因为他们相信这项研究有科学价值。津巴多强烈反对这一观点，认为这是假新闻——他承认，狱警是被告知要强硬，但并没有被告知要如何强硬（Reicher et al., 2018）。然而，事实必然会是如此：即使对于如何行事的指导保持在最低限度，要求特征也肯定会在研究中发挥作用（Giggs，2014）。有人想知道，当狱警或囚犯认为他们不在公共区域时，要求特征会不会不那么显著，但实际情况是，最糟糕的失控行为都发生在监控较少的去私人卫生间的路上，而不是监控较多的"院子"。这表明狱警和囚犯都完全融入了自己的角色，而不是简单地按照津巴多等人的要求行事。他们本可以在没人注意的时候放下伪装，但他们没有这样做——事实上反而更甚。巴努兹和莫海迪（Banuazzi & Mohavedi, 1975）认为，无论研究小组有怎样的指示，狱警和囚犯的行为都可能会受到关于他们应该如何行事的刻板解释的影响。他们的内在表征或图式会影响他们的行为。津巴多本人也说，在研究结束时，被试表示无法区分角色扮演和真实的自我。

另一种批评主要针对其主观和轶事般的记录方式。这项研究没有使用客观的

---

① 马基雅维利（Machiavelli，1469—1527）是意大利政治家和历史学家，以主张为达目的可以不择手段而著称于世。——译者注

方法来准确记录在模拟监狱里发生了什么，也没有提供统计分析，对"性格"假说的驳斥完全基于只包含了质性研究证据的情境研究法。津巴多和他的同事们从观察和录像中得出的结论可以由他们进行解释，但由于他们已经深入参与了模拟监狱研究，因此不能被视为可靠的、独立的观察员。观察者偏差很可能存在，尤其是在这种情况下。也确实有学者已开始指责津巴多研究团队的报告存在科研舞弊。正如哈斯莱姆和赖歇尔（2006）所指出的那样，SPE 最大的问题之一在于，它提出了强有力的论断，并具有巨大的影响力，但之后却由于任何类似的研究都被认为不道德而导致对其的争论被削弱。SPE 等研究的一个重要优势在于，它试图从整体的角度来看待人类行为，而许多心理学研究仍然受制于实验还原主义方法。此外，这项研究与应用环境和政策制定者之间存在明显的联系。如果这项研究以一种人们不喜欢的方式进行，或者被用来推动一些令人不快的政策，那么是研究者的错吗？还是研究者应该在进行研究之前就试图猜测其可能的应用？

去个体化

虽然情境假设可能有助于解释斯坦福监狱研究的发现，但毫无疑问，去个体化也发挥了重要作用。这可以被看作个体身份意识的丧失，以及对与内部标准不一致的行为的习惯性抑制的放松。当然，绝大多数（如果不是全部的话）狱警会意识到，他们的攻击行为与他们内在的行为道德不一致。去个体化理论是对群体或人群中个体的社会心理描述。它可以应用于本研究，因为该理论有助于解释理性的个体是如何成为一个内群体的成员，并对外群体产生敌意。费斯廷格等人（1952）提出，当个体"淹没在群体中"时，就像本研究中的狱警一样，内在约束或自我意识就会减少。群体中的个体看不到他们行为的后果，从而遗忘了通常遵循的社会规范。

虽然费斯廷格等人（1952）最先提出了"去个体化"一词，但古斯塔夫·勒庞（Gustave Le Bon, 1895）是第一个认识到个体在群体或人群中的行为会如何变化的人。勒庞（1895, n.p.）写道，一个人在群体中的"文明程度会下降好几个台阶"。他指出，有许多因素会导致一个人在群体或人群中的心理发生改变。其中最重要的是匿名性。勒庞指出，组织匿名程度越高，极端行动的威胁性越大。简言之，当群体思维占据上风，整个组织就仿佛是一个人；个体会淹没在群体中，失去自我意识和自控力。责任分散、意识状态的改变也会影响行为（例如本研究中就有睡眠不足的原因）。有人认为，去个体化在"全控机构"（如精神病院、监狱）中可能特别明显，在这些机构中，人们脱离了原本正常的生活环境，并被剥夺了个性。津巴多和他的同事们就是通过剥夺两组人（狱警和囚犯）的个人身份来做到这一点的。个性通常是通过一个人的姓名、衣着、外表、行为风格和过去经历来确定的。与你互动的都是些不知道你的名字或过去（或只知道一小部分），又与你穿着相似（工作服或制服，戴着反光太阳镜）的陌生人，这确保了对自我身份的弱化，对于囚犯而言更是如此。

道德

与米尔格拉姆关于破坏性服从的研究一样，津巴多的研究也引发了对相关伦理问题的强烈批评。萨文（Savin，1973）撰文进行了激烈的批评，认为从研究中获得的收益并不能抵消被试所遭受的痛苦、虐待和所付出的道德堕落。与许多这样的研究一样，研究者得到了好处（专业进步和声誉），而被试付出了代价。津巴多（1973）则认为，除了一些被试不知道帕洛阿尔托警方会"逮捕"他们之外，研究中没有任何欺骗行为（警方是在研究当天临时同意的"逮捕"，没有时间通知被试），而且研究团队不可能在研究前就预见到狱警的全部行动。毕竟，如果知道这一点，进行这项研究也就没有意义了！津巴多寻求并获得了斯坦福大学人类实验委员会等相关机构的伦理批准。后续对被试的情况和行为的详细报告也使津巴多确信，他们所经历的任何痛苦都仅限于研究范围，没有超出地下室监狱。

津巴多认为，米尔格拉姆的研究和 SPE 都揭示了人性的阴暗面，即使这些研究没能改变许多全控机构，使其管理更加人性化，但至少让我们能够更清楚地理解人类行为。这些发现对社会起到了警示作用，并有助于我们探索邪教、学校、监狱和医院机构中的社会心理。

赖歇尔和哈斯莱姆对 SPE 的批评在两个研究团队之间引发了巨大的争论和相当大的敌意，以至于他们不得不在 2018 年 8 月 27 日同意发表一份共识声明，表示会求同存异。尽管两个团队都承认自己的研究存在局限性，但这两项研究都应被视为"探索暴力和滥用权力"这一重要课题中的有效研究。他们一致认为，这两项研究都表明，观察到的行为是"许多因素共同作用的结果，包括角色、规范、领导力、社会认同、群体压力和个体差异等等，并非所有这些因素都必然相互排斥"（BBC，2019）。他们的结论是，他们将鼓励其他研究者调查和研究此类行为的根源，以制定预防之法。

余波

如果我们乐于接受津巴多的结论，即斯坦福大学的模拟监狱研究的确显示出情境的力量，就很容易认为琳迪·英格兰及阿布格莱布的其他军事人员的行为不是出于自己的个性特征，而是源于他们所处的情境。也就是说，他们不是天生的坏人，而是"坏情境"的产物。英格兰应被视为受害者，而责任则应该由美国政府承担，由白宫最终为其工作人员负责。这大致就是津巴多提出的论点。但毫无疑问，责任并没有追究到最高层。事实上，据报道，当权者对囚犯的待遇"十分痛心"，英格兰及其战友被迫为他们的行为负责。在某种程度上，这是很令人吃惊的，因为之前有记录表明，乔治·布什总统和时任国防部长唐纳德·拉姆斯菲尔德曾公开表示，日内瓦公约对囚犯的保护不适用于阿富汗或伊拉克战争，也不适用于与基地组织的任何冲突。阿布格莱布案在许多方面也不同于 SPE。例如，士兵们是自愿服兵役的，他们是在与被媒体刻画为恐怖分子的敌人作战，并且他们的一些战友也在战争中受伤或牺牲了。一些狱警有暴力行为史，并且可能知道自己有从敌方囚犯那里获取情报的压力，以及布什总统对日内瓦公约的立场。这些因素与 SPE 中受过斯坦福大学教育的美国男性被试有很大差异。

因此，对阿布格莱布监狱的另一种解释是有可能的。英格兰和其他士兵的行动仅仅是听命于组织，去从心理上制服犯人。事实上，英格兰在审判中声称，她是在执行指挥官的命令，包括对那些虐待过程拍照。如果这是真的，那么斯坦福大学的研究也许可以直接与阿布格莱布监狱的情况进行比较——津巴多在几十年前扮演的角色与伊拉克战争中的心理战人员类似。知识似乎是一种强大的工具，尽管津巴多在斯坦福大学研究中的目标是要警示情境会产生的力量，以及情境可能会被视为一种手段，但似乎有少数人利用这项研究的结果推动了一些暴虐的、侮辱同类的项目。近年来，关于心理学家在开发审讯和酷刑技术中所起的作用以及他们在关塔那摩监狱或阿布格莱布监狱的参与引发了全面的争论（Soldz，2007）。津巴多可能希望他的研究能帮助我们理解为什么监狱环境会让狱警和囚犯表现出如此病态的行为，以便监狱朝着更人道的方向去改进，但这也可能反过来使我们学会如何让监狱成为更具破坏性的地方。

琳迪·英格兰于 2005 年 9 月 26 日因虐待囚犯而被判处三年有期徒刑。她在假释前共服刑了 521 天。2009 年，她出版了一本关于阿布格莱布监狱事件的书（Winkler, 2009），她患上了创伤后应激障碍（PTSD）和焦虑症。在阿布格莱布监狱时期与英格兰恋爱的查尔斯·格拉纳（Charles Graner）是虐待事件的元凶，后来被判处了 10 年监禁。英格兰于 2004 年在美国生下了他们的儿子。但令人惊讶的是，格拉纳在服刑期间与另一名阿布格莱布监狱卫队成员梅根·安布尔（Meghan Ambuhl）结了婚。琳迪·英格兰继续为自己的所作所为承担着相应的责任，但除了对所遭受的惩罚，她至今并不觉得特别后悔。她坚持认为，她的行为都是上级指示的，并且认为自己的行动拯救了美国人的生命，媒体应该为公布监狱照片而受到谴责。她感觉自己受到了迫害，至今在美国当代军事史上仍然是一个有争议的人物。是否因为性别刻板印象，导致英格兰比做出同样行为的男同事受到更多的关注，也一直是一个值得思考的问题。出狱后，英格兰回到弗吉尼亚州西部与她的父母一起生活。

据称，在阿布格莱布监狱丑闻爆光后，敌对分子的斗志更加高涨，一些在监狱受到虐待的囚犯获得了经济补偿。但许多囚犯一直遭受着恐怖回忆给他们的心灵和肉体所带来的双重痛苦（McKelvey, 2018）。

只有九名士兵因在阿布格莱布监狱的行为而受到指控，其中最高的军衔为中士。他们被归类为劣等指挥员，虐囚事件的指挥系统被认为就到中士这一级。时任国防部长唐纳德·拉姆斯菲尔德和总统乔治·布什都没有受到指控。比起看看究竟是怎样复杂的情境（如果有的话）导致了他们的行为，给一个人定罪往往是更容易的做法。毕竟"铁打的营盘，流水的兵"。

PART 3
第三部分
发展心理学

第 10 章

折翼的精灵：杰妮的故事

1970 年 11 月初的一天，一位名叫艾琳·威利（Irene Wiley）的妇女带着她 13 岁的女儿到当地的福利办公室申请盲人帮助服务。艾琳的一只眼睛完全失明，另一只眼睛也因白内障而失明 90%，因此她错误地将女儿带进了普通社会服务办公室。这个错误将永远改变她们的生活。当她们走近柜台时，社工看到艾琳的女儿，瞬间愣住了。乍一看，眼前这个女孩似乎只有六七岁，还驼着背，走路蹑手蹑脚。一名主管接到电话后立即开始调查。最后，在持续 13 年的被忽视、隔离和虐待之后，外界终于注意到这个后来被称为"杰妮"①的女孩。

家庭背景

杰妮故事中的一个关键人物，也是在接下来的几年与她相处最多的人，是加利福尼亚大学语言学专业毕业生苏珊·柯蒂斯（Susan Curtiss）。柯蒂斯撰写并发表了她关于杰妮的博士论文，正如她所说的，"要理解这个个案的历史，就必须了解其家庭背景"（Curtiss, 1977, p. 21）。人们希望通过探索杰妮的家族史，能够对她几乎令人难以置信的处境做出一些解释。

艾琳成长于一个平凡的环境，父亲很慈爱，在外工作养活家庭，而母亲据说

---

① "杰妮"是为了保护她的真实身份而使用的化名，但由于她的故事现在已广泛传播，她的真实姓名也已公开——苏珊·M. 威利（Susan M. Wiley）。

相当严厉、难以接近。她童年时曾不小心滑倒导致头撞到了洗衣槽。这个意外导致了她神经系统的永久损伤，以及一只眼睛失明，这使她难以照顾自己和家人。艾琳在20岁出头的时候嫁给了比她大20岁的克拉克·威利（Clark Wiley）。虽然他们相识在好莱坞，但他们的结合并没有一个童话般的结局。

在第二次世界大战开始时，克拉克很轻松地找到了工作，成为飞机工业领域的一名工人，并且表现出色，因此，战后他也留在了那里工作。看起来，艾琳和克拉克过得不错，幸福又美满。但在家里，艾琳后来形容克拉克"过于保守，相当拘谨"。艾琳声称她的生命在结婚那天就结束了。克拉克非常坚决地不要孩子。尽管如此，结婚五年后，艾琳还是怀上了他们的第一个孩子。在丈夫受伤住院期间，艾琳生下了一个健康的女儿，但不到三个月，孩子就夭折了。死亡原因据说是肺炎，但有人认为，孩子实际上是被克拉克关在车库里暴晒而死的，因为他受不了她的哭闹。第二个孩子出生后不久就死于血液中毒，但家长的忽视仍然是一个重要的死因。他们的第三个孩子，约翰，出生时是一个健康的男孩，但由于长期的忽视，他的生长发育严重迟缓。幸运的是，约翰得到了他的祖母珀尔的照料，珀尔担心她的儿子克拉克有严重的精神问题，因此经常一连几个月帮助照顾约翰。1957年4月18日，他们的第四个孩子出生了，即杰妮。艾琳在分娩时经历了难产，经过大量输血，小杰妮最终活了下来。但此时，珀尔已经太老了，没能力再去照顾她。艾琳和克拉克必须尽力抚养他们的小女儿。但就在杰妮不到一岁时的一次常规体检中，她被描述为"发育迟缓"和"智力低下"。

在这一时期，克拉克的母亲发生了意外。有一天，珀尔在探望儿子和他的家人时，在过马路为孙子约翰买冰激凌时，被一辆汽车撞死，司机还逃逸了。克拉克与母亲非常亲密，因此意外发生后很快就变得非常抑郁。后来，肇事司机被判了缓刑，这激怒了克拉克，他觉得社会是如此不公，并变得越来越孤僻。克拉克觉得，他并不需要这样不公正的世界，他的家人也是一样。他辞去工作，把家搬到了珀尔位于加利福尼亚州坦普尔市金西大道的房子，开始隐居。珀尔的卧室没有人再进去住，从她死的那天起，卧室就没有动过。

不幸的是，克拉克认为保护家人的最好办法就是把他们也留在家里。他常常在傍晚打坐，腿上放着一把上了膛的枪。他认为自己必须阻止这个邪恶世界中的其他人利用家人的软弱伤害他们。但事实是，克拉克的家人的确很软弱。在接下来的10年间，他们活得就像他的囚犯。邻居们表示几乎从未见过这家人。也许克拉克从未意识到，他没能保护他们免于自己的伤害——一种比他们在外部世界可能经历的任何伤害都更可怕的恶行。

社会隔离

经过调查，人们发现，杰妮几乎一直都待在金西大道家中的一间小卧室里。在她小时候的大部分时间里，她都被绑在一个婴儿便盆上，并被固定在椅子上。由于长时间坐在便盆上，她的屁股上长了一圈硬茧。除了手脚，她哪里都动不了。有时在晚上，她会被挪到另一个限制装置上，那看起来是一个睡袋，但是被改装成了紧身衣。然后，她会被放到一个带金属罩的金属床上过夜。

杰妮不被允许发出任何声音，如果她发出哪怕一丁点声音，她的父亲就会用棍子殴打她。

克拉克只会大喊大叫，经常像狗一样对着她咆哮。杰妮的哥哥约翰在父亲的教导下，也很少和她说话。实际上，在家里的其他地方，她的哥哥和母亲通常也是低声耳语，以免惹恼他们的父亲。杰妮在与世隔绝的环境中几乎听不到任何声音。不出所料，杰妮学会了保持沉默。她的视力也没能得到发展。房间里只有两扇窗户，但都用胶带封着，只在顶部留了几厘米的缝隙好透光。她只能看到外面世界方寸的天空。

偶尔，杰妮被允许玩挂在房间里的两件塑料雨衣。有时，她还被允许观看编辑过的电视画面，其中任何"不良"画面都被她的父亲删除了。除此之外，空棉线轴几乎是她唯一的玩具。

父母给杰妮的食物很少。他们会给她吃一些婴儿食品、麦片，偶尔吃个煮鸡蛋。她的哥哥往往会在沉默中迅速地喂她吃完，以尽量减少和她的相处，如果她噎住了或者把食物吐出来，他就会把食物抹到她的脸上——这是克拉克要求的。对于一个如此年幼的孩子来说，很难想象还有比这更残酷、更可怜的生活了。杰妮出生后不久，就有医生告诉克拉克，杰妮是个弱智，活不了多久，他还跟艾琳说如果杰妮能活到 12 岁，他就想办法帮助她。也许是发生了奇迹，杰妮真的活到了 12 岁，而当克拉克拒绝了艾琳的求助时，她决定要做点什么。在一场可怕的争吵中，克拉克威胁要杀死杰妮，于是艾琳带着杰妮回了娘家。几天后，当她们在社会服务机构为艾琳的视力障碍寻求帮助，并申请杰妮的福利金时，这个小可怜终于被公众发现了。

在福利机构的生活

在随后的调查中，杰妮被送到了加州儿童医院接受治疗。她的父母被控故意虐待未成年人，并将于 1970 年 11 月 20 日出庭接受审问。那天早上，克拉克拿出了他的史密斯威森手枪，一枪射穿了自己的右太阳穴。他把自己的丧服，还有给约翰的 400 美元放在床上，并留下了两封遗书——其中一封解释了警察可以在哪里找到他儿子，另一封只是简单地写着："这个世界永远都不会理解我。做个好孩子，我爱你。"艾琳是在法庭上听到这个消息的。她申请无罪辩护，理由是她是被虐待她的丈夫强迫的，法官接受了她的辩词。杰妮和艾琳似乎终于可以重新开始生活了，然而，艾琳同意将杰妮送到福利机构。

杰妮在洛杉矶儿童医院进行了体检，并因严重营养不良接受了治疗。她实际上已经 13 岁了，但体重只有 59 磅（约 26 千克），身高只有 54 英寸（约 1.37 米）。她大小便失禁，不会咀嚼固体食物，不能正常吞咽，流口水过多，还经常吐痰。她的衣服上经常沾满口水，兴奋时无法控制小便。这意味着她身上经常散发出一股臭味。此外，她的眼睛也看不清 12 英尺外的东西——想来也不奇怪，她的眼睛有什么必要去关注卧室之外都有什么呢？她有双排牙齿（乳牙未脱落），头发也非常稀疏，走起路来很吃力，四肢不能正常伸展。她似乎也感觉不到冷热。她从来都不哭，也几乎不会说话。虽然她能听懂"妈妈""蓝色""走""门"等几个词，但只能说出几个否定词，这些否定词基本是一个意思，比如"别说了"和"不要"。

测试

詹姆斯·肯特（James Kent）是儿童医院的心理学研究者，他开始对杰妮的认知和情感能力进行评估。他说，"她是我见过的受伤害最严重的孩子……杰妮的生活是一片荒原"（Rymer, 1993, p. 40）。由于她几乎不会说话，因此很难评估她的智力。她似乎只会表达几种情感，例如恐惧、愤怒，令人惊讶的是，还有喜悦。然而，她的愤怒总是向内表达，她会抓自己的脸，小便，但从不发出声音。

杰妮的进步很快。甚至到了第三天，她就能在他人的帮助下自己穿衣服和上厕所了。几个月后，她在康复中心向一个女孩比了一个打人的手势，因为那个女孩穿着她以前穿过的裙子。观察她的人很高兴地注意到，这是她第一次把愤怒朝外发泄。杰妮会囤积各种物品，比如书籍。她似乎正在发展自我意识。一个月后，当詹姆斯·肯特在一次治疗结束后离开时，她拉着他的手不放——她似乎和她的几位成年帮助者建立了友谊。

杰妮接受了各种智力测试，在最初的几个月里，她表现出了惊人的进步。在某些领域，她在几个月的时间里实现了正常情况下一年的发展。她可以像九岁的孩子那样给自己洗澡，但她咀嚼食物的能力却只相当于一岁的孩子。在她的进步过程中存在一种差异：有些事她做得很好，有些事却做不来；她的语言水平仍然非常差，但她已经开始和别人一起玩耍，不再害怕身体接触。

她喜欢从医院出来一日游。对杰妮来说，一切都是新鲜和令人兴奋的。她遇到的人通常都很友好，有些完全陌生的人也会送给她一些东西。柯蒂斯暗暗觉得杰妮是一个强大的非言语交流者。事实上，柯蒂斯确信她在杰妮身上看到了一种无声交流——一种心灵感应。

杰妮特别喜欢购物，她收集了 23 个不同颜色的塑料沙滩桶。她把这些放在床边。任何塑料制品她都非常喜欢。人们认为，这种痴迷可以追溯到她幼时卧室里的那两件塑料雨衣。这些都是她的主要玩具，也许她一直把塑料和玩耍联系在一起。

杰妮还发展出了客体恒存性：即使物体不在眼前，也能意识到它依然存在。根据皮亚杰的观点，儿童在 2 岁左右的感知运动阶段末期会"点亮"这一技能。

她也表现出了延迟模仿的能力，即模仿以前见过的行为。有一次，她学着当天早些时候看到的狗吠叫，就证明了这一点。杰妮也变得不那么以自我为中心了。也就是说，她开始明白其他人可能会从另一个角度看问题——她的思维方式并不是唯一可能的思维方式。这种能力是皮亚杰的前运算阶段（2~7岁）的特征。

大奖

杰伊·舒利（Jay Shurley）是一位精神病学家，也是研究社会隔离影响方面公认的专家。他表示，杰妮是社会隔离案例有记录以来所描述的孩子中被隔离时间最长的一个。更令人担忧的是，他指出，由于这样的案例并不经常出现，因此对杰妮感兴趣的专业人士之间展开了竞争，都想对她进行治疗和研究。杰妮远不再是一个无人关注的被忽视的孩子，而是成了一个香饽饽，她成了研究人员政治斗争的核心。

研究者围绕杰妮进行了争论——是应该对她进行治疗还是进行科学研究？有人认为，任何科学发现都可以在未来帮助同样因社会隔离而受困的儿童。

杰妮偶尔会在康复中心的一位老师简·巴特勒（Jean Butler）家里过夜。有一次，巴特勒感染了风疹，出于对各方利益的考虑，杰妮也一起被隔离在老师家里。巴特勒变得非常保护杰妮，并开始与"杰妮团队"（她这样称呼他们）的其他成员产生分歧。他们围绕怎样才是对杰妮最好的方案展开了激烈的争论。巴特勒觉得杰妮参与了太多的研究，这些研究妨碍了她的康复进程。而在研究团队看来，巴特勒只是想借着成为"把杰妮从社会隔离中拯救出来的人"而出名。巴特勒要求柯蒂斯离开团队，并且不能再接触杰妮。

也就是在这时，巴特勒申请收养杰妮，但这项申请最后被拒绝了，理由是将病人安置在工作人员家里违反了医院的政策。由于没有其他更合适的人来收养杰妮，医院精神科的教授兼首席心理学研究员戴维·里格勒（David Rigler）同意短期收留杰妮。后来，医院关于医患关系的政策被推翻了。杰妮在里格勒家里一待就是四年。

不出所料，杰妮并不是一个理想的房客。她在里格勒女儿的垃圾桶里排便，拿走其他孩子的东西，还不停地吐痰。但她确实对音乐很感兴趣。柯蒂斯弹钢琴时，杰妮表现得很感兴趣，但她只喜欢古典音乐。里格勒发现，在她被禁闭期间，一个邻居曾经上过钢琴课，也许这是杰妮小时候唯一经常听到的声音。

杰妮先是进了一所幼儿园，后来又去了一所为弱智儿童开设的公立学校，在那里她可以与其他孩子交流。在里格勒家的生活仿佛使她开始绽放自己的生命色彩。她表现出良好的幽默感，还学会了熨烫和缝纫。她喜欢画画，有时，当她无法用语言表达自己时，她就会把自己的想法画出来。在格式塔绘画测试（即看到分散场景背后的组织或多个部分背后的整个画面的绘画形式）中，她的得分高得打破了纪录。1972年夏天的一天，杰妮和柯蒂斯外出购物。她看起来欣喜若狂，并转头跟柯蒂斯说："杰妮很高兴。"

与此同时，杰妮的母亲艾琳因白内障手术恢复了视力，搬回了坦普尔大道的家。她时不时去看望杰妮。不幸的是，她在里格勒家并不受欢迎，四年里只被邀请过三次。她开始不信任那些照顾杰妮的科学家，觉得他们看不起她。她从不认为杰妮遭受过虐待，因此，许多科学家开始质疑她所谓的"被迫的"角色。艾琳仍然和简·巴特勒保持着友谊，后者也质疑针对杰妮的"科学追求"。巴特勒声称，杰妮实际上已经不受里格勒照顾了。

四年后，里格勒夫妇为继续研究杰妮而申请的经费被拒绝了。最初几个月的研究进展甚微，学术论文也很少发表。里格勒认为，他的研究的"轶事"性质与公认的科学界的观点不一致。他没有钱照顾或研究杰妮了。没过一个月，杰妮就搬走了。

令人惊讶的是，她被允许搬回家和母亲一起生活。她又回到了遭受虐待的地方，这并不是一个好主意。杰妮的母亲没能力照顾她，于是社会服务部门把杰妮送到了另一个寄养家庭。这更是一场灾难。新的养父母用军事化的方式管理家庭，这与里格勒家很不一样，也不符合杰妮的需要。对新家庭的应激反应导致杰妮又退回到了之前的状态。她像她父亲一样，把自己的内心封闭起来，将世界拒之门外。她想要对自己的生活有所控制，而她觉得唯一的办法就是忍住不排便和不说话。她开始便秘，一连五个月都不说话。她的新养母被激怒了，有一次甚至用冰激凌棒捅她的肛门让她排便。虐待又开始了，而她不得不在这个家庭忍受了18个月。杰妮的生活分崩离析，围绕她展开的学术研究也无法运行。

在此期间，柯蒂斯是唯一一个来看望她的研究人员。柯蒂斯已不再领这项工作的报酬，但显然她与杰妮之间建立了一种温暖和关怀的关系。后来，由于杰妮营养不良，柯蒂斯说服当局将她重新送进了儿童医院。

经济纠纷使情况更加糟糕。里格勒提交了一份杰妮在他家生活期间的心理治疗账单，这比杰妮从她父亲那里得到的一小笔遗产还多。这个案子最后还闹上了法庭。尽管里格勒赢得了官司，得到了部分赔偿，但他声称自己从未见过一分钱。他后来说，他之所以走司法途径，只是为了防止州政府夺走她的遗产。然而，当艾琳再次成为杰妮的法定监护人并接管她得到的遗产时，这笔赔偿金却不见了。

这只是围绕杰妮的一系列法庭案件的开始。柯蒂斯在她的书名中使用了"野孩子"的字眼，这让艾琳很不高兴。她反对在未经她同意的情况下公开私人谈话，并指责研究者们以一种麻木不仁的方式过于频繁地测试杰妮。她声称，杰妮每周的测试时间长达60到70个小时。柯蒂斯否认了这一点，并声称杰妮喜欢这些测试，而且其中许多测试都是非正式的。里格勒和柯蒂斯都认为艾琳的朋友简·巴特勒是这些诉讼的幕后主使。

经过一番法律上的争论，1979年3月，此案庭外和解，和解金额不详。艾琳同意科学家接触杰妮以进行一些特定研究。杰妮将获得这些研究的所有收入，以及柯蒂斯1977年出版的著作的所有版税。事实上，柯蒂斯已经为杰妮设立了一个信托基金。几乎所有相关的科学家都意识到自己辜负了杰妮，"杰妮团队"解散了，成员各奔东西。他们中的许多人都不愿再谈论相关的经历。大多数人认为，尽管他们的初衷是高尚的，但使用的方法可能存在缺陷。杰伊·舒利进一步指出，包括他在内的研究人员利用了杰妮。他认为杰妮是一个研究起来异常困难、独特的案例，没有人真正知道如何做才是最好的，也没有经验和方法可以遵循。

艾琳把杰妮"藏"在一个智障人士收容所，不允许科研人员再接触她。柯蒂斯对此非常震惊，并表示直到今天还十分想念杰妮。杰妮每月都会在一个周末去看望她的母亲。1987年，艾琳卖掉了她在金西大道的房子，没有留下任何新地址。据说，艾琳·威利于2003年在加州去世。事实上，杰妮又一次消失了。2008年，约翰·威利接受了美国新闻电视网（ABC）的采访。当年56岁的约翰·威利居住在俄亥俄州，以做油漆工和室内装潢工为生。他也深受孩提时代所遭受的虐待的影响。当杰妮被公众发现时，18岁的约翰也终于离家出走。警察也曾找过他，以了解案件的细节，但当局基本上没有注意到他，他也从未得到任何辅导或照顾。没有人责怪约翰对于妹妹被虐无动于衷。事实上，人们认为他也是他那极权主义父亲冰冷行径的受害者——当时，约翰也经常被他父亲用木板抽打。然而，约翰说他确实把杰妮从脑海中抹去了，因为他感到羞愧。离开家后，约翰的生活遇到了很多麻烦，还差一点惹上官司。他从海军部队退伍，有过一段失败的持续17年的婚姻，还有一个女儿。

约翰说，杰妮在南加州一家不错的私立机构得到了很好的照顾。她学会了说一些单词，并重新学习了很多以前研究人员教过的手语。但约翰自1987年以来就没再去看望过杰妮。随后有报道描述了她在该机构内的生活。杰妮27岁和29岁生日时，杰伊·舒利去看望了她。他说她长期被关在精神病院，弯腰驼背，和人没有眼神交流，也不怎么说话，看起来很沮丧。他把她描述成一个被社会隔离的人，在一段时间内体验了这个世界以及它所提供的一切，然后又被重新隔离。有报道称，杰妮的哥哥于2011年去世，尽管柯蒂斯一再请求，杰妮还是拒绝与她继续联系（Carroll, 2016）。她的科学别名"野孩子"比研究人员想象的还要贴切。

在2008年的采访中，约翰·威利注意到杰妮的情况和奥地利人约瑟夫·弗里茨尔（Josef Fritzl）的一些对比，后者将自己的女儿和其他家庭成员关在自家的地窖里长达24年之久。当他们最终被发现时，一些人由于多年的隔离，身体营养不良，弯腰驼背，并患有语言障碍。如果心理学家能够本着对他们的未来生活负责的态度，避免一些发生在杰妮身上的悲剧重演，那将会是一件大善事。

神经学

从早期的神经学研究可以明显看出，杰妮在所谓的右脑任务上表现良好，而在左脑任务上表现极差。通常，语言是一项主要与左脑加工有关的任务。大脑的两个半球控制着身体的对侧，这被称为交叉控制。例如，左脑的中风可能会导致右侧身体的某些残疾，反之亦然。

在一项双耳分听任务中，人们被要求通过耳机听两种不同的信息，两只耳朵各听一种。在这种情况下，每只耳朵听到的声音几乎全部由对侧大脑半球处理。利用这项技术，柯蒂斯可以将信息呈现给特定的大脑半球。柯蒂斯想知道杰妮的大脑是如何工作的。她发现，杰妮的右脑在处理语言信息，但通常情况下杰妮对左脑有明显的使用偏好。事实上，杰妮左脑的语言表现与左脑被手术切除的孩子一样。柯蒂斯推测，我们的大脑发育是由环境决定的，更具体地说，是由我们在青春期之前接触到的语言决定的。

语言习得：非自然实验

人类习得语言的方式一直是语言学家和心理学家争论不休的问题。大体来说，主要有两种相互竞争的思想学派：强调先天因素或天性的先天论和强调经验或后天影响的后天论。因此，语言习得在先天与后天之争中扮演了重要的角色。解决这些争论的一种方法就是看看如果孩子根本听不到任何语言，是否还会根据先天能力发展出某种语言能力。平克（Pinker, 1994, p.29）后来指出，语言习得是一个如此强大的过程，"除了将孩子放在桶里抚养外，几乎没有办法阻止它的发生"。当然，这种类型的实验显然是不可能进行的，但研究人员认为，他们可能发现了一个自然发生的实验。其中，对环境的操纵是自然发生的。杰妮非正常的成长经历意味着，研究人员可以借此验证许多迄今为止未被验证的假设。

先天论最著名的支持者是诺姆·乔姆斯基（Naom Chomsky）。乔姆斯基1965年提出，语言习得不能仅用简单的学习机制来解释。他认为，语言的某些部分是人类与生俱来的，与学习无关。而与之对立的后天论者则认为，语言可以在没有任何内在或先天能力的情况下习得。

持先天论的语言理论家认为，儿童学习语言的过程是通过一种天生的能力来组织语言的规则，但这只能发生在有其他人在场的情况下。成人会春风化雨地"教"儿童语言，如果没有与其他人的言语交流，孩子先天的能力是无法发挥出来的。学习无疑起着重要的作用，比如，孩子在说英语的家庭中长大就会学会英语。

但先天论者也声称，儿童拥有一种天生的语言习得装置（LAD）。语法的主要规则本已"配备"，而其他某些具体的规则则可以根据他们学习的特定语言再另行"设定"。在接触一种语言时，LAD 可设定适当的"参数"，并推断该语言（无论是英文还是中文）的语法规则。

这种语言习得的先天论观点仍然极具争议，但有一定证据支持这一观点。首先，所有的孩子似乎都会经历相同的语言发展顺序：1 岁的孩子只能说几个孤立的单词；2 岁的孩子能说几句两到三个单词的句子；3 岁的孩子可以说出很多语法正确的句子；4 岁的时候，孩子的语言听起来就和成年人无异了。因此，有人认为，这种跨文化的一致性表明存在一种先天的语言知识。据估计，杰妮 13 岁时，语言发展能力只相当于 1 岁的孩子。

此外，有证据表明，所有语言都有一个通用的语法结构。事实上，语言在许多不同的方面都是相似的。而且有证据表明，没有接触过手语或口语的重度失聪儿童发展出了带有许多口语特征的手语沟通系统。布朗和赫恩斯坦（Brown & Herrnstein，1975，p.479）得出结论，"一个人会不可避免地带有一种印记，即整个人类物种都遵循的相同的生物发展过程"。

与其他先天行为一样，语言的习得也有几个关键期。伦纳伯格（Lenneberg，1967）指出，人类语言习得的关键期在 12 岁左右结束（注意，当人们发现杰妮时，她已经 13 岁了）。在青春期之后，脑组织已经发育完整，不再具有足够的灵活性来学习语言。伦纳伯格声称，如果在青春期之前没有学习语言，就永远不可能再以正常和功能完备的方式学会语言。这就是所谓的"关键期假说"。伦纳伯格对有关杰妮的研究丝毫不感兴趣，他认为在这一案例中存在太多的额外变量，无法从中得出任何明确的结论。

在自然界，关键期的概念并不新鲜。印刻就是一个很好的例子。如果小鸭和小鹅在孵化后立即遇到鸡、人或机械物体等，就可能会将其视为自己的母亲。

不到 1 岁的人类婴儿有能力区分任何语言的音素（音素是一类语音，如"boy"中的 /b/）。这种能力会在一岁末消失。例如，研究表明，日本儿童会在 1 岁后失去区分 /l/ 和 /r/ 的能力（Eimas，1985）。任何一个在青春期之前没有接触过语言的孩子都可以为关键期假说提供直接的证据。杰妮就是一个例子。那么，如果有一个信息丰富、精心照顾的环境，杰妮能在错过语言学习关键期的情况下学会语言吗？如果能，就说明关键期假说是错误的；而如果她做不到，就说明关键期假说是正确的。

很多心理学家和语言治疗师花了数年时间教杰妮说话。尽管如此，但杰妮始终未实现正常的语言发展。尽管她的词汇量增长得很快，尽管有老师非常清晰的指导，她还是学不会句法结构。

在儿童医院的初步评估中，杰妮的得分与1岁孩子一样；她似乎可以分辨出自己的名字和"对不起"一词。她在探索周围的世界时表现出极大的喜悦，词汇量也迅速增加。她就像一个学步的孩子，一开始只说一个单词，但很快就学会了把两个单词组合在一起，比如"想要牛奶"或"柯蒂斯来了"。到了1971年11月，她有时还能把三个词组在一起，比如"两个小杯子"或"白色透明盒子"。她的语言学习表现看起来令人欣喜。甚至有一天上午，当一个孩子拿着玩具枪朝她开枪时，她说出了"小坏蛋"一词。她学会了用语言描述过去的事情。后来，她又说了一些可怕的话，比如"爸爸拿木头，打，哭""爸爸生气"。她一遍遍地重复着这样的话。按理说，这个语言阶段的孩子往往会经历"词汇爆炸"，即在短短几个月内语言能力迅速发展起来。不幸的是，在杰妮身上并没有出现这个阶段。

柯蒂斯怀疑杰妮很懒，总是把单词缩写或将它们组合起来。杰妮因此得到了一个"优秀缩写者"的绰号。她的语言发展确实超越了简单的短语阶段，从"不吃面包"发展到了"错过拥有一辆新车"。这表明她偶尔可以使用动词，而且根据她的一些语言治疗师的说法，她正在掌握一些语法规则。但她从不提问，在使用代词方面也有很大困难（总是分不清"你"和"我"，这反映了她的自我中心主义）。尽管使用了最先进的方法进行了强化训练，她的语言还是发展得非常缓慢。事实上，从这时起，她的语言发展就停止了，并且趋于平稳。

尽管现有的证据仍不足以得出定论，但杰妮确实为关键期假说提供了一些证据。她的案例表明，语言是人类与生俱来的能力，在两岁到青春期这一关键时期获得。青春期以后，人类学习语言会变得越来越困难，这就是为什么学习第二语言比第一语言更难的原因。然而，杰妮确实学会了一部分语言，这证明在关键期之后，是可以部分习得语言的。乔姆斯基认为，人类语言与动物语言的区别就在于语法。从这个角度看，杰妮错过了语言发展的关键期。在很多方面，争论都可以归结为我们把什么看作"语言"。

针对杰妮的研究的方法论问题在于，她不仅被剥夺了练习和听到语言的机会，还在其他许多方面受到虐待。她营养不良，缺乏视觉、触觉和社交刺激。鉴于语言在人类互动和发展中的关键作用，任何被剥夺了早期语言刺激的人，几乎都不可避免地同时被剥夺了正常认知或社会发展的其他机会。杰妮毫无疑问就是如此。心理学家该如何排除这些影响呢？杰妮的案例证明，想要克服这些影响是不可能的。而且对于杰妮，还有一个绕不开的疑问：她是否生来就具有某种生理或先天性的发育迟缓？她的父亲在她的早期生活中反复强调这一点，杰妮婴儿时给她体检的儿科医生也提到了她的一些早期问题。然而，艾琳说，在她父亲将她隔离之前，杰妮已经开始发出咿呀学语的声音，并说出一些奇怪的单词。这表明她在遭受虐待前可能已经在以正常的速度发展语言。当然，这只是坊间证据，不一定可靠。但柯蒂斯也认为杰妮不是弱智。她在空间测试中获得了很高的分数，并发展出了从另一个角度看问题的能力。

苏珊·柯蒂斯认为，杰妮的案例强有力地驳斥了伦纳伯格的关键期假说，即所谓的自然语言习得不会发生在青春期之后（Curtiss，1977，p. 37）。杰妮在青春期后确实习得了一些语言，而且据柯蒂斯（1977）说，杰妮是通过"单纯的接触"习得语言的（p.20）。然而，后来有报道称，柯蒂斯似乎彻底改变了她对语言先天论的看法。她认为杰妮的情况并不足以证明语言在青春期后还能发展。另外，桑普森（Sampson，1997）和琼斯（Jones，1995）都详细描述了柯蒂斯在后来的出版物中对杰妮的讨论与她最早的书相矛盾，而且她没有拿出任何新的证据，也没有对这些矛盾做出任何解释。

先天还是后天

关于杰妮，我们还能说些什么呢？毋庸置疑，她的父亲几乎摧毁了她，保护儿童免受虐待的制度也没能拯救她，甚至可以说，照顾她的科研人员也辜负了她。

虽然杰妮可能是心理学领域最著名的个案研究之一，但她并没有提供决定性证据来支持或反对语言习得的关键期假说。她的确成了关于心理学研究的伦理问题以及科学家和被试需求之间潜在冲突的争论焦点。对于她是否出生时就有智力问题，没有明确的答案，因此她永远也不能帮助给出先天与后天之争的答案。

最后的最后，杰妮的故事可以被看作一系列不幸或不该发生的错误。事实上，她简直可以被视为人类对待同类不人道的结果。但她的故事也可以从另一个角度来看。尽管遭受虐待，缺乏关爱；尽管经历了所有的痛苦、不信任和冷漠，杰妮仍然愿意走近人们，打动他们的心灵，并对生活充满热爱——她向我们展示了人类的宽恕所能达到的真正深度。杰妮以她独特的方式为我们树立了一个鼓舞人心的榜样。

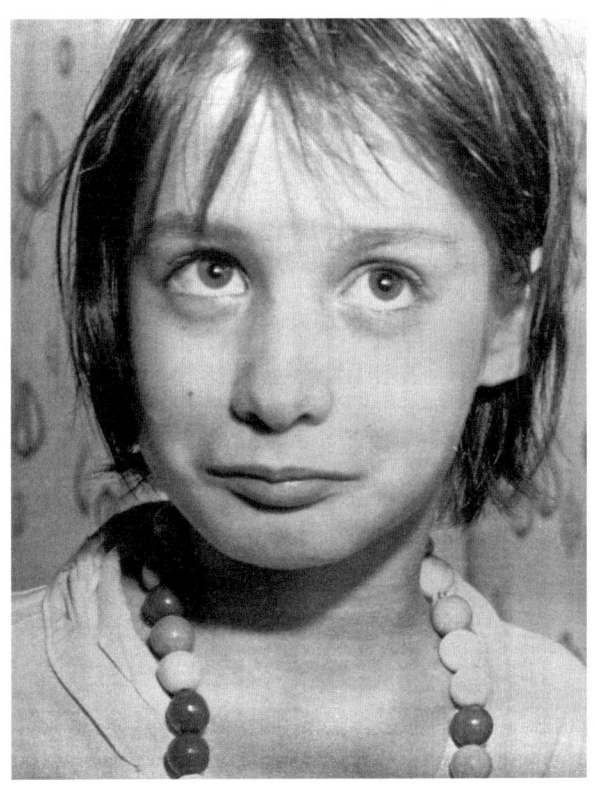

杰妮罕见的照片之一

来源：© Bettmann/Corbis

第 11 章

我不是女孩，而是男孩：大卫·雷默的故事

布鲁斯·雷默（Bruce Reimer）出生于 1965 年 8 月 22 日，是双生子中的哥哥。在他 8 个月大，接受常规的包皮环切手术时，他的阴茎被意外烧毁。在咨询了世界著名的性别研究学者——巴尔的摩约翰霍普金斯大学的约翰·莫尼（John Money）博士后，布鲁斯的父母决定把他当女孩养大，他们认为这样做对布鲁斯最好，并给他改名为布兰达。布兰达接受了外科变性手术，并参加了一项为期 12 年的社会和心理适应计划。这个案例在科学文献中被记载为一个非常成功的案例，布兰达在不知情的情况下成了医学和心理学文献中最著名的个案研究之一。这个所谓的"双生子"案[①]为性别认同和经典的先天与后天之争提供了更大的探索空间。直到今天，如果一个孩子出生时的生殖器官不明确，对其性别的重新赋予，在一定程度上仍需依赖本案例提供的证据。但事实上，这个实验完全失败了。在了解了自己的过去后，布兰达选择重新做男性，不久之后，他与妻子和家人在加拿大温尼伯开始了新的生活。

背景

罗恩·雷默（Ron Reimer）和珍妮特·雷默（Janet Reimer）一同在加拿大温

---

① 这一章的大部分内容摘自约翰·克拉普托（John Colapinto）所写的一本关于这个案例的精彩的书，是在大卫·雷默的同意下写成的。

尼伯附近的农村长大。他们的家庭都信仰门诺教①，这是一个严格的宗教派别，类似于阿曼派②。十几岁的时候，罗恩和珍妮特觉得宗教信仰限制了自己的生活，于是，在快 20 岁的时候，他们搬去了城市生活。珍妮特找到了一份服务员的工作，罗恩在一家屠宰场工作。他们诚实能干、勤勤恳恳。1964 年 12 月 19 日，他们结婚了，并在 9 个月后幸运地生下了一对双生子。他们给两个孩子取名为布鲁斯和布莱恩。虽然是同卵双生子，但珍妮特和罗恩依然能分辨他们，因为哥哥布鲁斯要更加活泼。这个家庭就这样过着知足、简单、幸福的生活。

在这对双生子七个月大的时候，珍妮特注意到他们排尿时似乎很痛苦。医生诊断他们患有包茎病，这种病意味着男孩阴茎的包皮太紧，需要进行简单的包皮环切手术。珍妮特安排他们在 1966 年 4 月 27 日进行手术。手术当天，当值的医生没能进行手术，而是安排了一位全科医生让 – 玛丽·霍特（Jean-Marie Huot）主刀。一位护士来接双生子中的一个去做第一台手术，纯属偶然，她接走了布鲁斯。

手术的具体细节至今无人得知，但医生似乎是在布鲁斯的包皮上使用了动脉钳。之后，医生没有用手术刀切除包皮，而是使用了博维烧灼机。这种方法是通过与锋利的切割设备相结合的电流来灼烧切口边缘，从而密封血管以防止出血。但实际上，完全没必要同时使用夹钳和烧灼机，而且夹钳也可能会将电流传导到阴茎上，从而造成风险。在第一次切割失败后，医生加大了电流，而这带来了毁灭性的影响。他的阴茎根部被灼烧了。医生在布鲁斯的受伤处安装了导管，而布莱恩的手术被取消了。

手术后不到两周，布鲁斯被烧伤的阴茎部分已经结痂剥落，几乎什么都没剩下。这个器官不可能再恢复到原来的状态了。当地的医院告诉罗恩和珍妮特，最好的办法是让布鲁斯在学龄前装上一个人造阴茎。但阴茎移植手术在 20 世纪 60 年代还处于起步阶段。一位著名的精神病学家告诉他们，未来布鲁斯将不得不面

---

① 门诺教属于基督教保守派分支，16 世纪起源于荷兰。这个教派反对婴儿洗礼、服兵役等，主张衣着朴素、生活节俭以及限制与外界接触，因其创立者门诺·西蒙斯（Menno Simons）而得名。——译者注

② 北美洲戒律严谨的宗教团体，过着简朴的农耕生活，拒绝使用某些现代技术。——译者注

临这样的现实，意识到"自己是不完整的，身体有缺陷，将不得不过一种不完整的人生"。

罗恩和珍妮特难以置信地带着双生子回了家。让他们更难过的是，他们发现布莱恩的包茎已经自行消失了，这也就是说，布鲁斯甚至根本就不需要做包皮手术！这次失败的手术给这个家庭造成了毁灭性的影响。罗恩把手术的事告诉了几个同事，但他们不仅不表示同情，还拿这件事开玩笑，所以罗恩和珍妮特决定对手术的细节保密，再不告诉其他人。他们认为这样做可以保护家人免受流言蜚语的影响，但这同时也导致他们变得孤立。他们把布鲁斯关在家里，甚至不让保姆给布鲁斯换尿布，以免被人发现真相。

一个看似可行的解决方案

手术 10 个月后的一天，罗恩和珍妮特一起看电视上的一档时事节目，他们不知道的是，他们即将看到的节目会催生出一连串更糟糕的事情。当晚的节目中有来自巴尔的摩约翰霍普金斯大学的约翰·莫尼博士。莫尼是世界上首屈一指的性别研究者之一，也是一位富有魅力和说服力的学者。在节目中，他宣布他的团队成功地进行了变性手术。他认为，个体是有可能成功改变性别的。他声称，生理性别是一个人未来性别的最佳指标，远比染色体、激素或性腺性别更好。然后，一名变性人出现在屏幕上，并表示自己现在作为一名女性更快乐，也更被社会所接受。接着，节目转向了双性儿童的话题，即出生时生殖器不明确的儿童。莫尼解释说，通过手术和激素替代疗法，无论孩子的性别选择是男是女，他们都可以被成功地抚养长大。他指出，基因性别并不一定与心理性别相对应（Diamond and Sigmundson, 1997; Le Vay, 1991）。罗恩和珍妮特被莫尼医生的宣讲吸引了，并立即写信给他，详细说明了布鲁斯的情况。莫尼意识到这一案例的独特性质，当即回了信。

莫尼很清楚这个案例的重要性。他一直认为，双性儿童的性别认同不是在出生时就确定的。莫尼提出了出生时"性别中立"的理论。他认为，在双性的情况下，外科医生应该在出生时选择最合适的性别，然后通过手术、社会化和激素替代治疗的结合，使孩子成功地适应他们被分配的任何性别。批评者认为，这一理论只能适用于一小部分人，即出生时生殖器不明确或雌雄同体的孩子。而莫尼则认为他的性别中立理论适用于所有的孩子（Money and Ehrhardt，1972）。布鲁斯为他提供了一个独特的机会来证明他的理论。而且，由于是同卵双生子，布莱恩将成为一个完美匹配的对照组。如果一个正常的男孩能够被成功地抚养为女孩，就能明确表明，所有的孩子在出生时的性取向都是没有差别的。这将有助于对心理学中长期存在的先天与后天之争做出重大贡献。我们之所以成为今天的我们，是因为我们的基因遗传，还是因为我们出生后的环境和成长经历？如果莫尼能够从性别的角度解决这场争论，他将成为世界上最著名和最受尊敬的学者之一。莫尼简直不敢相信自己有这么好的运气，能遇到这个千载难逢的好机会。

　　莫尼立即邀请雷默一家到约翰霍普金斯大学讨论这个案例。大约在同一时期，一位名叫米尔顿·戴蒙德（Milton Diamond）的年轻学生开始了他的研究生生涯，研究荷尔蒙对人类行为的影响。戴蒙德当时在堪萨斯大学工作，他并不相信莫尼的中立理论。事实上，他认为与性别相关的特定行为在子宫里就被预先设定好了。堪萨斯大学的研究小组通过向怀孕的雌性豚鼠注射睾丸激素，培育出雌雄同体的豚鼠来检验这一假设。结果发现，雌性豚鼠出生时的阴蒂和阴茎一样大。关键问题在于，这些雌性豚鼠的行为是更像雄性还是雌性。答案是，服用了睾丸素的雌性试图与未受影响的雌性交配，表现得跟雄性一样。戴蒙德认为，这些研究表明，出生前的经验决定了随后的性别行为。换句话说，至少在豚鼠身上，雄性行为在出生前就已经被设定好了，这与豚鼠的实际性别无关。这个结果直接驳斥了性别中立理论，但他们的研究只限于动物，目前还不清楚他们的发现是否适用于人类行为。然而，戴蒙德坚持认为莫尼错了。他明确指出，产前因素对性别认同的重要性高于一切，社会化只是起着辅助作用。戴蒙德认为，虽然双性可以成功地转变成某一性别，但性别中立理论并不适用于所有正常新生儿。戴蒙德甚至向莫尼发起挑战，表示要想让人认同他的理论，他必须提供一个正常男性成功成长为女性的例子。"双生子案"意味着莫尼有机会验证这一点，不幸的是，在接下来的几年里，戴蒙德的观点几乎完全被忽视了。

从男孩到女孩

　　当雷默一家第一次见到约翰·莫尼时，他们觉得他是一个可以合作的人。他是一位受人尊敬、自信的学者，具有很强的说服力。珍妮特和罗恩视他为神，愿意完全信任他。莫尼表示，布鲁斯可以被当作女孩成功地抚养长大，并以女性身份生活和发展。他将能够以女性身份发生性关系，并被男人吸引。但罗恩和珍妮特不知道的是，由于布鲁斯出生时是一个功能完全正常的男性，莫尼所建议的是一种以前从来没有人尝试过的做法。莫尼焦急地等待着罗恩和珍妮特的同意，因为他认为变性手术必须在孩子两岁生日之前进行。经过深思熟虑，罗恩和珍妮特最终表示同意。他们认为这样会让布鲁斯更容易被培养成"温柔"的女性，而如果继续做男性，那没有阴茎所带来的问题会让布鲁斯难以忍受。1967年7月3日，布鲁斯接受了阉割手术，并改了一个与"布鲁斯"的首字母相同的名字——布兰达。雷默夫妇回家后，莫尼严格教导他们如何抚养女儿，从那一刻起，他们开始听从莫尼的建议。他们将布兰达的头发留长，为她买了洋娃娃，并对发生过的悲剧绝口不提。在任何情况下，雷默夫妇都表示自己生下的是一对异卵双生子，一男一女。

　　在外人眼中，这是两个漂亮的异卵双生子，布莱恩留着棕色的短发，布兰达留着齐肩卷发。然而，当布兰达开始说话或动起来时，两个孩子之间的差异就消失了。布兰达的一切行为都很男性化。她从来不玩别人给她的玩具，而总是去玩布莱恩的。她喜欢玩运动类的游戏，喜欢玩具枪、士兵小人，还很喜欢玩布莱恩的木工玩具套装。据布莱恩说，她走起路来像个男孩，总是两腿分开坐着，还通常是两人打架时获胜的那个。事实上，布兰达才是双生子中更具男性气质的领导者。对布兰达来说，这让她很困惑，而布莱恩对此也有点沮丧。但莫尼认为布兰达的这些行为只能说明她是个"假小子"而已，坚持让罗恩和珍妮特把布兰达当女孩来抚养。

　　关于布兰达过去的男性身份，还有其他更明显的线索。比如，她在小便时会坚持站着面对马桶。她的幼儿园老师也说她更像男孩而不是女孩，当然，她的同学也注意到了这种差异。与此同时，布兰达在学校开始出现行为和情绪问题。尽管她看起来很秀气（珍妮特总是给她穿最女性化的衣服），但她经常和男孩子们打架，回家时浑身是泥。莫尼给布兰达做了一次智商测试，结果为 90 分，略低于平均水平，但她在学校的表现要差得多。罗恩和珍妮特从来没有把布兰达糟心的过去告诉过学校，但为了避免布兰达被留级，他们最终告诉了她的老师。

布兰达在学校里经历的种种困难与约翰·莫尼享受的学术成就形成了鲜明的对比。自 20 世纪 50 年代以来，莫尼一直认为，出生后的环境因素对于性别认同至关重要。他引用了这对双生子男孩的证据，他们以不同的性别被成功地养大，他觉得这足以证明他的论点。他声称，他的研究中有两个一模一样的男孩，他们在出生前的经历遵循正常的男性模式，其中一个现在成功地变成了女孩，并且生活得很好。莫尼对布兰达遇到的问题和矛盾只字不提，只是说她模仿她弟弟，表现出了一些假小子的特征。对于莫尼在世界各地的热心拥趸来说，争论已经结束了。最终的实验表明，男孩和女孩是后天形成的，而不是天生的。

这对双生子的案例立刻引起了轰动。科学教科书被改写，宣传有证据表明，后天培养在性别认同中具有压倒性的重要性。在当时的心理学中，行为主义是最杰出的范式，而莫尼的观点似乎很符合这一思潮。女权运动也提出，生理差异不再能解释性别差异。而那些多年来一直想知道如何养育双性孩子的父母也开始更积极地给孩子安排生殖器手术。毕竟，如果男孩能够被当作女孩成功地抚养长大，那将会使双性孩子免掉许多麻烦。"双生子"案的影响是深远的，莫尼也沉醉在自己的"成功"之中。

但在这一片疯狂之中，至少还有一个反对的声音，那就是戴蒙德，他仍然不相信性别中立的观点。他认为，"双生子"案只是体现了人类行为奇妙的适应性，生物学因素仍然在性别认同中发挥着核心作用。事实上，在一些案例中，出生时带有微小阴茎的男孩通过手术"成为"女孩，但到了青春期又重新"变成"了男孩。此外，莫尼的研究还存在方法论问题（Diamond and Sigmundson, 1997）。但由于莫尼的固执和深远影响力，概述这些问题的论文几乎无法发表。而且尽管这些担忧后来得以发表，它们实际上也被忽视了。莫尼是一位世界著名的学者，"双生子"案被认为是他性别中立理论的最终决定性证据。莫尼主张对出生时生殖器不明确的孩子进行变性手术,这种手术被除中国以外的几乎所有国家采用。"双生子"案应该永远警醒人们,盲目接受专家的观点是危险的,尤其是那些在该领域被视为"顶流"的专家。

对研究的怀疑

作为布兰达性别再指定工作的一部分,这家人每年都会去巴尔的摩的约翰霍普金斯大学见约翰·莫尼。布兰达每次去都很害怕。从四岁起,她就对任何想要测试她的人拳打脚踢。布莱恩也被要求陪着布兰达一起,他也发现这些测试非常令人沮丧。渐渐地,这对双生子意识到了问题:为什么他们要进行这样的测试?他们的朋友都不需要!布兰达不明白为什么大部分问题都集中在性和性别上。在被要求进行标准"画人"测试(该测试旨在帮助确定孩子的性别)时,她画了一个男孩的简笔画。当被问到她画的是谁时,她简单地回答说:"我。"渐渐地,布兰达和布莱恩开始意识到什么答案才是他们想要的——要求特征开始出现。因此莫尼报告的结果可能受到了这种偏差的影响。当然,莫尼也意识到了这种方法的问题,并试图探究双生子的真实答案,但自从他开始获得所希望的答案后,保持客观就变得越来越难了。

有一件事突出地证明了这一点。莫尼询问布兰达去当地动物园游玩的事,他问她如果能变成动物,她想成为哪种动物。布兰达回答说"猴子"。当莫尼问她想做一只小公猴还是小母猴时,他说她回答的是"一只小母猴"。这被莫尼认为是布兰达性别偏好的证据(BBC,2000)。然而,几年后,布兰达争辩说,她当时说的是"大猩猩"。即使不考虑莫尼大量故意的错误记录,这仍可以被视为研究者出现了实验者效应的证据。

这对双生子后来报告说,在治疗过程中,莫尼人前人后两幅面孔。当罗恩和珍妮特在场时,他给人的印象是"友好的叔叔",但当他们不在时,他就会威胁他们。据说,他甚至会让这对六岁的双生子模拟性爱。他还给他们看色情照片,试图强化他们的性别认同。这些细节后来被莫尼否认了,但莫尼曾写道,这样的图片可以成为儿童性教育一种有用的方式(BBC,2000)。罗恩和珍妮特完全不知道这一切。为了让双生子继续参与测试,他们不得不提供一些"好处",比如带他们去迪士尼乐园玩。

在布兰达七岁那年,莫尼开始提起进行进一步阴道手术的可能性。莫尼认为,布兰达的许多问题是因为她知道自己与其他女孩不同。布兰达确实意识到了这一点,她甚至都不愿意看自己的下体。莫尼让罗恩和珍妮特帮助布兰达完成"家庭作业"——和布兰达谈论她的生殖器和手术。布兰达特别痛苦,因为她觉得父母为了和约翰·莫尼合作完全不顾及她的意愿。布兰达坚持不做任何手术。在莫尼的巨大压力和学校中的各种不愉快下,布兰达最终精神崩溃。

家人的疑虑

大约在这个时候,罗恩和珍妮特开始对他们最初的决定产生了怀疑。他们可以看出布兰达是多么不高兴,性别再指定的努力似乎没有发挥作用。但他们信任约翰·莫尼,当然,除了沿着他所指的"明路"继续往前走之外,他们也别无选择。然而他们的处境已经糟糕至极了,连布莱恩也出现了行为障碍。他嫉妒布兰达得到那么多的关注,并在当地一家商店偷东西时被当场抓住。出于绝望和想要重新开始的想法,雷默夫妇卖掉了房子,搬到了西部的不列颠哥伦比亚省。但此举不仅没有帮助他们重新开始,反而造成了一场灾难。布兰达在学校变得更加孤僻,罗恩则一天到晚埋头在锯木厂工作,每天一回家就酗酒,而珍妮特患上了严重的抑郁症。她吞下了一整瓶安眠药,幸好被罗恩及时发现,才捡回一条命。他们决定返回温尼伯。布兰达觉得家里的很多问题都是由自己引起的,因此发誓要变得更像个女孩,以挽救父母的婚姻。然而,她的努力由于种种生理变化而变得更加困难,这些变化加剧了她的男性气质,包括声音变得低沉和肌肉特征的发展。

布兰达在学校仍然面临着各种各样的麻烦。她因为不合群而被人冷落,但她还是想办法加入了一个假小子群体,并试着与她们建立友谊。其他同学嘲笑她,叫她"穴居女"。后来,当她被发现站着小便时,她被禁止使用女厕所。她不得不偷偷溜到一条安静的小街去上厕所。布兰达感到越来越苦恼。当地参与布兰达案例的精神科医生在读到约翰·莫尼写的关于布兰达的学术报告时,对布兰达的真

第 11 章
我不是女孩，而是男孩：大卫·雷默的故事

实情况和报告之间的不一致感到很困惑。然而，没有人质疑当初把她当女孩抚养的决定。他们意识到现在做什么都太晚了。他们需要说服布兰达服用雌激素——一种女性荷尔蒙，以促进她青春期女性特征的发育。布兰达坚决拒绝服用任何此类药物。她最不希望的就是变得更女性化。但她别无选择，布兰达也确实在她 12 岁生日前后开始服用药物。即便如此，一有机会她就会把药冲进马桶。布兰达开始暴饮暴食，她绝望地希望增加的体重能掩盖雌激素的作用。

当地的精神科医生讨论了布兰达的案例。布兰达说，她知道自己在生理上与"正常人"不同，她的父亲告诉她"出过一些差错"。在进一步的询问中，布兰达说，她觉得她母亲可能打过她的下体。这种说法似乎很符合弗洛伊德的性心理发展理论。弗洛伊德（[1905]1958）假设男孩会对母亲产生性欲，这被他称为俄狄浦斯情结——在一个希腊悲剧中，年轻男子俄狄浦斯在不知情的情况下杀死了自己的父亲，然后娶了自己的母亲。根据弗洛伊德的理论，男孩会意识到自己与父亲是竞争母亲的爱的对手。当他们意识到父亲比自己强大得多时，就会产生"阉割焦虑"，即担心父亲会阉割他们。为了避免这种情况发生，同时也为了给母亲留下深刻印象，他们会模仿父亲的行为。这就是为什么男孩子会像父亲。弗洛伊德认为，另一方面，女孩会经历恋父情结。根据弗洛伊德的理论，当女孩们意识到自己缺少阴茎时，她们会经历"阴茎嫉妒"，并将这种缺陷归咎于母亲。事实上，这可以解释布兰达的做法——她把自己缺少阴茎的责任推给了母亲。为了拥有阴茎，女孩们选择将父亲作为爱慕的对象。象征性地，在与父亲发生性关系时，女孩就能重新拥有阴茎。根据精神分析疗法，认识到并尝试解决这些问题是有用的。当然，精神分析理论的一个问题是，可能会有很多其他的解释也能说得通。当珍妮特得知布兰达怀疑她虐待过她时，珍妮特吓坏了。看来必须做点什么了。珍妮特问布兰达是否觉得有必要继续每年去见莫尼。布兰达果断表示了拒绝，然后他们就取消了去见莫尼的行程。他们再也不用去巴尔的摩了，这让家里所有人都松了一口气。

我原本的名字是什么

1979 年，BBC 派出一个调查小组前往温尼伯和巴尔的摩研究双生子的案例，作为一部关于性别认同的纪录片的一部分。他们联系了布兰达的精神科医生，也和莫尼谈过。尽管莫尼最初对他们的兴趣表示欢迎，但当记者们提到，他们已经与其他质疑此案例是否成功的学者交谈过，其中最主要的批评者是米尔顿·戴蒙德后，莫尼立即把BBC的记者赶了出去，并给BBC的总导演写了一封恐吓信，警告他们如果给雷默一家造成任何伤害，他将采取法律行动并要求经济补偿。BBC没有理会他，节目照常播出了，但在学术界没有产生预期的影响。尽管受到了明显的批评，但莫尼的声誉仍然完好，他在双生子案例中得出的研究结果也没有受到质疑。由于没能进一步接触到布兰达，莫尼对此案例直接和公开的声明在1980年后就停止了。莫尼解释说，他之所以不愿公开有关此案的任何后续报告，是因为媒体的不当干预。

时间一天天过去，布兰达越来越像一个男孩。她的言行举止越来越男孩子气了。当地的精神科医生团队认为是时候告诉布兰达她出生时的真相了，雷默夫妇同意了。一天，罗恩在将布兰达从当地的心理医生那里接回来的时候，提出给她买一个冰激凌。布兰达有些担心会发生什么不好的事情，因为买冰激凌往往伴随着坏消息。然后罗恩开始跟布兰达讲述她的出生和随后发生的事故。罗恩哭了起来，但布兰达并没有哭，眼睛直直地盯着前方，她的心里五味杂陈——怀疑、不解、愤怒，但最重要和最汹涌的感觉是解脱。她所面临的种种困难，无论多么可怕，此刻都终于有了一个解释。布兰达只问了父亲一个问题："我原本叫什么名字？"

布兰达决定立即恢复她的生理性别，现在的主要问题在于如何做到这一点。毕竟这不像换身衣服那么简单。这样的决定必然会招来一些反对声和冷嘲热讽，布兰达也很清楚流言蜚语的杀伤力。布兰达不愿用回她以前的名字"布鲁斯"，因为她不喜欢这个名字。最后，她选择用"大卫王"[1]的名字"大卫"作为自己的名字，希望自己也能克服歌利亚式的困难。15岁生日的一周后，他第一次以大卫的

---

[1] 歌利亚是非利士人的首席战士，带兵进攻以色列军队，他拥有无穷的力量，所有人看到他都要退避三舍不敢应战。最后牧童大卫用投石弹弓打中歌利亚的脑袋，并割下了他的首级。大卫日后统一以色列，成为著名的大卫王。——译者注

身份在一场家庭婚礼上公开露面。他开始注射睾酮以替代一直服用的雌激素,并接受了痛苦的双乳切除手术。在他 16 岁生日之前,他接受了进一步的手术——安置了一个人造阴茎。

这对双生子编了一个故事,说布兰达死于一次飞机失事,而大卫是布莱恩失散已久的表弟。这个故事说服了一些人,另一些人也许是不愿再追问到底发生了什么。虽然大卫作为一个男孩要快乐得多,但他仍然要面临一些不可避免的痛苦。大卫忘不掉那个给他做包皮手术失败的医生,决定报复他。

他买了一把二手枪,并查到了霍特医生的名字和工作地址。大卫揣着枪走进了霍特医生的办公室。在认出大卫的瞬间,霍特医生哭了起来。大卫质问他是否意识到了他让自己经历的种种地狱般的痛苦,然后便离开了。他把枪扔进了当地的一条河里。

成为一个男人

18 岁时,大卫终于有资格获得 16 年前由圣博尼法斯医院支付的庭外赔偿,总共 17 万美元。他拿出一小部分买了一辆面包车,(讽刺的是)它被戏称为"性爱车"。大卫总是找借口避免跟女友发生性行为,还经常假装醉倒。有一次,他真的昏过去了,第二天早上,很明显他的女朋友发现了他的秘密。不幸的是,在大卫告诉女朋友自己的过去后,她却没有替大卫保密,因此大卫再一次成为八卦、嘲笑和讽刺的对象。不久之后,大卫的父母发现他服用了过量的药物而失去了意识。珍妮特问罗恩,大卫经历了如此多的痛苦,他们是不是应该让他平静地死去。但不等罗恩回答,珍妮特就急忙把他送到了当地医院洗胃。康复期间,大卫独自一人隐居在温尼伯湖附近森林的小木屋里,在那里,他爱上了大自然。

最终的悲剧

22 岁生日前,大卫又做了一次阴茎成形术,并对结果很满意。布莱恩的妻子给大卫介绍了一个叫简的年轻女子,她是一名单身母亲,有三个孩子。简和大卫进行了一次相亲,两人从一见面就成了好朋友。在此之前,简已经知道了大卫痛苦的过去，但这似乎并没有影响她对他的感情。1990年9月22日，大卫和简结婚了，并开始了他们的家庭生活。从那时起，大卫成了一个拥有敏锐的幽默感、自信的人。他热爱他的工作，也爱刚组建的小家庭。他喜欢钓鱼和露营等户外活动，还是猫王的狂热粉丝。据报道，他接受了自己的过去，但没有忘记。他终于安定下来，能够享受正常的家庭生活，包括与妻子发生性关系。

大卫尤其痛恨他的阉割手术，因为这使他无法生育自己的孩子。直到1990年，大卫才真正意识到自己作为一个被引用的学术案例人物，是多么有名。他简直不敢相信人们居然认为他的案例是成功的。在发现这一点后，大卫放弃了匿名，试图公开自己的情况。他想警示其他有类似处境的人。他在《奥普拉脱口秀》上公开了自己的故事。2000年，大卫甚至写信给约翰·莫尼，要求他当面道歉。约翰·莫尼克制了自己好斗的本性，拒绝与他见面。

不幸的是，悲剧再次降临雷默一家。2002年，患有精神分裂症的布莱恩去世了。他孤独地死在自己的公寓里，三天后他的尸体才被发现。尽管人们怀疑布莱恩是自杀，但珍妮特坚持认为他死于脑出血。以这种方式失去双生子弟弟对大卫产生了强烈的影响。他沉浸在悲痛之中，几乎每天都去弟弟墓前，长期遭受着抑郁的折磨。尽管家族中有精神病史，大卫还是把弟弟的死归咎于自己。布莱恩得到的关注总是比哥哥要少，关于出生时的真实情况，父母也没有跟他说实话；每年都去见约翰·莫尼也给他造成了心理创伤；当大卫把自己的故事公之于众时，他的同事也会取笑他。大卫非理性地把这一切都归咎于自己。大卫的生活陷入了一个恶性循环，他失去了工作，与简也开始分居，也失去了与继子女之间的亲密接触——他们原本都已经开始叫他"爸爸"了。由于一次灾难性的商业决策，大卫还损失了65 000美元，这笔钱是一家电影公司想要讲述他的故事，从而支付给他的费用中的一部分。记者约翰·克拉普托（John Colapinto，2000）所写的一本关于大卫生活的书获得了成功，并拿了奖，克拉普托慷慨地与大卫分享了版费。然而，克拉普托想知道，这些钱是不是使大卫不用找工作，并且对生活更加"讲究"了？在经年累月的压力之下，2004年5月4日，38岁的大卫·雷默开枪自杀。他开车到当地一家超市的停车场，然后对着自己扣动了猎枪的扳机。珍妮特·雷默将两个儿子的死亡归咎于不寻常的成长环境。约翰霍普金斯大学的发言人以约

第 11 章
我不是女孩，而是男孩：大卫·雷默的故事

翰·莫尼的名义发表了一份声明，重申了他对"双生子"案不予置评的原则。

研究后果

尽管约翰·莫尼在 1980 年之后就没有再直接提过双生子的案例，但他仍在宣传性别中立理论和性别再指定手术的成功。尽管加州的一名研究人员已经证明，注射睾丸激素可以增加出生时阴茎短小的孩子的阴茎尺寸，但莫尼仍在主张他的观点。20 世纪 90 年代初，米尔顿·戴蒙德决定找出双生子案例的真相。当时，这个案例仍然是关于性别认同最具影响力的研究，并且强化了莫尼报告的一些完全不实的信息。戴蒙德教授当时是夏威夷大学的解剖学和生殖生物学教授。1994 年，他联系了约翰霍普金斯大学的精神科医生基斯·西格蒙森（Keith Sigmundson），发现布兰达从 14 岁起就在以男性的身份生活。

在 BBC 的帮助下，戴蒙德最终找到了大卫，并在大卫的同意下写了一篇论文，证明大卫没有接受被当作女孩抚养（Diamond and Sigmundson, 1997）。戴蒙德花了两年时间才确保这篇爆炸性文章得以发表，这一事实反映了莫尼强大的影响力。许多人对这篇论文中的发现和结论感到不安并表示不愿相信。在其中，戴蒙德有力地推翻了莫尼的许多论点。戴蒙德认为，人在出生时并非心理中立，性心理的发展也不是由生殖器或教育决定的。也就是说，你不能指望通过改变一个孩子的生殖器和对他的教育方式来使他成功地接受指定的性别。正如大卫所说："如果一个女人失去了乳房，你会把她变成男人吗？"（BBC, 2000）

戴蒙德引用了其他一些研究，来说明性别分化有很强的神经学基础（Reilly and Woodhouse, 1989; Reiner, 1996）。有人认为，决定性别认同最重要的器官实际上是大脑，而不是生殖器。实际上，已经有其他个案研究报告，阴茎短小不会使男孩怀疑自己的男性身份（Le Vay, 1991）；还有一个例子是，一个女孩在 14 岁时宣布自己是一个男孩，随后，检查发现其染色体上的性别的确是男性（Swaab and Fliers, 1985）。与此同时，一个名叫"北美双性人协会"（ISNA）的团体正在变得越来越有影响力，这个协会由 400 名双性人组成，倡导放弃为婴儿做生殖器官再指定手术。这些人努力呼吁着这项改革，尽管这给他们带来了更多的痛苦，因为

这相当于在批评他们的父母多年前做出的决定。

戴蒙德总结说，目前还没有已知的案例表明，一个染色体性别为男性的人可以"在排除生理因素和医疗干预的情况下，轻轻松松地完全接受被预设为女性的生活"（Diamond and Sigmundson, 1997, p. 303）。他建议，染色体正常的男孩应该被当作男性抚养，手术干预应该遵从这一原则，尽管这种类型的手术更难。变成女性的手术也许是一个更有利、更容易、更直接的解决办法，但从长远来看却并非如此。尽管有这样那样的争论，莫尼的许多观点仍然被奉为圭臬，出生时的性别再指定手术今天仍在继续。

后来，莫尼发表了一篇文章，详细说明了为什么大卫的案例不应该被当作性别中立理论失败的证据。尽管莫尼曾一度认为大卫为他的理论提供了经典的检验，但他后来表示，这个案例的特殊之处导致我们很难从中得出什么结论。最初，人们认为，如果一个出生时是男孩的孩子能被成功地抚养成女孩，就能证明他的观点。但现在有人认为，由于大卫出生时是一个正常的男孩，他的情况可能与每年出生的成千上万的双性孩子不同。据估计，全世界每年为双性人进行的变性手术约有1000例。戴蒙德质疑这种手术，并宣称没有证据支持这种方法。他建议采用一种保守的方法，即性别指定应该依据个体的性染色体，手术应该推迟到孩子的性别偏好明确之后再进行。双性婴儿出生时仍应指定其性别，但在明确其性别认同之前不应进行手术。而莫尼认为，在性别偏好明确之前，孩子不能一直是"它"，因此在出生时进行性别再指定手术更可取。这个案例确实影响了莫尼的学术生涯——他从约翰霍普金斯大学提前退休，并于2006年7月7日死于帕金森病引起的并发症，终年84岁。他在20世纪50年代有过一段短暂的婚姻，但没有孩子。晚年的莫尼拒绝谈论这个案例，据他的密友说，他对事件的反转感到震惊。

许多父母仍然支持变性手术，并同意在孩子出生后不久就开始手术。父母往往会觉得孩子的生殖器不明确会给其带来难以承受的压力。莫尼也赞同这一观点，他认为戴蒙德的建议不知道会给多少双性儿童造成严重的心理伤害，并影响他们的生活。

对于双性孩子，人们现在倾向于采取更保守的治疗方法。毫无疑问，如果最

第 11 章
我不是女孩,而是男孩:大卫·雷默的故事

初的医疗事故发生在今天,布鲁斯将会被抚养成一个男孩。尽管如此,当学者们继续争论究竟什么才是最好的行动方案时,大卫·雷默作为"极端个案研究"的一生成为一个长鸣的警钟,时刻提醒人们这种争论的至关重要性。

大卫·雷默

来源:© Reuters/Corbis

第 12 章

亚维农野孩：维克多的故事

> 1800 年 1 月 9 日，法国南部圣瑟宁村周围的树林里出现了一个大约十一二岁的小男孩。他直着身子走路，但不会说话，只会发出不知道什么意思的叫声。他只穿了一件破旧的衬衫，对自己的裸露毫不在意。他走进当地一个制革厂的园子，打算挖些蔬菜吃，结果被抓住了。在这样的小村庄里，捕获"野人"的消息很快就传开了。"亚维农野孩"就这样开始在欧洲成了广为人知的故事。

发现

人们很快发现，这名男孩没有接受过家庭训练——不管在哪儿，他都是蹲着小便，站着大便。他只吃土豆——把土豆扔到火里，然后"趁热吃"，因此经常在这个过程中被烫伤。早期去看他的人（有许多是好奇的看客）都清楚地知道，他应该是在野外的森林里生活了很长一段时间，因此任何日常的社交礼仪都不懂。两天后，这个男孩被带到了圣阿弗里克当地的孤儿院，在那里，他被取名为约瑟夫。

约瑟夫似乎很快开始变得内向，并且患上了某种抑郁症。因为有报道说，他在接下来的两周内没有发出任何声音。除了土豆，他几乎拒绝所有的食物，只喝水。他把给他穿的衣服都撕烂了，还不肯睡在床上。据描述，他身高 1.27 米，白皮肤（但已被晒成古铜色），圆脸，尖鼻子，深棕色的毛发，全身布满了数百道小伤疤。此外，他的喉咙上有一道长 41 毫米的伤疤。这些伤疤让人猜测他小时候曾受到过虐待，或者在被遗弃之前被割喉。他的右腿稍微向内弯曲，这使得他走起路来有点跛。他所有的感官似乎都完好无损，但除了吃饭和睡觉，他几乎不在意任何事情。孤儿院的院长意识到，这是个很特别的事情，不管是学者还是普通人都会感兴趣。他称这个男孩是一种"现象"，并写信给巴黎的报纸，建议由政府研究和照顾他。于是，"亚维农野孩"的故事成了巴黎人热议的话题。这是一个检验让－雅克·卢梭哲学理论的机会。在他的早期著作中，卢梭认为人本质上是好的，当处于自然状态（即所有其他动物的状态以及人类在文明和社会被创造之前的状态）时，是"高贵的野蛮人"，"好人"会因为在社会中的经验而变得不快乐或堕落（Rousseau，1992）。他认为社会是"人为的"和"腐败的"，并相信社会的发展会导致人类持续的不幸。"野孩子"的发现使人们有机会通过观察一个没有受到社会"不自然的"影响的孩子，从而充分检验这些观点。

当时，巴黎有一所著名的聋哑人学院，由西卡德经营，他是一位受人尊敬的学者，也是聋哑人教育方面公认的专家。在得知这个事情后，西卡德写了两封信，要求得到男孩的监护权，以便进行科学研究。其中一封是写给卢西恩·波拿巴（Lucien Bonaparte）的，他是拿破仑的弟弟，当时是新共和国的内政部长。有了这么有权势的朋友，这个男孩必将在巴黎受到密切的关注。

然而，当地官员建议男孩短期内留在当地，以检验这个事情的真实性（人们担心这是一个骗局），也便于当地失踪儿童的家长能来看看他是不是自己的孩子。在这段时间里，他开始逐渐扩大饮食范围，开始吃豌豆、青豆、核桃和黑麦面包。四个月后，他开始吃肉，但似乎并不在乎肉的生熟。他常常把剩菜埋到外面的花园里，也许是想留着以后吃。

多年的社会隔离

有关这件事的进一步细节渐渐清晰起来。有许多有趣的问题需要回答。这个男孩是大自然的孩子吗？他是一个真正的野孩子，还是几个星期前被遗弃在树林里的低能儿呢？他能在野外照顾自己吗？他在野外生活了多久？他住在哪里，怎么住的？

有报道称，至少在过去的两三年里，时常有人在圣瑟宁以南约 70 英里的拉考恩附近看到一名赤身裸体的男孩。他靠吃树根和橡子生存。每当有人试图接近他，他就会逃跑。偶尔还有人发现他四肢着地行走，但后来发现他只有在非常累的时候才这样做。他的膝盖上没有明显的老茧，也表明他大部分时间都是直立行走的。显然，生活在这个地区的农民知道他的存在，并且见怪不怪。有报道称，他曾在 1798 年被抓到过，并在村里的广场上示众，但他后来逃跑了，并且此后至少一年都没有露面。然而，在 1799 年 6 月，三个猎人偶然发现并抓住了他。当地的一个寡妇照顾了他几个星期，教他怎么煮土豆，还给了他一件衬衫穿——就是几个月后人们发现他时他穿的那件破衬衫。在寡妇的善举之后，男孩似乎开始寻求更多的人际接触，经常被当地的农民发现。他经常去偏僻的农场，等着别人给他食物。有一个农民总是给他土豆，他就挑着土豆在火上烤，然后在滚烫的时候吃掉。吃饱之后，他会再次消失在山里，躲在最偏僻的地方。

实际上，农民们对待他就像对待偶尔来访的野兽或鸟一样。虽然他们认出他是一个人，但是觉得不应该去抓住他，也不应该给他穿衣服。他没有对村民们造成伤害，所以他们也没有理由去驯服他。在那个年代，人们更熟悉"弱智的乡巴佬会游荡在村子里"的说法，觉得这个男孩估计也是类似的情况。他很可能继续过这样的生活，但出于某种原因，他选择了北上到圣瑟宁。那里的人不太熟悉他的存在，因此他被抓住的可能性更大。当地官员花了几个星期的时间试图弄清最初在这个男孩身上发生了什么，但没有可靠的证据来解释他是如何被遗弃在森林里的。随后出现了许多牵强附会的故事，比如他是被狼养大的等，但都是纯粹的猜测。

为了进一步测试这是不是一个骗局，约瑟夫被要求参加了一系列相当粗糙的实验。例如，给他一面镜子，看看他会有什么反应。他看到了一个男孩的影像，但显然没有认出那就是他自己，而且他试图伸手去抓镜子里的土豆。

也有人怀疑他是否能在法国的那个地区度过严冬。虽然那里的夏天很热，但冬天很冷，许多夜晚的温度都在零度以下，而且经常下雪。此外，这个小男孩似乎很怕冷，因为他喜欢在火炉旁蜷成一团。为了测试他的耐寒性，测试者让男孩在一个寒冷的晚上赤身裸体，然后牵着他的手走到户外。男孩没有表现出任何的犹豫，甚至似乎很享受寒冷。研究得出的结论是，与猫或狗一样，男孩在很大程度上对寒冷无动于衷，但是如果可以选择的话，他更愿意在炉火旁取暖。

在巴黎的进一步研究

在当地待了五个月后，男孩并没有取得什么实质性的进步。负责照顾他的人很泄气，认为他更像一个动物而不是一个人。大家认为，最好的解决办法就是把他送到巴黎去接受进一步的培训。不幸的是，他在前往巴黎的途中染上了天花，这耽搁了他的行程，但最终，他于1800年8月6日抵达位于卢森堡公园的聋哑人研究所。他立即被移交给西卡德负责。前两周，西卡德忙于其他工作，约瑟夫几乎又一次被抛弃了。约瑟夫现在已经长得很胖了，喜欢被人挠痒痒，还经常发笑，虽然谁也不知道他到底在笑什么。然而，这些明显的进步迹象被那些不太好的行为冲淡了。约瑟夫仍然不使用卫生间，而是喜欢到户外，毫不客气地进行他的代谢活动。他几乎只对吃和睡感兴趣，几乎不关注周围的一切。他似乎完全"麻木"了，他会主动避开研究所里的其他孩子，但也从不伤害或讨厌其他人。

关于约瑟夫是否被允许在研究所自由活动，目前的报道是相互矛盾的。一些报告表明，他拥有近乎完全的人身自由，但从来没有试图逃跑（这对他来说肯定是可能的）；而另一些报告则称，他经常被人用链子绑住腰间，以防止他逃跑。无论是哪种情况，约瑟夫三个月来都似乎什么也没做。在这段时间里，他的情况恶化了。他又开始弄脏自己的床，开始自残，抓咬照顾他的人。他经常被好奇的人围观，他们设法贿赂管理员，以便看到这个"野孩子"。约瑟夫总是被这些围观者纠缠不休，可怜巴巴地在研究所的走廊和花园里徘徊。伟大的教育家西卡德似乎忽视了他的存在。约瑟夫从全国性的话题人物再次成为一个被遗忘和遗弃的孩子。据推测，西卡德认为约瑟夫无药可救，如果试图治疗他，有可能会毁掉自己的名声。研究所成立了一个委员会来系统地测量和确定约瑟夫的能力。委员会的结论和西卡德一样——约瑟夫是个"白痴"。在森林里的生活使他只剩下了动物的本能，对他什么都做不了。

如果这个孩子是在今天被发现的（就像第 10 章中的杰妮一样），那他将成为一系列心理测试的对象，心理学家会试图找出他有什么缺陷以及可能的原因。这可能是由于器质性原因，即大脑损伤等物理原因导致的缺陷，也可能是没有明显物理原因的功能性原因。功能性原因认为是环境因素导致了缺陷，而器质性原因则认为是先天缺陷。在许多方面，这些差异反映了杰妮案例中讨论的先天与后天之争。约瑟夫的问题是天生的，还是有限的教养造成的呢？鉴于这个案例缺乏可靠的信息，这个问题也不可能有明确的答案。然而，除了他脖子上的伤疤（表明他在野外严重抓伤了自己或者有人在遗弃他之前试图割断他的喉咙），不存在任何身体伤害的迹象。1967 年，布鲁诺·贝特尔海姆（Bruno Bettelheim）研究了这个案例，并得出结论，约瑟夫可能患有某种形式的孤独症，尽管无法确定他是生来就患有这种疾病（这导致了他被遗弃），还是在多年的社会隔离后患上的。然而，该领域的其他专家认为，无论这个孩子是孤独症还是智力障碍，都不太可能独自在森林中生存五六年。事实上，一个处于青春期前的男孩能够独自在森林中生存那么多年，说明他一定具有相当高的智力水平（当然，现在的人们已经认识到，孤独症患者也可以非常聪明）。

希望

1800 年秋天，研究所一位新医生的到来给约瑟夫停滞不前的生活带来了希望。他的名字是让－马克·加斯帕德·伊塔德（Jean-Marc Gaspard Itard）。伊塔德立刻对约瑟夫产生了兴趣，并开始密切关注他的行为。伊塔德显然在这个男孩身上看到了其他学者没有看到的潜力，并开始对他进行评估和培训。伊塔德在研究所申请了一间公寓，这使他能够与约瑟夫更密切地相处。伊塔德是一位年轻热情的医生，他对新思想和创新的治疗方法持开放态度。由于没有成家，他把自己的一生都奉献给了工作，并最终在去世时把财产留给了研究所的聋哑人"后代"。伊塔德成为约瑟夫非正式的养父，并在他身上投入了越来越多的时间。在某些方面，伊塔德是在挑战导师们的诊断。与西卡德相反，伊塔德认为约瑟夫还有希望。值得赞扬的是，西卡德愿意给这位年轻人一个推翻自己结论的机会。伊塔德认为，人是环境的产物，因此在适当的环境下，对约瑟夫进行再教育是可能的。如果能做到这一点，那么关于人类发展的"白板说"将获得支持。这一理论认为，婴儿出生时天生的能力很少，其发育几乎完全是环境影响的结果，属于传统的先天与后天之争的后天论。

伊塔德意识到他不可能时时刻刻照顾约瑟夫，他觉得约瑟夫还需要一位成年人的帮助，这个成年人也可以成为约瑟夫的代理父母。那时，盖琳太太和她丈夫一起住在研究所。她的丈夫在花园里工作，他们俩住在厨房附近的一套小公寓里，恰好就在约瑟夫房间的正下方。盖琳夫妇有40多岁，他们的孩子已经成年，也不与他们生活在一起了。盖琳太太是一位和蔼可亲、富有同情心的人，完全不害怕约瑟夫的奇怪行为。伊塔德请她做约瑟夫的代理母亲。盖琳太太把人生接下来的27年都奉献给了约瑟夫。约瑟夫的大部分时间都是和盖琳太太一起度过的。她供他吃穿，照顾他，带他离开研究所去旅行，照顾他的每一个特殊需要。鉴于这种亲密的关系，可以说约瑟夫行为上的任何改善都是伊塔德和盖琳太太共同努力的结果。

康复

伊塔德为约瑟夫设计了一个治疗方案，以提高他的身体能力（语言和思维）以及社交互动的能力。伊塔德和盖琳太太开始一起改善约瑟夫的生活。他们让他更自由地活动。约瑟夫喜欢到周围的田野里去散步，尤其是在天气不好的时候。他总是天一黑就上床睡觉。在月圆之夜，他常常站在卧室的窗口，一连几个小时凝视窗外的乡村。与许多所谓的"野孩子"一样，他也喜欢雪。一天早晨，他发现地上有雪，高兴地一边跑一边在雪地里打滚，笑得停不下来。

在研究所的最初几个月里，约瑟夫对食物以外的任何东西都不感兴趣；除了与食物有关的声音，他对任何声音都没有反应。尽管他的生活很悲惨，但他从来都没有哭过。伊塔德认为，就像小孩子能从玩水中受益一样，约瑟夫也应该每天都洗热水澡。这产生了立竿见影的效果——约瑟夫似乎很期待洗澡，喜欢往自己身上倒水的感觉。渐渐地，如果天气不够热，他就拒绝洗澡——他开始表现出讨厌寒冷。这产生了两个影响：首先，他不再在晚上尿床，并开始穿上暖和的衣服，以适应巴黎的隆冬；其次，他开始自己穿衣服了，并学会了用勺子从热锅里舀自己最喜欢的食物——煮熟的土豆。伊塔德认为，约瑟夫的嗅觉开始发展了。值得一提的是，他还看到了约瑟夫打喷嚏，他认为这是约瑟夫第一次打喷嚏。虽然伊塔德对此并不确定，但约瑟夫吃惊的反应也证明了这一点——他以前可能从未打过喷嚏！约瑟夫也开始挑剔食物了。多年来，他一直以一种可以想象得到的最肮脏的方式过着原始的生活。而现在，他拒绝吃任何他觉得有什么小毛病的食物。约瑟夫也开始感冒和生一些其他小病。伊塔德开玩笑说，文明进程开始发挥作用了。

伊塔德还着手开发约瑟夫的心智能力。就像200年后游戏疗法的先驱维吉尼亚·阿克斯林（Virginia Axline）及其对待迪布斯的方式一样（见第15章），伊塔德非常重视游戏在开发约瑟夫的智力方面所起的作用。然而，令伊塔德失望的是，约瑟夫对给他的许多玩具都不感兴趣，而且一有机会就会把玩具藏起来或毁掉。他喜欢的一个游戏是把东西盖在杯子底下，然后打乱杯子的位置，猜东西在哪个杯子里。起初，为了引起他的兴趣，伊塔德使用的道具是一个栗子，猜对了约瑟夫就能吃掉它。约瑟夫很快就变得非常擅长跟随这些动作。这再次表明，在约瑟夫身上隐藏着尚未开发的智力空间。

一次，伊塔德带着约瑟夫坐马车去乡下玩了两天。当约瑟夫再次来到森林和田野时，他表现得欣喜若狂。这与几个月前他们在巴黎旅行时，约瑟夫对风景的不感兴趣形成了鲜明对比。他从马车的一边跳到另一边，沉浸在飞驰而过的乡村景象中。伊塔德对约瑟夫这种重现的兴趣非常担心，因此采取了预防措施，防止他逃回野外。回到研究所后，伊塔德说约瑟夫表现出的问题比以往任何时候都多，并发誓再也不带他回乡下了。盖琳太太继续每天带他到隔壁天文台的花园里散步，约瑟夫又开始过着类似家庭生活的日常生活。盖琳太太说，他总体上是快乐的。

学习沟通

约瑟夫仍然不和任何人交流。尽管能听到声音，但除了偶尔对意外的噪音或奇怪的声音做出反应外，他对任何声音都不在意。除了一些呜咽声，他也没有发

第 12 章
亚维农野孩：维克多的故事

出过任何真正的声音，但他确实笑了。伊塔德知道约瑟夫能听见，因为他能很快找出声音是从哪里发出来的，然后跑去相反的方向躲起来。约瑟夫似乎对"O"的发音特别有反应。因此，伊塔德建议给约瑟夫改一个以这个音结尾的名字。从那以后，人们开始叫他维克多［法语里维克多（vitor）的重音在第二个音节］。从那以后，每当有人叫他的名字，他都知道是在叫他。

尽管维克多的听力有所改善，但他的口语能力并没有明显提高。经过各种实验，人们得出结论，他是能够说话的，喉咙上的伤口并没有影响他的声带。伊塔德花了好几个月的时间试图鼓励维克多开口说话，但结果令人沮丧。维克多主要喝的是水（法语里是"eau"）和牛奶（lait），所以每次给他水或牛奶时，他们都会反复念出对应的单词，希望他能把这些发音和喝的联系起来。经过数百次这样的尝试，维克多确实在倒牛奶的时候说出了"lait"一词，但不管伊塔德怎么努力，维克多都只在倒牛奶的时候才会说出这个词。伊塔德得出结论，维克多从来没有真正理解这个词的含义；他只是把倒牛奶的声音和牛奶联系在了一起。尽管伊塔德很失望，但维克多还是在口语方面取得了一些进步。他开始模仿盖琳太太常说的"哦，上帝"，至少能模仿到被人认出来的程度。伊塔德还指出，维克多此时的行为已经非常具有表现力，他几乎用不着说话。维克多表达自己的诉求很容易，比如指着外面表示他想去散步，拿出杯子表示他想要牛奶。如果客人使他感到厌烦，他就会拿起客人的手套和帽子，催促他们赶快离开。还有什么语言比这更清楚明了的呢？

尽管研究所里住了大约 100 名聋哑人，他们每天都用手语交流，但没有证据表明维克多在这种动作语言方面接受过任何训练。现代言语治疗师认为，维克多可能很容易对这样的教学做出反应。但伊塔德没有说明为什么没有选择这种方法，而是开发了另一种教学方法——将物体悬挂在代表它们的简笔画下，然后把画取下来，让维克多把它们放在正确的物体旁边。维克多很快就学会了要怎么做，即使物品杂乱地散落在房间里。维克多一定是发展出了比较和对比物体和图画的能力。下一步是用类似的方法让维克多学会分辨颜色和形状。伊塔德把不同形状的彩色剪纸贴在维克多的卧室周围。维克多又一次快速地把剪纸按形状和颜色分类。伊塔德继续推进，任务一天比一天难。但维克多并没有把这看成一个需要克服的

151

挑战，反而显得越来越沮丧。这几乎成了他们两人之间的意志之战。在伊塔德的强制推进下，维克多在被要求完成他显然认为超出自己能力范围的任务时，变得越来越沮丧。他通常的反应是勃然大怒，在房间里乱扔东西。终于有一天，维克多被任务激怒了，他开始咬壁炉，在房间里乱扔燃烧的煤块，最后癫痫发作，失去了知觉。尽管伊塔德停止了这些任务，但这导致维克多即使感到轻微的挫败也会出现更频繁的攻击行为。伊塔德非常担心维克多。他不知道维克多是不是在用癫痫发作来缓解沮丧。作为一种自我保护的形式，癫痫发作成为维克多的一种习惯。伊塔德决定采取极端措施。一天，当维克多刚开始出现癫痫症状，伊塔德就抓住他的臀部，把他头朝下往五楼的窗户外搠了下去。几秒钟后，伊塔德把维克多拉回了屋里，维克多站在那里浑身发抖，脸色苍白，出了一身冷汗。伊塔德让他把扔在房间里的作业捡起来，维克多躺在床上哭了起来。这是伊塔德第一次看见他哭。伊塔德的这种威胁产生了显著的效果，现在，"被驯服的"维克多又继续做任务了。他的反抗小了很多，也没有再大发脾气了。

在接下来的几个月里，伊塔德报告说，维克多学会了拼写简单的单词，并理解了单词是代表"物体"的。有时，他甚至会随身携带字母卡片，来向别人说明自己的需求。伊塔德对维克多表现出的进步感到很兴奋，他感叹道："教育就是一切。"他认为，有了爱、耐心和理解，并系统地使用奖励和惩罚，人类就能取得非凡的成就。心理学家可能会将伊塔德的一些方法与操作性条件反射技术进行比较，简单地说，即"通过一个人的行为的后果来学习"。但伊塔德采取的方法是同情的、人道的，他看到了维克多的个人需求。也许将他的个性化教学方法与我们现在所说的"特殊教育"进行比较更为合适。

维克多非常看重盖琳太太，当然也很在意伊塔德，只不过也许程度要轻一些。比如，当维克多知道他惹盖琳太太生气时，他哭了很长一段时间。伊塔德还说，在维克多上床睡觉前，他去看维克多时，维克多也会高兴地拥抱和亲吻他，表示欢迎，并邀请他坐在床上——伊塔德花了九个月的心血才做到这一点。伊塔德与维克多的关系取得了显著的进展，这甚至超出了维克多的智力水平。

其他能力的发展

伊塔德决定继续培养维克多的一些其他能力，包括听力、语言和味觉。伊塔德发明了一种方法，他蒙上维克多的眼睛，看看他是否能辨别不同的音乐声和单词。尽管维克多能够进行辨别，而且他的听力完好无损，但经过几个月的教学，维克多的进步微乎其微。这包括学习一些简单的表示愤怒或友谊的单音节单词。伊塔德很沮丧，不得不重新评估维克多的进步。维克多学会了在别人给他牛奶时拼出"lait"一词，这被"誉为"他最大的认知成就。然而，伊塔德注意到，他只在牛奶出现时才会说出这个词。他不能把"lait"一词跟牛奶分开，换句话说，他不会用这个词来表示他想要牛奶。伊塔德得出结论，没有这种分离词语和实物的能力，就不能说维克多拥有真正的语言能力。伊塔德还发现维克多不会模仿。他把两块黑板并排放在一起，试图让维克多模仿他的动作，但维克多做不到。这种模仿能力的缺失严重影响了他的学习能力。许多动物都具有模仿能力，而维克多却没有。

尽管伊塔德对这一发现感到很沮丧，但他并没有放弃对维克多的教导。他让维克多离开房间去拿他放在其他房间的东西。经过大量的训练，维克多可以做到去另一个房间一次取回四样卡片上的物品。这是认知能力发展的明显迹象。但后来，伊塔德让维克多去房间拿一本书，尽管房间里有很多书，维克多却无法将"书"这个词与任何一本书联系起来——他只能联系起最初见到的那本书。他不会概括卡片上的文字，只能对应特定的物体。伊塔德非常沮丧，甚至称维克多为"没用的东西"。维克多听不懂他在说什么，但一定察觉到了这句话的语气，于是闭上眼睛开始哭泣。伊塔德走过去，像父亲一样抱住维克多。他说，这种男人和男孩之间的身体接触推动了他们在接下来几个月的相处。最终，维克多学会了概括，明白一个词可以代表许多相似的物体。然而，他又表现出了过度概括，经常把"刷子"和"扫帚"、"菜刀"和"剃刀"弄混。尽管挫折不断，进展缓慢，但他确实一直在进步。

维克多开始学习越来越多的名词（如"房间""人"），并将它们与简单的形容词（如"大""小"）和动词（如"触摸""喝"）结合起来。维克多甚至能写出简单易读的单词。据伊塔德说，到1803年底，维克多已经能够以一种非常基本和粗糙的方式通过书写和阅读来交流。这时，维克多已经学会了模仿，所以伊塔德试图让他学会发音的口型，进而学会说话。伊塔德花了好几个月的时间尝试，但最终还是放弃了。他得出结论，维克多可能永远都学不会说话了。伊塔德不得不承认，再多的训练也无法弥补维克多早期的缺陷，这使得伊塔德怀疑环境影响（在这个案例中是五年的训练）能否克服先天或早期经历的影响。

文明还是野蛮

那么，维克多现在是一个文明社会中不会说话的孩子，还是一个多年前在圣瑟宁附近被发现的野孩子呢？维克多从未失去对大自然之美的热爱——在宁静的夏夜，看到一轮满月就会让他欣喜若狂；他也仍然特别享受每天的散步。这些可以用不同的方式来解释——这些反应是他内心"野性"的残余，还是作为文明进程的成果，他拥有了欣赏自然之美的能力？

维克多继续和盖琳夫妇生活在一起，他也愿意为这个家庭出一份力。他会做一些琐碎的家务，比如劈柴、摆桌子，让自己变得有用起来。一天，盖琳先生病倒了，几天后就去世了。他死的那天，维克多像往常一样，在餐桌上摆好了盖琳先生的碗筷。看到这些，盖琳太太哭了起来。维克多意识到自己的行为让盖琳太太流泪了，于是就把盖琳先生的餐具拿走了，以后再也没放过。这样的行为表明他的情绪正在成熟——他能够理解别人的感受，并产生共情。盖琳先生去世后不久，盖琳太太也病倒了，无法再照顾维克多。于是维克多逃离了研究所，后来在附近的一个村庄被当地警察发现。两周后，警察确认了他的身份，并把他送回了研究所。在与康复的盖琳太太团聚时，他表现得异常兴奋——据说就像儿子回到慈爱的母亲身边那样。

这件事发生后不久，伊塔德决定测试一下维克多的正义感。他狠了狠心，决定不公平地惩罚维克多，以检验他对是非的理解。有一天，维克多埋头写了好长时间的字，伊塔德突然擦掉他的字迹，并且抓起他，把他拽到一个衣柜前。维克多做错事时，伊塔德偶尔会把他关在那里作为惩罚。维克多立即进行了反抗，他狠狠地咬了伊塔德的手,甚至留下了咬痕。伊塔德从来没有见维克多这样反抗过,因为以前的惩罚都是合理的。尽管被咬得很疼,但伊塔德很高兴。这一合理的反击表明维克多能够理解并拥有正义感——他能够明辨是非。在伊塔德看来,这就是教化起作用的证据,也是维克多从男孩成长为男人的标志。维克多非常清楚自己的是非对错,甚至敢于挑战老师的权威。

当时,维克托大约17岁,伊塔德预计他的行为会出现明显的变化,毕竟十几岁的孩子都开始对与性有关的事情感兴趣。但维克多一直过着与世隔绝的生活,远离研究所的其他年轻人,也没有同龄人指导他的性行为。他也没有从伊塔德或盖琳太太那里得到过这方面的教育。维克多对于自己不断旺盛的性欲一无所知。他会抚摸女性,拥抱她们,有时还会把她们搂到自己的脖子上,这些行为让当事女性感到极其尴尬,这让维克多感到很困惑。事实上,他经常因为这种尴尬而情绪低落。为了缓解青春期的影响,伊塔德和盖琳太太给他安排了特殊的饮食、冷水浴和大量的锻炼,一段时间后,维克多似乎放弃了对异性的追求。

训练的结束

到了1805年,伊塔德已经训练和教育维克多五年了。可以想到,伊塔德和维克多都有些疲惫,他们都需要休息。1806年,盖琳太太被正式委托照管维克多,并且每年有150法郎的薪水。1810年,西卡德写了一篇关于维克多的报告,详细说明了他最初对维克多"纯白痴"的诊断是正确的,声称维克多几乎没有取得任何进步。这似乎对于伊塔德和维克多的努力和取得的成就很不公平,也加速了维克多离开研究所。1811年,研究所变成了一个全是男性的机构,管理者认为盖琳太太应该离开她的住所,在附近另找住处。他们还认为维克多是个"没救"的人,会对其他孩子产生不良影响。为了让他们搬家,他们又给了盖琳太太500法郎,于是盖琳太太和维克多一起搬到了菲伊兰蒂大街上的一所小房子,就在研究所的附近。这样做的一个目的是如果伊塔德愿意,就可以继续和维克多一起工作。然而,不知道为什么,这一切并没有发生,维克多再一次被遗忘了。

关于维克多和盖琳太太离开研究所后的生活,很少再有报道。我们只知道维克多继续和盖琳太太生活在一起，也没有惹出过什么麻烦或丑闻。据报道，有人通过他的跛足认出了他。我们不知道他的一生都做了什么，也不知道他是否能独立谋生。他不会说话，这确实是一个很大的障碍，但盖琳太太的薪水至少能够保证他们不至于身无分文。维克多死于1828年，时年40岁，即使在那个年代也不算老。我们甚至连他的死亡原因或埋葬地点也不知道。诗人维克多·雨果曾在离他家只有四户之隔的地方住了两年，但在他的任何作品中，都没有明确提到这个野孩子的存在，这表明维克多确实不跟别人来往。他继续住在巴黎的小巷子里，这也表明他并不怀念以前在山里的生活。

伊塔德继续在该研究所工作，并从他和维克多的工作中开发出了许多成功应用于聋哑人的教学技术。伊塔德事业有成，成为受人尊敬和公认的聋哑专家。在他职业生涯的末期，他开始与一位崭露头角的学者爱德华·塞金（Edouard Seguin）合作。伊塔德的方法给塞金留下了深刻的印象，后来塞金为智障人士开发了特殊教育项目。意大利精神病学家玛利亚·蒙台梭利（Maria Montessori）又反过来受到塞金的影响，创立了蒙台梭利学校。甚至在今天，这些学校在课堂上使用的剪纸的形状和字母，还都是伊塔德和维克多当时使用的那些。蒙台梭利和塞金都承认他们受到了伊塔德的启发（Lillard, 2011）。也有人批评伊塔德当时采用的方法（Kanner, 1967）。尽管并非故意，但伊塔德确实是把维克多置于一个远离同伴的孤立环境中。这使他无法进行潜在的、重要的同伴学习和社会互动。看来维克多注定要在某种受限的隔离中度过他的一生。还有人认为，伊塔德应该尝试教维克多手语。目前尚不清楚这样做是否会成功，但在随后发生的其他影响较小的案例中，当事人都成功学会了手语。

失败还是成功

那么，我们能从维克多的案例中得出什么结论呢？对维克多这样在野外长大的孩子的个案研究对先天与后天之争做出了重要贡献。但是，正如随后的其他个案研究所发现的那样，人们总是搞不清楚这些孩子的缺陷是天生的，还是由成长过程中的社会隔离造成的。对于维克多的案例，人们有不同的看法。有人认为维克多生来就是一个"白痴"（用西卡德的话说），他无法取得任何实质性的进步。

第 12 章
亚维农野孩：维克多的故事

这样的观点在很大程度上是站不住脚的。因为维克多确实在伊塔德的训练下取得了进步。而且要想在森林里独自生存下来而不被抓住，肯定需要一个机敏的脑子。

另一种可能是，维克多在被遗弃之前就有一些心理缺陷或遭受过虐待，多年的社会隔离也对他的身体和心理机能产生了影响。目前还不清楚这两种解释中的哪一种更正确。伊塔德相信后者，他花了将近五年的时间试图弥补隔离对维克多造成的影响。关于伊塔德是否成功仍然存在争议。因为我们无法想象（更不用说证明）在野外独自生活七年会对一个孩子产生什么影响。此外，由于没有对维克多初始能力水平的评估，因此也不可能测量他实际的进步。有证据表明，维克多可能并不是天生的"白痴"，而是可能有一些特殊需求，比如患有某种形式的孤独症。孤独症有很多不同的类型，但一般来说，它是一种发育障碍，会严重影响语言和非语言交流以及社会互动。这段社会隔离的生活无疑对维克多的身体、情感和社会性发展产生了深远的影响。儿童时期是学习许多技能的关键期，尤其是语言，但其中一些缺陷可以通过以后的强化训练加以弥补。维克多的故事是困境儿童中最著名的案例之一[①]（还有第 10 章中讨论的杰妮）。后来，人们还发现了其他生活在野外的儿童，男孩和女孩都有。例如，2004 年，人们在西伯利亚发现了一个由狗养大的孩子；1945 年，人们发现了一个和鸵鸟生活在一起的男孩。这些案例进一步证明了童年被剥夺和缺乏正常社交的影响。

许多这样的个案研究引发了关于何为"人类"的讨论。虽然我们所有人出生时都可以被归类为智人，但要真正具备我们所说的"人类"的所有特征，还需要做更多的事情。婴儿生来就具有很大的潜力，但还需要一个培养环境来学习成为"人"。由于早期隔离和虐待而被剥夺了这种权利的儿童，即使不是不可能，也极难在以后的发展阶段克服这种影响。维克多的故事就清楚地说明了这一点。

20 年后，伊塔德写了一篇关于"亚维农野孩"案例成功（或不成功）的后记（Itard, [1801, 1806] 1962）。他写道：

在这六年里，我的大部分时间都花在了这项艰巨的实验上。那个男孩并

[①] 1920 年，两个名叫阿玛拉和卡玛拉的女孩在印度被发现与狼生活在一起，这个案例可能同样著名。

没有从我的精心照顾中取得我所希望的进步。但我在此期间所进行的大量观察，以及教学程序……并没有完全浪费，后来，我把它们更成功地用于治疗那些失语症状没那么严重的孩子。

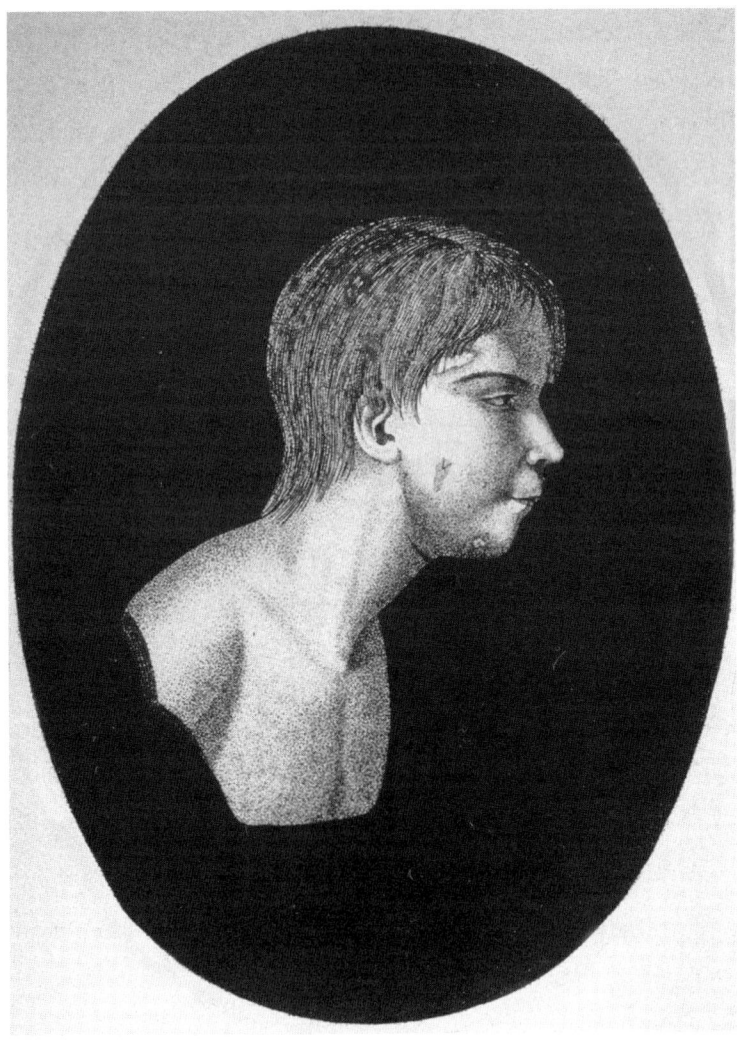

亚维农野孩雕像

来源：CCI Archives/Science Photo Library

第13章

两个小男孩：小阿尔伯特和小彼得的故事

在心理学的历史上，学者们对各自理论的优点争论不休，他们试图用这些理论来全面解释人类行为的各个方面。约翰·布鲁德斯·华生（John Broadus Watson）就是这样一位学者，他提出了一种科学的、客观的行为心理学，被称为"行为主义"（Watson, 1913）。华生认为，学习可以在不涉及任何内部心理过程的情况下进行。他拒绝内省法，而是把重点放在可观察的行为和有机体（人类和/或动物）如何通过适应环境来学习上。在经典的先天与后天之争中，他推崇后天论。俄罗斯生物学家伊万·巴甫洛夫（Ivan Pavlov）已经证明了条件反射对简单行为的影响，比如狗的唾液分泌反应。但华生认为更复杂的人类行为也可能容易受到条件反射的影响（Asratyan, 1953）。为了验证这一假设，他决定对一个11个月大的婴儿进行实验，尝试训练孩子的条件恐惧反应——一种由先前的中性刺激引起的恐惧反应。于是，一个心理学史上被引用次数最多的个案研究——小阿尔伯特实验开始了。

研究背景

约翰·华生最初研究的是（非人类）动物的学习，但到了1916年，他将注意力转向了人类婴儿。起初，他对使用条件反射作为测试婴儿感官的方法很感兴趣，于是开始研究有关人类恐惧的条件反射。他注意到他的孩子们对雷电的恐惧似乎是天生的（非习得的），于是他开始思考如何在实验室实验中制造并控制这种恐惧。一开始，他尝试抑制儿童对点燃的蜡烛的伸手反应，并为此进行了150多次实验（他认为，主要是为了防止儿童的手被严重烧伤），这并没有特别令人兴奋地证明条件反射的影响力。

虽然没有人确切地知道小阿尔伯特的实验是何时进行的，但似乎很清楚它发生在1919年圣诞节前后；华生与他的助手雷纳在1920年发表了他们的研究成果（Watson and Rayner, 1920）。华生认为，成年人所表现出来的复杂的人类情绪一定是学习的结果。小阿尔伯特的实验就证明了这一点。阿尔伯特本来是一个正常的孩子，发育良好，性格冷淡，被描述为"缺乏热情、比较迟钝"。华生和雷纳之所以选择他，是因为他随时都可以参加研究（他的母亲是当地哈里特巷残疾儿童之家的奶妈），而且小阿尔伯特性格坚强、情绪稳定，他们觉得他因这项研究而"受到的伤害相对较小"。这些描述性短语表明，他们一开始就意识到他可能会受到"一些"伤害。

在阿尔伯特九个月大的时候，他接受了一系列情绪测试。研究人员向他展示了小白鼠、兔子、狗、猴子、面具、棉絮和燃烧的报纸，以观察他的反应。他对这些刺激的反应被拍摄了下来，在任何情况下他都没有表现出恐惧。在测试过程中，人们注意到他很少哭闹。华生和雷纳需要测试他的恐惧反应，因此不得不设计一种程序来诱发他的恐惧。可能是借鉴了他自己的孩子对雷声的反应，华生开发的程序是这样的：一名研究人员在没有任何提醒的情况下，用锤子敲击一根悬挂在阿尔伯特身后的四英尺长的钢棒。这一程序取得了预期的效果。阿尔伯特立即对这种意料之外的令人不快的声音表现出了痛苦：他的呼吸变得不自然，双手向上挥动，嘴唇颤抖。到了第三次刺激时，"孩子突然大哭了起来"（Watson and Rayner, 1920, p. 2）。

需要考虑的问题

华生和雷纳在他们发表的期刊文章中指出，他们花了两个月的时间考虑在研究中采用何种程序。显然，他们也担心实验可能对阿尔伯特产生的影响。然而，他们认为，他们将要引起的许多恐惧反应在正常的"家庭混乱"中也可能会自然

第 13 章
两个小男孩：小阿尔伯特和小彼得的故事

发生。就这样，他们与仅 11 个月零 3 天大的阿尔伯特一起，开始了一系列开创性的实验。

他们准备测试的问题是：他们能否在呈现动物的同时，通过敲击钢棒来引发小阿尔伯特对动物的恐惧？这种条件性情绪反应会泛化到其他动物身上吗？这样的反应会持续多久？此外，如果这种反应没有立即消失，可以设计哪些方法来消除？

作为对第一个问题的测试，他们从篮子中拿出一只小白鼠给阿尔伯特。阿尔伯特一点都不害怕，伸出左手去抓小白鼠，就在他碰到小白鼠的时候，他们在他的脑后用锤子敲了一下钢棒。他猛地扑倒，把脸埋在了床垫里。过了一会儿，他再次伸手去抓小白鼠，敲击钢棒的程序也再一次启动。阿尔伯特向前一倒，开始呜咽起来。华生和雷纳（1920，p.4）指出，"为了不使孩子受到太严重的干扰，一周内没有再进行进一步的测试"。整整七天后，在没有声音干扰的情况下，他们再次拿出了小白鼠。但阿尔伯特并没有试图去抓小白鼠，于是他们就把老鼠挪近了一些。阿尔伯特立即缩回了手。很明显，阿尔伯特的行为仅在两次实验后就发生了变化，而且这种影响持续了一周。他们给阿尔伯特玩积木，以检查他是否被训练得害怕给他的任何物体，但他并没有表现出恐惧，而是像往常一样玩着积木。然后，这些积木被全部拿走，研究人员又对阿尔伯特进行了五次关于小白鼠和声音的呈现，每次他都表现出不同程度的痛苦。在这些呈现过后，当在没有声音干扰的情况下把小白鼠拿给阿尔伯特时，他大叫一声，然后猛地转过身，飞快地爬走了。实际上，他快到直接从坐的桌子边掉了下去，研究人员都没来得及抓住他！正如华生和雷纳（1920，p.5）所描述的那样，这是"一个完美的、令人信服的、在理论上可以想象到的条件反射的案例"。这只需要在七天里进行七次联合呈现（小白鼠和声音）。他们已经找到了第一个问题的答案：通过在呈现动物时伴随一种令人不快的、意想不到的和无法解释的声音，就可以使人对动物产生恐惧。

很显然，阿尔伯特习得了一种条件性（或习得性）情绪（恐惧）反应。在条件反射实验之前，他并不害怕小白鼠，这表明小白鼠是一种中性刺激。敲击钢棒是一种无条件刺激（unconditioned stimulus，US），因为它会自然地引起阿尔伯特的恐惧反应（无条件反应，unconditioned response，UR）。随着小白鼠和令人不快的声音同时反复出现，单独看到小白鼠就变成了条件刺激（conditioned stimulus，CS），并在阿尔伯特身上引起了习得性恐惧反应（条件反应，conditioned response，CR）。图 13–1 总结了这一经典条件反射过程。①

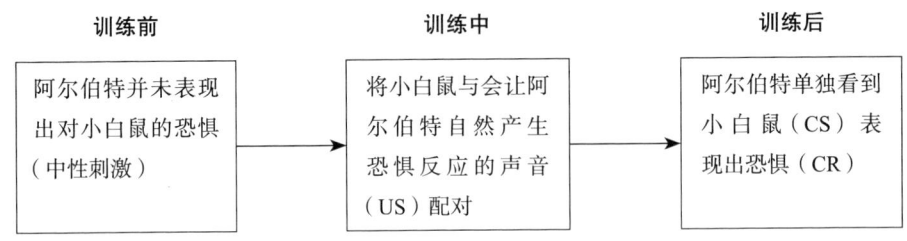

图 13–1　小阿尔伯特的经典条件反射

五天后，小阿尔伯特又回到了实验室。他愉快地玩着积木，这表明恐惧并没有泛化到其他物体如房间、桌子或积木上。当小白鼠出现时，他表现出了条件性恐惧反应。为了测试这种反应有没有泛化到其他动物身上，研究人员又拿出了一只兔子。阿尔伯特立即做出反应，他尽可能地往后靠，并开始呜咽和哭泣。当把兔子放到他身边时，他像从前躲避小白鼠那样爬走了。一段时间后，他得到了积木玩，然后，研究人员又拿来了一只小狗。据描述，阿尔伯特对小狗的反应没有对兔子那么强烈，但还是哭了起来。后续还测试了其他物体，包括海豹皮制成的毛皮大衣（阿尔伯特的反应是"哭泣和爬走"）；棉絮（阿尔伯特表现出的惊吓和恐惧明显减少）；圣诞老人面具（阿尔伯特产生了厌恶反应）；一名研究人员低下了头，以测试阿尔伯特是否会对他的头发表现出恐惧（阿尔伯特对头发的反应不那么强烈）。华生和雷纳已经找到了第二个问题的答案：条件性恐惧反应确实转移或泛化到了其他动物身上，也泛化到了一些看起来相似的物体上。

五天之后，小阿尔伯特再次回到了那个小小的实验室，被放在桌子上的床垫上。华生和雷纳决定强化他对狗和兔子的恐惧反应，因此将这些动物的呈现与钢

---

① 行为主义心理学家中最著名的 B.F. 斯金纳（B.F. Skinner）将这种类型的学习称为"应答性条件反射"，因为在这种类型的学习中，一个人是在对环境前因做出反应。

第13章
两个小男孩：小阿尔伯特和小彼得的故事

棒的敲击联合了起来。然后，阿尔伯特被带到另一个有自然光的更大的房间。他们想测试一下，在不同的实验环境下，阿尔伯特的反应是否会相同。他们分别向阿尔伯特单独呈现了小白鼠、兔子和狗。每次呈现时，他们都报告说他产生了轻微的恐惧反应，但正如他们所描述的那样，反应似乎没有在原始实验环境中那样明显。实验者随后决定通过将小白鼠与声音配对来"刷新"阿尔伯特对小白鼠的反应。在这个新的环境中，当小白鼠和声音配对出现后，阿尔伯特对单独出现的小白鼠和兔子都表现出了恐惧反应。在呈现狗时，阿尔伯特最初并没有表现出如此明显的恐惧反应，但是当狗离阿尔伯特的脸只有六英寸时，这只以前从不叫的狗非常大声地叫了三声。华生和雷纳注意到，这导致阿尔伯特（立即号啕大哭）和所有在场的实验者都产生了明显的恐惧反应！华生和雷纳得出结论，情绪泛化确实发生了，而且不依赖于实验环境。接下来，他们开始测试这种反应可能持续多久。

华生和雷纳表示，他们知道阿尔伯特将在一个月后离开医院，因此，这是他们测试反应持续时间的最长期限。在这一个月里，阿尔伯特没有参加进一步的条件反射试验，尽管他每周都要接受发育测试，例如与利手有关的测试（测试是左利手还是右利手）。在阿尔伯特一岁生日后的21天左右，研究人员重新测试了他对先前的条件性刺激的情绪反应。当展示圣诞老人面具时，他缩回了手；当被迫触摸它时，他呜咽着哭了起来。在展示海豹毛皮大衣时，他立即缩回了手，也开始呜咽；当大衣靠近他时，他试图把大衣踢开。接下来，研究人员给了他积木，他再次高兴地玩了起来，这反映了他辨别或区分刺激的能力。随后，当小白鼠向他爬去时，阿尔伯特一动不动，并没有表现出闪躲。但当小白鼠碰到他的手时，他立即缩回了手。华生和雷纳随后将小白鼠放在了他的手臂上，阿尔伯特开始焦虑不安；他们让小白鼠爬过他的胸膛，他用双手捂住了眼睛。对于兔子，阿尔伯特一开始的反应是沉默，但几秒钟后，他开始试图用脚推开它。然而当兔子靠近时，他伸手去摸了摸兔子的耳朵，但当兔子被放在他的腿上时，他哭了起来，并一度像往常一样通过吮吸拇指来寻求安慰。当看到狗时，阿尔伯特也哭了起来，并用手捂住了脸。华生和雷纳（1920）得出结论，这些实验"似乎最终表明，直接条件性情绪反应以及经泛化的条件性情绪反应都会持续下去，尽管反应强度会有一定减弱，但会持续一个多月"（p.6）。

华生和雷纳还计划测试能否消除阿尔伯特的条件性情绪反应，但已经不可能了，据他们报告，阿尔伯特在测试的前一天被带离了医院。他们得出结论，不出意外的话，他们在阿尔伯特身上"设定"的情绪反应将无限期地持续下去。然而，华生和雷纳概述了他们将如何消除阿尔伯特的条件反应。他们认为，不断地展示条件刺激（如小白鼠），而不呈现无条件刺激（声音），通过反复实验，阿尔伯特将习惯于条件刺激。或者，尝试建立一种新的条件反射，比如，将愉快的体验与诱发恐惧的刺激物配对。这可能包括在小白鼠出现时给阿尔伯特吃糖，或者"同时刺激性欲区（通过触摸）……首先是嘴唇，然后是乳头，最后是性器官"（Watson and Rayner, 1920, p. 13）。

在他们1920年的原始报告中，华生和雷纳对这项研究进行了进一步的观察。他们讨论了这样一个事实：当阿尔伯特情绪不佳时，他经常会将吮吸拇指作为安慰。他们注意到，在吮吸拇指时，阿尔伯特就会对引发恐惧的刺激毫无反应。为了防止这种情况，研究人员不得不不断地把他的拇指从嘴里拉出来。

小阿尔伯特实验的教训

那么，我们能从这个实验中得出什么结论呢？华生和雷纳是否通过经典条件反射成功证明了恐惧症（对某一物体或某类物体的夸张的、不合逻辑的恐惧）的形成？它应该作为一个经典的、开创性的关于经典条件反射对行为影响的研究被引用吗？这其中是否存在不可忽视的被试对待方面的伦理问题，以及方法论上的批评？

小阿尔伯特研究的一个问题是，有太多的矛盾和谬见是从这项研究演变而来的。事实上，有人声称：

> 关于小阿尔伯特研究的信息，大多数都是捏造的和对事实的歪曲。从关于阿尔伯特本人的信息到基本的实验方法和结果，在对这个社会科学的民间传说的讲述和复述中，原始研究的所有细节都被误传了。
>
> （Harris, 1979, p. 151）

## 第 13 章
两个小男孩：小阿尔伯特和小彼得的故事

事实证明，对于 1920 年那篇原始文献中的细节，很多教科书在引用时都犯了严重的错误。这可以归因于许多因素。最有可能的混乱来源——或许也是最令人惊讶的——是华生自己。华生在随后的几年写了许多文章，详细描述了阿尔伯特的个案研究，而且似乎经常（错误地）报告与原文不一致的各种重要细节（Watson and Watson，1921）。例如，华生后来没有提到他们知道阿尔伯特将离开医院，也没有提到他们知道消除阿尔伯特的恐惧反应将因此变得不可能。华生是否故意省略了这个重要的细节，以便这种疏忽显得不那么无情？

教科书上的错误包括建立条件反射使用的不同刺激，例如男人的胡须、猫和泰迪熊。许多教材还改变了结尾，声称华生和雷纳确实消除了阿尔伯特的恐惧反应（或建立了新的条件反射）。出现这些错误的原因可能是，人们希望讲述一些符合道德规范的故事，以及希望证据与对生物体行为的日常解释相吻合——本质上是为了使这些发现更容易令人信服。人们还认为，这样的"艺术加工"有助于从更有利的角度描述这项研究与华生在其中的作用。对这项研究的任何批评都会被视为对行为主义及其最主要和最有影响力的代表人物的批评。

那么，这些错误只是笔误，还是要更严重呢？如果我们仔细观察，还能够对 1920 年的原始研究提出一些严肃的方法论批评。华生和雷纳为了获得恐惧反应，在不同场合把阿尔伯特的拇指从他的嘴里拿出来，迫使阿尔伯特偶尔触摸一些（但不是所有）刺激物，并定期"刷新（恐惧）反应"，这些都表明实验程序没有标准化。由于缺乏这些行为的相关细节，人们对所使用的实验技术的精确性产生了怀疑。这些都是对该研究的严肃批评，鉴于华生强调客观、科学的方法，这些批评显得尤为讽刺。这项研究的另一个问题是，后来的研究人员无法复制阿尔伯特研究。可重复性毫无疑问是科学的先决条件，也进一步表明"（条件反射）过程并不像阿尔伯特的故事所展示的那么简单"（Hilgard and Maquis，1940，p. 293）。为什么华生没有在其他婴儿身上复制对阿尔伯特的研究呢？事实上，华生在早期职业生涯中一直在做动物实验，他以前从来没有依赖过任何单一被试。许多书上认为，华生之所以没有这么做，是因为他在最初的研究结束后不久就辞去了在约翰霍普金斯大学的职务。同样，这个故事可能反映了人们希望使叙述更可信的愿望，因为事实上，他一直在那里工作到 1920 年 9 月，也就是阿尔伯特研究报告发表后的六个多月。此外，华生在接下来的许多年里继续积极参与行为研究项目，他肯定有机会指导对这项研究的直接复制。

对于在阿尔伯特身上究竟诱发了多少恐惧反应，也存在一些疑问（Harris，1979）。据说，阿尔伯特并没有患上对小白鼠的恐惧症，甚至也没有对小白鼠或任何其他动物产生持续或明显的恐惧。即使是在最初的论文中，在10天内对阿尔伯特进行了8次条件反射试验后，他对小白鼠的反应也被描述为，"虽然他确实试图爬走，但没有哭，奇怪的是，当他离开时，他开始咯咯地笑，喃喃自语"（Watson and Rayner, 1920, p. 8）。更多的描述还包括"恐惧反应轻微……允许小白鼠向他爬去而没有退缩……""试探性地伸出右手，摸了摸兔子的耳朵，最后还跟它玩耍"（p.12）。所有这些反应似乎都与人们通常认为的明显的恐惧和恐惧症强度不相符。有多少害怕蜘蛛的人愿意伸手去摸蜘蛛呢？

鉴于所有这些不一致之处，这项研究"不可能在其'确凿的科学证据'基础上被奉为研究人类条件反射的范式"（Samuelson, 1980, p. 621）。甚至连华生自己也把这项研究描述为：

> 在这样一个不完善的条件下，不可能得出经验证的结论；因此，这个总结，就像许多其他心理学工作一样，只能被看作对各种可能性的初步阐述，而不是具体可用的结果目录。
>
> （Watson and Watson, 1921, p. 494）

这段话与前面的引文形成了鲜明的对比，华生和雷纳（1920, p.5）将小阿尔伯特研究描述为"一个完美的、令人信服的、在理论上可以想象到的条件反射的案例"。那么，我们应该相信同一作者哪个版本的说法呢？为什么这项研究会如此"经典"？

学术争论

在他们发表的期刊论文的结尾，华生和雷纳嘲讽了那些有朝一日可能发现自己在治疗阿尔伯特的恐惧症的弗洛伊德理论的分析师。他们说：

20年后，弗洛伊德理论的分析师，除非他们的假设发生改变，否则当他们分析阿尔伯特对海豹皮毛的恐惧时——假设他在那个年龄段被分析——可能会从他口中套出一个梦。经他们分析，这个梦表明，阿尔伯特在三岁时试图玩弄母亲的阴毛，并因此受到了严厉的责骂（我们绝不否认在其他一些个案中的确可能是这样的）。如果分析师已经做好充分准备让阿尔伯特接受这样一个梦作为他逃避倾向的解释，如果这位分析师很有权威和名气，那么阿尔伯特很可能会完全相信，这个梦揭示了他恐惧的真正原因。

（Watson and Rayner, 1920, p. 7）

这一段话表明了两件事。首先，它证实了华生和雷纳认为阿尔伯特的恐惧症可能会持续到成年；其次，它表明他们对这种状况相当冷漠和轻描淡写的态度。不管人们对弗洛伊德理论的解释持何种看法，华生和雷纳居然会拿小阿尔伯特的不幸——完全是由他们自己造成的——来取笑弗洛伊德理论的分析师关于恐惧症习得的观点，这太令人难以置信了！

伦理问题

在如今的伦理准则下，华生和雷纳的研究绝不会被允许进行。有些人可能会说，把当前的伦理标准强加给一项80多年前的研究是不公平的。的确，华生和雷纳所使用的伦理技术在当时似乎并没有引起公开的批评（Gross, 2003），这本身就是一个有趣的话题。在1920年，心理学家还没有一套可遵循的成文的道德准则。毫无疑问，在华生和雷纳的实验中，当今的一个关键伦理准则——保护被试免受心理和身体伤害，至少被打破了。阿尔伯特显然遭受了巨大的痛苦，而且这种痛苦可能在研究结束后仍在持续。华生和雷纳写道，很不幸，阿尔伯特在他们有机会对他进行重建条件反射之前被从医院带走了。他们后来的文章暗示，他们对他的离开感到吃惊，但仔细阅读原始报告就会发现，他们一个月前就知道他将离开。不管怎样，在之后找到阿尔伯特并对他重建条件反射能有多难呢？对于将阿尔伯特遭受的永久性伤害降到最低，他们都做了哪些努力呢？这些问题仍未得到解答。华生和雷纳讨论了造成伤害的可能性，但还是决定继续实验，因为他们觉得实验计划中的许多情绪性条件反射在阿尔伯特的日常生活中也可能发生，比如在"家庭的粗暴和混乱"中。这种想法消除了华生和雷纳良心上的不安，但至于阿尔伯特在实际生活中究竟会产生多少负性情绪性条件反应，无疑是值得怀疑的。许多人可能会遇到兔子，但通常脑后不会同时响起意想不到的不愉快的声音。事实上，大多数孩子在最初遇到兔子和狗时都是非常高兴的。这些积极的联系使许多孩子从小就想拥有自己的宠物。虽然少数儿童会在环境的影响下自然地患上恐惧症，例如对狗的恐惧症，但这并不能成为故意诱发恐惧症的理由。

也许对于阿尔伯特来说，没有被华生和雷纳进行重建条件反射是幸运的，因为他们所建议的技术是极端可疑的。据报道，他们计划通过将小白鼠（现在是条件刺激）与糖果等愉快的刺激物配对来对他重建条件反射，以扭转不愉快的噪音联想。他们也表示，还会使用其他方法，包括对嘴唇的触觉刺激，然后是乳头，最后是性器官——真要这么做了，这些可没那么容易被报道出来。这些令人发指的方法如今肯定会被视为一种儿童性虐待。

进一步的研究：小彼得

事实上，华生确实对涉及幼儿及其恐惧和恐惧症的进一步研究进行了指导和建议。这些实验虽然是由华生指导的，但实际上是由玛丽·琼斯（Mary Jones，1924a）实施的。她的目的是系统地研究消除儿童恐惧的最佳方法。参加研究的儿童（3个月至7岁）来自当地一家福利院，他们已经对某些情况产生了恐惧，如黑暗，突然出现的老鼠、兔子、青蛙等。琼斯尝试了许多不同的消除方法，包括最后的直接条件反射。

直接条件反射案例中的孩子被命名为"彼得"（Jones，1924b）。小彼得的案例被广泛认为是小阿尔伯特个案研究的续篇，它给了华生和琼斯机会来测试重建条件反射的原则，这是他们在阿尔伯特身上没能实现的。彼得当时2岁零10个月大，非常害怕很多东西，比如老鼠、兔子、毛皮大衣和棉絮。最初，他们试图使用"榜样"技术来减轻他的恐惧，即让他观察那些与小白兔（他害怕的物品之一）快乐玩耍的孩子，并与他们互动。兔子每天都被挪得离彼得近一点，这种循序渐进的方法似乎产生了积极的效果,最后,彼得可以做到抚摸兔子的背。不幸的是,彼得后来感染了猩红热,在随后的两个月里,他被一只大狗吓到了。他们报告说,这一事件意味着他对各种动物,包括兔子的恐惧再次出现。于是他们发明了一种新的技术,这包括将食物(无条件的愉快刺激)与兔子(条件刺激)同时呈现。当给彼得他最喜欢的食物时,兔子也慢慢靠近。就这样,彼得对兔子的容忍度越来越高——大概是将其与他喜欢的食物联系了起来——并且能够毫无恐惧地触摸它。当他的恐惧感自然恢复①时,他们使用了类似的对抗性条件反射的方法——在他玩耍的同时,让兔子逐渐靠近他。经过一系列的训练,最终,彼得能够与兔子愉快地玩耍。这被认为是行为疗法的第一个案例,为约瑟夫·沃尔普(Joseph Wolpe)后来的系统脱敏工作奠定了基础(Wolpe, 1958)。虽然人们普遍认为沃尔普是发明这一技术的人,但他表示自己很感谢玛丽·琼斯。由于小彼得研究和后续的一些研究,玛丽·琼斯获得了"行为疗法之母"的非正式头衔。

小阿尔伯特和华生发生了什么

2009年10月,三位研究人员试图利用最初研究时哈里特巷残疾儿童之家雇用的奶妈的医院记录来追踪小阿尔伯特的身份和命运(Beck et al., 2009)。他们得出结论,这个男孩可能是道格拉斯·梅利特(Douglas Merritte),他在六岁的时候就夭折了。我们不知道他的恐惧是一生存在,还是随着时间的推移或习惯化或通过某种形式的对抗性条件反射而消失。与之相反,我们更确定在华生身上发生了什么。在小阿尔伯特研究进行期间,华生与他的搭档罗莎莉·雷纳发生了婚外情。当这一丑闻被公众知晓后,他被迫辞去了学术职务,而当时他的观点正被更广泛的科学界所接受。在20世纪20年代,也许没有一套伦理准则来保护像阿尔伯特这样的研究被试,但学术界对学者个人却有着严格的道德标准,学者们应该遵守。令人失望至极的是,华生将他心理学和人类行为方面的知识应用在了更加有利可图的广告领域。他率先在广告活动中使用了经典条件反射技术。华生深信,成功

---

① 消退了的条件反应,即使不再给予强化训练,也可能重新被激发,再次出现,这被称为自然恢复作用。——译者注

的广告并不完全取决于产品的质量,而是取决于消费者对产品的情感反应。为此,他劝告广告商"告诉受众一些能让他们感到恐惧的事情,一些能激起轻微愤怒的事情,一些能唤起亲情或爱情反应的事情,或者一些击中其深层心理需求或习惯性需求的事情"(Buckley, 1982, p. 212)。

如今,经典条件反射已被广泛应用于广告中,这在很大程度上要归功于华生。其理念是确保广告(无条件刺激)在受众中引起积极的反应(无条件反应),这样被宣传的产品就成了条件刺激。当人们下次购物时,他们就会把对广告的积极情感与产品联系起来——这种对产品的积极情感就是一种条件反射。广告商们希望这能够促使人们购买该产品,以延长反应持续的时间。

利用这些技术,华生帮助麦斯威尔咖啡、旁氏冷霜、强生婴儿爽身粉、奥德诺除臭剂(最早的除臭剂之一)和 Pebeco 牙膏等产品设计了广告方案。在强生婴儿爽身粉的广告中,他利用了年轻母亲对照顾孩子的恐惧心理。在 Pebeco 牙膏的营销活动中,他将该品牌与性暗示联系起来——一位穿着性感的年轻女子正在抽烟,配的文案是:"只要你每天用两次 Pebeco 牙膏,你就可以在抽烟的同时保持可爱。"在这里,美女是无条件刺激,牙膏是条件刺激。据称,华生就是那个最早拿性当卖点的人。

华生也非常重视实证营销研究,强调通过科学研究了解消费者的重要性(Schultz and Schultz, 2011)。华生将销售过程视为广告的实验室,他经常将消费者和实验被试进行比较。就像操纵阿尔伯特的行为一样,华生相信,通过适当的强化手段,广告商可以操纵消费者的购买行为。为此,华生开发了营销研究技术,并且是最早研究品牌忠诚度概念的人之一——这是一个至今仍为广告商所研究的课题。

华生在广告业的成功使他在 1924 年成为智威汤逊广告公司的副总裁,这是世界上最大的广告公司之一。然而他的个人生活却不那么成功。在与第一任妻子离婚后,他很快与他的一生挚爱罗莎莉结婚了,并且生了两个孩子,但不幸的是,罗莎莉后来死于痢疾引起的并发症,年仅 35 岁。华生于 1945 年从广告业退休,并在 1958 年去世前不久,烧毁了所有未发表的作品。

华生最令人难忘（也是被引用最多）的一句话表明了环境对行为的影响：

> 给我一打健康的婴儿，并在我自己设定的特殊环境中养育他们，那么我愿意担保，可以随便选择其中一个婴儿，把他训练成为我所选定的任何一种专家——医生、律师、商界领袖，是的，甚至是乞丐和小偷，不管他的才能、嗜好、倾向、能力、天资和他祖先的种族如何。
>
> （Watson，1924，p. 82）

但这段话后面的一句话却很少被引用。他补充说："我承认这超出了事实，但是那些持相反观点的人也是如此，几千年来一直是这样"（Watson，1924，p. 82）。

从阿尔伯特研究中可以得到的一个教训是，（有问题的）实验证据可能会在不经意间被误解和重新评估。这些二手迷思被当作事实，又反过来帮助这些研究被冠以"经典"的称号。毫无疑问，小阿尔伯特个案研究仍然是心理学上的"经典"，但问题是，仅凭其实验结果，它是否配得上这样的地位。也许答案是否定的。也许它的经典地位（无论是否应得）是基于它对当时思想的影响，这种影响一直持续到了今天。

直到2009年，由霍尔·贝克（Hall Beck）和沙曼·莱文森（Sharman Levinson）带领的一组美国研究人员报告说，他们追踪到了小阿尔伯特是谁（Beck et al., 2009）。他们认为他就是道格拉斯·梅利特，他于1925年死于脑膜炎并发症，年仅六岁。他的许多档案文件都与小阿尔伯特的情况相符。利用这些证据，后来的研究人员（Fridlund et al., 2012）对华生的原始说法提出了质疑。加州大学的心理学教授艾伦·弗里德隆德（Alan Fridlund）进行了进一步调查，并声称存在一些无法解释的矛盾。在审查原始的视频录像时，他开始怀疑，阿尔伯特对原始刺激的"惊人的无反应"可能意味着这个婴儿存在神经系统问题。其他专家审查了录像带并同意这一诊断。医院的记录也表明，早在道格拉斯·梅利特六周大时就有关于他病情的医疗记录。那么，华生是不是谎称阿尔伯特是一个健康、强壮的孩子？拉斯·鲍威尔（Russ Powell）、南希·迪格顿（Nancy Digdon）和本·哈里斯（Ben Harris）在2014年发表的研究强有力地否定了这一点（Digdon et al., 2014）。

他们认为，小阿尔伯特不是梅利特，而是第二天在同一家医院出生的另一个孩子，他叫威廉·巴格（William Barger），但被叫作"阿尔伯特"。所有的证据似乎都是确凿的，阿尔伯特·巴格最有可能是华生的"阿尔伯特"。那么，威廉·巴格后来发生了什么呢？调查组发现，巴格于2007年去世，享年87岁。他们去采访了他的侄女珀尔·巴格（Pearl Barger），她说，她的叔叔是一个非常友好、随和的人，过着平静而平凡的生活——只是一生都不喜欢狗！没有人能够确定他对狗的焦虑是否始于多年前华生的实验室，但几乎可以肯定地说，阿尔伯特·巴格的一生并不平凡。

第14章

吉姆双生子：分开抚养但一模一样

1977年，39岁的俄亥俄州人吉姆·刘易斯（Jim Lewis）有一天下班回家，发现他的答录机上有一条信息。上面写着"请致电吉姆·施普林格（Jim Springer）"。事实证明，虽然他之前从未与吉姆·施普林格说过话，但他知道他的一切，因为他们是同卵双生子兄弟。这对双生子在出生三周后被不同的家庭收养，此后从未见过面。1979年，他们重逢了，两兄弟之间惊人的相似性使得心理学家试图解开"先天与后天之争"这一关键问题的谜团。所谓的"吉姆双生子"案例也成为心理学中报道最多的个案研究之一。

吉姆·刘易斯住在美国俄亥俄州的利马市，吉姆·施普林格住在俄亥俄州的皮克市。两人都是在1943年出生后不久被收养的。两人的养父母都给他们取名为"詹姆斯"，但两人都更喜欢被称为"吉姆"。两人都养了一只宠物狗，都叫作"托伊"。上学时，他们都喜欢数学和木工。两人后来的妻子都叫"琳达"。离婚后，两人又再娶了名叫"贝蒂"的女子。两个人都有一个儿子，都叫"詹姆斯·艾伦"。两人的工作类似——一个是保安，另一个是兼职副警长。两人都开雪佛兰汽车；两人都是烟鬼，抽的也是同一品牌的香烟。直到1979年2月9日重逢之前，两人从未见过面（出生时除外）。事实证明，他们是同卵双生子。虽然他们的养母都知道他们有一个双生子兄弟，但吉姆·施普林格的母亲却认为那个孩子在分娩时已经死亡。然而，吉姆·刘易斯的母亲却曾经告诉过他另一个孩子的存在，这促使39岁的吉姆·刘易斯开始寻找他失散已久的孪生兄弟。他们重聚时还发现了其他惊人的相似之处。例如，他们都喜欢咬指甲，他们甚至还在佛罗里达同一海滩的同一栋公寓里度过假。不出所料的是，他们的外表也很相似，都高1.82米，重81.6千克。你可以说他们的生活和行为就像他们的DNA一样相似。

早在20世纪80年代初，密歇根大学的托马斯·鲍查德（Thomas Bouchard）教授就开始对出生时就被分开并在不同家庭中长大的双生子进行研究（Tellegen et al., 1988）。人们希望像吉姆双生子这样的案例（以及其他类似的案例）能够帮助厘清先天和后天的影响，换句话说，厘清关于遗传因素与环境因素影响的争论。鲍查德发现，吉姆双生子之间非常相似。在一系列人格因素（如容忍度、顺从性和灵活性）的测试中，这对双生子的分数非常接近，甚至像是同一个人重复进行了两次测试。他们的脑电波测试和智力测试结果、心智能力、手势、语调、好恶也非常相似。两人还有相似的病史：高血压、他们认为是心脏病发作的经历、输精管切除术；两人在青少年时期都患有偏头痛，并使用了相同的词来描述他们的头痛。他们是如此相似，以至于有些人认为他们之间肯定有某种心灵感应。

双生子研究

双生子研究是心理学中一个重要的研究方法。长期以来，对同卵双生子和异卵双生子的研究一直被用来弄清楚基因和环境对特定性状的影响。如果某种性状在同卵双生子中比在异卵双生子中更常见，就表明遗传因素是部分原因。双生子研究可能是人类最好的自然实验，通过研究双生子，研究人员可以以一种可控的方式了解先天与后天的作用。

双生子研究是针对同卵双生子（由一个受精卵发育而来）和异卵双生子（由两个受精卵发育而来）进行的。双生子研究在行为遗传学方面特别有用，对于确定严重的心理健康问题（如精神分裂症和抑郁症）的促成因素往往至关重要。同卵双生子的基因100%相同，这意味着他们之间的任何差异，比如身高、对无聊的敏感性、智力或心理健康问题方面，都是由于一个人有而另一个人没有的后天经验。异卵双生子只有大约50%的基因相同（和其他兄弟姐妹之间一样）。当然，鉴于双生子出生在同一个家庭，他们的环境也可能有很多相同之处——这些因素可能包括相同的子宫环境、养育方式、教育、财富、文化、朋友等等。双生子研究的经典设计方法是比较同卵双生子和异卵双生子。如果同卵双生子之间比异卵双生子更相似,那不管他们的成长环境如何,都表明基因在这些特征中起着最重要的作用。当然,分开抚养的同卵双生子还能让研究人员厘清基因和环境的影响,因为他们拥有相同的基因,但家庭环境不同。但这一点是有争议的,对双生子研究所依据的方法学假设也受到了严重的批评。例如,一些批评人士推测,双生子所处的不同环境往往没有得到充分的研究,被收养的双生子可能不是一个准确的样本,因为他们被收养的环境可能影响了他们的行为。为什么他们一开始没有被同一个家庭收养?事实上,分开抚养的双生子可能比在同一个家庭中长大的双生子拥有更相似的环境,因为在同一个家庭中长大的双生子的父母可能会试图强调他们之间的个体差异。鲍查德的结论是,他的研究结果表明,家庭内部和家庭之间的细微差异在决定兴趣、能力和性格方面并没有人们想象的那么重要。

明尼苏达大学的这项研究可能是从吉姆双生子开始的,但他们总共研究了137对分开抚养的双生子。他们发现,其中一些双生子佩戴首饰的习惯、孩子的名字、害怕的东西、言语缺陷和性别认同都很相似。鲍查德得出结论,许多特质,如领导力、想象力、压力应激易感性和疏离感,在很大程度上都是遗传得来的。然而,其他特征,如攻击性、成就和社会凝聚力是在家庭中培养的。他们发现,在性格、兴趣和态度方面,分开抚养的同卵双生子与一起抚养的同卵双生子相似程度大体一致。总的来说,这些发现表明双生子之间的相似性是由于基因,而不是环境。考虑到分开抚养的双生子之间的差异一定是环境造成的,以及他们和一起长大的双生子同等相似,我们可以得出这样的结论:环境不是使双生子相像,而是使他们不同。同卵双生子不是一模一样的复制品。虽然所有的行为都可能受到基因的影响,但同卵双生子只表现出了大约50%的相似度——每个人都是一个独特的个体。像吉姆双生子案这样的双生子研究强调报告特殊的相似之处,可能会造成误导。

几年后,鲍查德与52名科学家一同撰写并发表了一篇题为《主流科学之智力观》(*Mainstream Science on Intelligence*)的文章,这被认为是对理查德·赫恩斯坦(Richard Herrnstein)和查尔斯·默里(Charles Murray)1994年出版的一本名为《钟形曲线》(The Bell Curve)的书中关于智力测试和遗传因素的争议性主张的回应。这些联合署名的科学家认为媒体歪曲了这本书的发现，但随后这篇文章本身也引发了许多争议和争论。这篇文章的主要观点之一似乎是，大量的研究表明，在造成智商差异方面，基因所起的作用比环境更大，但即使智力可能具有高度遗传性，也不意味着它不受环境的影响。不可避免地，在讨论基因的作用时，也出现了关于种族在智力方面作用的高度争议性的讨论。

先天与后天之争

目前，已经有许多关于遗传对行为影响的研究，其中一些研究被误用来为现有的偏见提供科学依据。1875年，弗朗西斯·高尔顿（Francis Galton）是第一批试图通过双生子研究来找出先天和后天对智力的相对贡献的科学家之一，这使他成为优生学或人类选择性繁殖的支持者，认为可以培养出一个"有天赋的人类种族"。许多国家受这种思想的影响，开始实施强制绝育计划，作为人口规划的一种形式，1890年至1920年间，美国成了第一个为优生学目的而推行强制绝育计划的国家。强制绝育有许多理由，但其中之一是为了防止心智缺陷者生出类似的孩子，因为人们认为这些缺陷主要（如果不是完全）是遗传来的，而优生学可以通过这样的社会工程政策造就一个"更好的"社会（Hansen and Randall, 2017）。可能会让读者感到惊讶的是，在第二次世界大战后的纽伦堡审判期间，一些纳粹战犯就声称受到了美国此举的影响。

当然，现如今，动物的选择性繁殖很普遍。农民们想要有选择性饲养动物，以便更好地满足所设定的目标。比如培育出能够迅速增重，或者更善于交际、对人不太凶猛的动物。这一点在狗的选择性繁殖项目中最为常见。所有的狗都起源于狼，人类有选择地培育狗，以增强其某些特性，如攻击性、体型、智力、狩猎能力，甚至还培育出了葡萄牙水犬来帮助捕鱼！围绕着1991年《危险犬类法案》(Dangerous Dogs Act)的争论，以及对关注狗的品种而不是狗的行为的批评表明，先天与后天之争远远超出了对人类行为的讨论。猫和狗是在经过数千年的选择性繁殖后才被驯化的。在一个试图驯化狐狸的实验中，一个特殊的案例显示了选择性繁殖如何影响动物的行为。在西伯利亚地区的新西伯利亚有一个农场，那里圈养的狐狸就像哈巴狗一样乖巧。它们是一位苏联遗传学家试图驯化银狐或农场狐狸的结果，这一切始于20世纪50年代。一开始，德米特里·K.贝尔耶夫（Dmitry K. Belyaev）和后来的柳德米拉·特鲁克（Lyudmila Trut）试图驯化银黑狐，最开始饲养这些狐狸是因为它们的毛色（Trut et al., 2009）。

在这项研究开始时，贝尔耶夫冒着很大的风险，因为苏联当局曾下令禁止进行遗传学研究。他们的工作之所以能继续下去，是因为他们一直强调自己是在做毛皮贸易，并没有公开真正的目的，即有选择地培育"驯服性"，试图创造一个被驯化的种群。他们最初选择的是那些"野性反应"较弱的狐狸，也就是对人类的触摸更友好、更温顺的狐狸。当这些狐狸生出幼崽后，幼崽被人工饲养，并再次从中挑出那些最友好的进行繁殖。每次只有不到10%的动物被选出繁殖下一代，在三代之内，攻击性和恐惧回避反应就被消除了。有趣的是，到了第四代，这些狐狸的幼崽开始表现得像狗一样——摇头摆尾，急切地寻求与人类接触。到了2006年，经过仅仅50代之后，特鲁克报告说，这些狐狸很顽皮，很友好，甚至能"读懂"人类的暗示，它们的叫声也与它们的野生祖先不同。它们的身体也发生了令人惊讶的变化，驯化后的狐狸耳朵下垂、尾巴卷曲且短小、下巴更宽。特鲁克形容狐狸变得越来越"可爱"了。选择性繁殖影响了狐狸的神经化学过程，它们的血清素水平更高，这被认为可以抑制攻击性。有些人认为，人类也驯化了自己，我们不再像我们的祖先黑猩猩那样暴力，因为我们选择了亲社会的品质，如合作和友好。但是这样的动物研究与人类基因/环境之争有任何关联吗？

已经有许多研究试图弄清先天和后天对人类各种行为的相对影响。从癌症到牙龈疾病，从背痛到肥胖症，许多疾病都被证明有明确的遗传基础。事实上，随着研究的改进，越来越多的证据表明各种行为的遗传基础，甚至包括宗教信仰和性取向。这些研究结果中有许多仍然是有争议的，并引发了激烈的辩论。

在对100多个个案研究的回顾中，法伯（Farber, 1981, p.59）发现，双生子之间似乎"更相似的是所谓的个性——那些独特的举止和个人偏好，例如笑声、职业兴趣、姿势、对衣服的品位、对名字的选择"。这与鲍查德的大部分研究相吻合，并支持个性受遗传影响的观点。这些影响已被广泛接受，并促使特克海默

（Turkheimer）于 2000 年提出了行为遗传学的三个法则：

- 人类所有的行为特征都是可遗传的；
- 在同一家庭中长大的影响比基因的影响要小；
- 在人类复杂的行为特征中，很大一部分变异并不是由基因或家庭的影响造成的。

换句话说，基因起着非常重要的作用，但环境的作用也很重要，我们仍然无法确定它们的相对比重。这不是一个先天影响与后天影响对比的问题，因为两者总是同时存在的。现在的批评往往并不集中在基因是否在行为中发挥重要作用，而是集中在它们究竟起什么作用。明尼苏达大学这项研究的助理主任南希·L.席格（Nancy L. Segal）2012 年表示，吉姆双生子在促进我们对基因和环境对人类发展的理解方面发挥了重要作用。正如书中介绍的许多研究一样，单一的案例研究，如吉姆双生子案，可以为进一步的研究提供催化剂。双生子研究现在已经转向了表观遗传学领域——试图弄清楚是什么开启或关闭了一些基因。情况似乎变得越来越复杂。

吉姆双生子是一个惊人的案例，揭示了惊人的相似之处。正如鲍查德所指出的，"基因的影响提供了他们人格的整个结构。如果有人带着这样的结果来找我，我是不会相信的"（Tellegen et al., 1988, p. 1038）。两个吉姆都很高兴找到失散多年的兄弟，但仍有一件事让他们担心。吉姆·刘易斯实际上与他的第二任妻子贝蒂离婚了，并与一个叫桑迪的女人再婚了，而吉姆·施普林格与她的贝蒂还好好的！他们总开玩笑说，贝蒂总是担心万一哪天吉姆·施普林格也遇到一个叫桑迪的女人。

PART 4
第四部分
个体差异

第15章

神奇的游戏治疗：迪布斯的故事

迪布斯（Dibs）独自站在游戏室的中央，这个五岁的孩子直勾勾地盯着前方，似乎没有注意到周围的孩子在玩耍。他一动不动，双手在身体两侧毫无生气地摆动着。只有当有人靠近他时，他才会有动作；他会疯狂地攻击他们，试图咬或抓他们。最后，他走到桌子下，低着头坐在那里，直到会面结束。见过迪布斯的人都能发现他有严重的行为问题。虽然老师们对迪布斯有深厚的感情，但也发现不可能与他一起工作。他的母亲说他出生时就"精神不正常"，是个"弱智"。与杰妮的情况很像（见第10章），心理学家被邀请来对他进行研究和治疗。执业临床心理学家维吉尼亚·阿克斯林（Virginia Axline）决定对迪布斯使用一种被称为"游戏疗法"的技术。10年后，迪布斯接受了一系列发展成就测试，结果表明，他确实"不正常"——事实上，他是个天才。

"不回家"

迪布斯的故事始于学校。与大多数同龄人不同，迪布斯似乎很讨厌学校。应该说，他似乎很讨厌生活。他经常把头埋在臂弯里，靠在墙上，一站就是好几分钟。有时，他一上午都坐在同一个地方，一动不动，也不说一句话。有时，他也会蜷缩成一团，躺在那里，直到回家的时间到了。在操场上，他通常会找一个远一点的角落，蹲下身子，用棍子在地上刨土。他是一个沉默寡言、孤僻、郁郁寡欢的孩子。尽管有各种奇怪的行为，但老师们都认为他实际上是喜欢学校的。因为每当离校的时候，一看到他的司机，迪布斯就会大喊大叫，又咬又踢，一遍遍地喊着"不回家"。而他在来学校的路上从来没有这样发过脾气。

迪布斯从不和人说话，也不与任何人进行眼神交流。他是一个不快乐的孩子，孤独地生活在这个在他看来不友好的世界里。尽管有这样的行为，他的老师还是真心喜欢他。他的人格力量感动了他们所有人。他的行为毫无疑问是不稳定的——在大多数情况下，他似乎有精神障碍，但偶尔他也会做一些表明他智力正常的事情。他喜欢读书，只要给他书，他就会欣然接受，而且在听故事的时候，他经常会钻到桌子底下，以便靠近些好听清别人在讲些什么。

学校收到了许多关于迪布斯的破坏性和攻击性行为的投诉，工作人员安排他参加一些心理测试。由于他拒绝参加任何测试，心理学家未能对他进行评估。他有智力障碍吗？他是有孤独症吗，还是有其他某种精神疾病？在这种行为持续了两年之后，在迪布斯五岁那年，他的幼儿园老师请来了一位临床心理学家。这是迪布斯第一次见到维吉尼亚·阿克斯林。她为迪布斯提供了必要的刺激和激励，以解决他的问题。

心门开始敞开

迪布斯的母亲同意让他参加阿克斯林的一系列游戏治疗课程。这些治疗包括每周四一小时的会面。游戏疗法是儿童心理治疗的一种特殊形式。它利用游戏的治疗性来帮助儿童预防或解决各种心理困难。在训练有素的治疗师的指导或观察下，儿童有机会通过玩洋娃娃、玩具和其他游戏材料来表达或重现他们的经历、感受和问题。这样的过程有时可以帮助儿童充分发挥他们的潜能。游戏治疗师认为，游戏可以是一种表现"受阻"的感觉和情绪的手段。它还有助于解决自尊问题、管理愤怒和缺陷感，以及发泄情绪。

游戏治疗分为两大类。非指导性治疗包括允许儿童在游戏室自由活动。他们可以玩任何他们感兴趣的东西。治疗师倾听或记录所有的行为——这通常是通过单向镜后的录像进行的。治疗师会对孩子的行为做出事实性评论，如"那么你今天要和玩具爸爸一起玩"，以使游戏进行下去。治疗师是一个支持性的存在，不会过度参与游戏过程。这是阿克斯林倾向于对迪布斯采用的方法。显然，它通常也被称为"以来访者为中心"的治疗。

另一种是指导性治疗，要求治疗师在游戏中扮演更积极的角色。他们往往会就游戏提出合适的建议，并将这些会话用于特定的诊断目的。治疗师通常会设置可能象征儿童生活经历的角色扮演情景，然后研究可能的解决方案。例如，动物手套木偶可能被用来表演"打架"，象征孩子可能目睹的父母之间的争吵。

由于五岁的孩子还不具备成熟的认知能力，无法通过交谈来解决他们的问题，因此人们认为游戏可以为迪布斯提供一种必要的"授权"。迪布斯有机会"负责"这些治疗，并指导自己的游戏活动。通过游戏，迪布斯将有机会克服任何负面情绪，并象征性地战胜夺走他幸福感的挫折和创伤。而且，他还是在安全和接纳的环境中做到这一点的。但问题仍然存在——迪布斯将如何应对这种新情况？治愈过程的关键在于他自己的想象力和创造力。

阿克斯林使用的游戏治疗室包括一个玩偶屋，里面有许多玩偶、玩具车、沙坑、水彩和手指颜料、画纸和材料，还有一个被击中后会弹回来的充气玩偶。在到达玩偶屋时，迪布斯突然哭着说："没有锁门……没有锁门。"他一遍又一遍地重复这句话。治疗过程开始了。在第一次治疗中，迪布斯只是在房间里走来走去，用单调的声音说出每个玩具的名字。阿克斯林通过确认每个物体是什么来鼓励他继续说下去。

具有非凡勇气的男孩

在第二次会面时，迪布斯对画架和颜料产生了明显的兴趣。他走过去，盯着它们看了很久，按照光谱的顺序排列了六种。他拿起一个品牌的颜料，并说这些是能买到的最好的颜料。阿克斯林意识到迪布斯在看标签。他坐下来开始画画。他一边画，一边说出是什么颜色。他还能拼出代表各种颜色的单词。很明显，迪布斯并不是智障。

阿克斯林的非指导性治疗技术允许迪布斯自由地进行游戏。她会对他的问题做出回应，并适时进行推进，但由迪布斯来设定互动的节奏和游戏活动。阿克斯林试图成为迪布斯的催化剂，帮他发现真正的自我。她希望给他一个机会，让他在一个没有威胁的环境中解决他的情绪问题。阿克斯林告诉迪布斯，游戏室是他玩乐的特殊场所，没有人会伤害他，他可以从这里"走出阴影，走向阳光"。

阿克斯林知道，治疗过程将花费大量的时间和努力，而且无法保证成功。尽管如此，她还是希望迪布斯在她的陪伴下越来越有安全感，并越来越多地展现真实的自我。在每次治疗结束的时候，阿克斯林经常拿迪布斯没办法——他仍然是一边抽泣一边念叨"不回家"。当他的母亲来接他时，他偶尔还会大叫并踢腿以示抗议。在迪布斯发脾气的时候，阿克斯林并没有共情地安慰迪布斯。更多时候，她都是走开了。因为她意识到，他必须独立于她，毕竟，他每周只见她一个小时。如果迪布斯对一个每周只能见一面的人产生了更多的情感依恋，那他会更加难过。他的力量必须来自内心。尽管治疗很重要，但阿克斯林还是尽量确保它不会成为迪布斯生活的主要部分。病人过度依赖治疗师是一件很危险的事情。她想防止这种情况在迪布斯身上发生。有时，阿克斯林会在送迪布斯走的半路上停下来，不管多么不情愿，迪布斯都会继续向他母亲走去。通过这个简单的行为，阿克斯林表示她对迪布斯很有信心。阿克斯林意识到这个男孩具有非凡的勇气。

"治疗"

在一次会面中，迪布斯注意到了游戏治疗室门上的标志。他认出并大声读出了"游戏"（play）一词，并看了看另一个词。他试图弄清楚这个陌生的词是什么。"The rapy。"[①] 他念道。

在游戏过程中，迪布斯经常玩玩偶屋和沙坑。他经常要求把玩偶屋的门锁起来。作为治疗的一部分，阿克斯林只是推动迪布斯执行他自己的建议。例如，当迪布斯要求把房子锁起来时，阿克斯林会问他是否希望那样做，如果他回答"是的"，她就会建议他自己去做，而不是她去做。当迪布斯宣布房子被锁上时，她会祝贺他的成功。

[①] "治疗"的英语单词是"therapy"，迪布斯把它当成了两个词。——译者注

阿克斯林尽量避免向迪布斯提出直接或探究性的问题。这有助于避免引发对抗，并帮助他获得安全感。有时，她确实很想问一些直截了当的问题，但又觉得在治疗过程中没有人能准确地回答这些问题，因此她认为这些问题的用处很有限。相反，阿克斯林总是尝试提出开放性的问题，让迪布斯进一步表达自己。她经常重复他所说的话，以便他有更多时间来确定自己的想法。例如，当迪布斯提出要把他画的一幅画送给她时，她不是用简单的"谢谢"来接受，而是问："哦，你想把它送给我，是吗？"这种技巧使她能够保持交流的开放性，并允许迪布斯在他愿意的情况下补充更多内容。这也有助于放缓这个过程，不把她的行为标准强加在互动中。通过这些微妙的技巧，迪布斯逐渐走出了他的外壳——开始展现真实的自我。他开始掌握主动权，享受他新获得的自信和自由。他开始与阿克斯林进行眼神交流，而且在他黑色的卷发下，可以更频繁地发现他的微笑。

每星期都有一个星期四

阿克斯林看到了迪布斯的进步，但是由于她和迪布斯的父母或学校联系得很少，因此她不确定这种进步在游戏治疗室之外是否明显。尽管如此，迪布斯仍然面临很大的困难。当他不高兴时，他经常会拿起婴儿的奶瓶吸吮，似乎把这当成一种安慰的方法。阿克斯林还注意到，每当迪布斯讨论自己的情绪和感受时，他都会使用两种防御性策略中的一种：有时，他的语言会变得非常基础和低级，而在其他情况下，他会通过展示他在写作、阅读、计数等方面毋庸置疑的智力来转移话题。阿克斯林认识到，迪布斯觉得有必要掩饰自己的真实感受和情绪。而且她发现，迪布斯更愿意展示自己的智力。但在某些情况下，他也会隐藏自己的真实能力，因为他觉得人们对他的能力评价太高会让他感到不安。

有一天，在一次治疗中，迪布斯拿起一个士兵，让它当"爸爸"。他把它立起来，让它站得"挺直，就像栅栏上的旧铁栏杆那样"，然后动手把它打倒。他重复了几次，然后把它埋到了沙子里。迪布斯把它在那里埋了一周。阿克斯林注意到了游戏中明显的信息，同时也为他创造性的语言运用感到惊讶。相信假以时日，迪布斯就能处理好他对父亲的感情问题。

迪布斯的许多游戏动作的象征意义，很容易就能看出来。例如，上锁的玩偶屋可能代表他年幼的生命中面对过的所有上锁的门。他的玩偶屋的门是锁着的，他父母的爱也是锁着的。阿克斯林从未跟迪布斯这样解释过，这也不是治疗的必要部分，但似乎有理由认为事实就是如此——只有迪布斯才能确定。

时间一周周地过去，很明显，迪布斯喜欢这些治疗。他会冲进游戏治疗室，面带微笑地走进去。他告诉阿克斯林他是多么喜欢这些会面。他告诉她，"我带着喜悦来到这个房间，又带着悲伤离开"。他似乎一直在数离下一次会面还有多少天。他计算出所有的星期四是哪一天，无论是乔治·华盛顿的生日还是国庆节的第二天，他总是知道星期四是几号。在他与"A小姐"（他喜欢这样称呼阿克斯林）见面的星期四到来之前，星期三总是显得那么漫长。

要说的太多了

治疗期间，阿克斯林与迪布斯的父母很少接触。有一天，迪布斯的父亲来接他，阿克斯林去做了自我介绍。迪布斯打断了他们的问候，告诉"爸爸"（那个士兵玩偶）那年的独立日是在四个月零两个星期后的一个星期四。他的父亲显然被迪布斯弄得非常尴尬，厉声呵斥他停止胡说八道，还骂迪布斯是个白痴。迪布斯看起来很崩溃，默默地离开了。过了一会儿，迪布斯对着他的父亲又吼又踢，大喊自己有多么恨他，以至于被关在游戏治疗室里冷静。奇怪的是，这件事成了迪布斯和父母关系的一个关键转折点。

迪布斯的父母很害怕。他们从未真正与对方讨论过彼此的感受和情绪。这件事迫使他们直面对迪布斯的恐惧和担忧。他们意识到，对于迪布斯，他们很失败。他们成年后一直在用自己的智力来保护自己不受情绪反应的影响，而迪布斯不知不觉中也做了同样的事。也许他的父母也是在情感荒原上长大的。他们三个人都试图以自己的方式利用智力作为一种保护行为，这导致他们比以往任何时候都更容易受到伤害。迪布斯的父母决定为此做些什么。

第二天早上，迪布斯的母亲打电话给阿克斯林，要求和她见面。见面后，他的母亲显得很不自在。她承认自己有"很多话要说"，迪布斯的事让她感到很沉重。这是她卸下包袱的机会。显然，她的丈夫希望停止治疗，他认为治疗使迪布斯变得更糟了。的确，最近迪布斯似乎更不开心了。阿克斯林感到很惊讶，她在迪布斯身上注意到的明显改善在游戏治疗室外不明显吗？迪布斯的母亲流着眼泪，描述她怀着迪布斯时感受到的痛苦和失望。她曾是一名有天赋的外科医生，但她的事业却遭受了挫折。她的丈夫是一位出色的科学家，但很冷漠，也很反感迪布斯的出生对他们的生活所造成的干扰。此外，他们还对迪布斯的"不正常"感到很尴尬。他们自己很聪明，但儿子却似乎有智力缺陷，这让他们深感丢脸和羞愧。当一位神经科医生诊断迪布斯没有任何问题时，他们认为他患的可能是精神分裂症。然而，精神科医生在检查后却说迪布斯的行为完全正常，只是严重的情感忽视的结果。他建议迪布斯的父母参加心理治疗，而不是迪布斯。

阿克斯林询问了迪布斯在家里的行为。他的母亲报告说他的行为有了明显的改善——他说的话更多了（当然还是自言自语），不再吸吮拇指，发脾气也成了过去式。迪布斯的母亲称这起事件是他对他父亲麻木不仁言论的理性抗议。迪布斯将继续接受治疗。这个家庭已经出现了转机，开始正视他们的问题。阿克斯林指出，许多治疗师在家长不积极参与的情况下是不会单独对孩子展开治疗的。但在迪布斯的案例中，家长是在后来才参与的，这说明即使没有家长的最初参与，治疗也是可以成功的。

叶子

在一次治疗中，迪布斯给阿克斯林讲了一个关于长在他卧室窗外的一棵树的故事。他父母要求他们的园丁杰克修剪这棵大榆树。迪布斯从窗户探出身子，要求杰克留下他能从窗口够到的树枝。杰克同意了，没有砍掉那些树枝。然而，迪布斯的父亲发现后，要求将它们也剪掉。杰克解释说迪布斯喜欢伸手摸这些树枝，但他父亲还是命令把它们剪掉，并说他不希望迪布斯将身子探出窗户。于是，杰克不得不剪掉了树枝，但把枝尖作为礼物送给了迪布斯。迪布斯很珍惜这个枝尖，一直秘密地保存着。

杰克经常编一些关于花园的故事讲给迪布斯听。其中一个故事就是关于那棵榆树的：

> 春天，树叶因雨水而变绿；夏天，树叶提供凉爽的树荫。但是到了冬天，为了让它们环游世界，风把所有的叶子都吹走了。树上最后一片叶子总是很孤独，风注意到了这一点，就又吹了起来，小叶子被带着开始了最美妙的冒险。然而，小叶子很想念迪布斯，所以风又把它吹回了那棵老榆树。有一天，杰克在树下发现了这片叶子，就把它送给了迪布斯。迪布斯将这片叶子装裱起来，每次看到它，他都会想象世界上所有美好的事物。

杰克讲了很多生动感人的故事。迪布斯描述了他对杰克的感觉："我非常、非常喜欢他。我想，也许，他是我的朋友？"

在游戏治疗中，孩子们被鼓励讲述有关他们生活经历的故事。这些故事可能代表他们生活中的真实事件（就像叶子的故事），也可能是编造的。这有助于突出孩子关注的领域，并可能使他们理解令他们困扰或不安的经历。通过复述故事，孩子有机会解决随之而来的恐惧和愤怒。

"妈妈，我爱你"

在接下来的几周里，迪布斯变得更加自信和放松。他说他非常喜欢自己。他讲述了与父母去海边的快乐一日游。但迪布斯仍然会在想说话的时候不开口，他知道这让他的父亲很不高兴，这也是他应对任何批评的方式。一天，在一次治疗过程中，他跑到走廊上，扑进他母亲的怀里，大喊："妈妈，我爱你。"他的母亲泪流满面地离开了。

迪布斯很期待和家人一起过暑假。他似乎意识到，治疗要结束了。他很高兴也很满足。他的母亲再次约见了阿克斯林，这次，她是来感谢她的努力的。她还向她吐露，她一直都知道迪布斯没有缺陷。她确信迪布斯在两岁时就能阅读了，她在他很小的时候就系统地教导他。她说，迪布斯在六岁时就能认出数百首古典交响乐，他画的画有着惊人的透视感。她煞费苦心地驱使他取得成就。她认为自己是在帮助他，培养他的天赋，但这是以牺牲他的情感健康为代价。也许迪布斯的母亲不知道该如何与他相处，所以就把注意力集中在了自己的舒适区——智力方面，以掩盖她无法在情感上与儿子亲近的事实。

在最后一次治疗中，迪布斯很放松、很开放，也很开心。他的所有行为都是自发的。他向"奇妙游戏室的女士"做了最后的告别。一周后，一位临床心理学家对迪布斯进行了智商测试。这是一个标准化的测试，通过测量一个人形成概念、解决问题、获取信息、推理和执行其他智力操作的能力来确定其智力水平的等级。一般人的平均智商为100分，而迪布斯的智商高得惊人，为168分。只有不到千分之一的人能得到这么高的分数。他没有完成阅读测试，因为他觉得很无聊，即便如此，他的成绩也远超其年龄当量。他是一个有智力天赋的人，各方面的发展都在蒸蒸日上。迪布斯已经接受了自己，他的父母也是如此。

要评估游戏疗法成功与否是非常困难的。毕竟，衡量成功的标准是什么呢？对迪布斯的治疗无疑是成功的，但促成这种成功的因素是什么呢？是游戏活动、玩具、与阿克斯林的温暖关系、一对一的接触还是仅仅是自然的发育成熟？答案可能是所有这些因素的微妙组合。这也是对游戏疗法的批评之一——它缺乏实验的严谨性。毕竟，不可能拿另一个有着完全相同问题的孩子作为对照组，不对其进行治疗，仅仅是为了确定他在相同的时间内是否会表现出任何改善。

偶遇

两年半后，完全出于偶然，迪布斯一家搬进了阿克斯林家附近的一栋公寓楼。有一天，他们在街上相遇了。迪布斯立刻认出了她。他说，他最后一次治疗是在两年六个月零四天前的那个星期四。他从日历上撕下了最后一次治疗的日期，并把它裱在了卧室的墙上——那是一个特殊的日子。迪布斯还告诉阿克斯林，她是他的第一个朋友。迪布斯在新的天才儿童学校表现很出色。他的父母很高兴，迪布斯也很高兴。

后来，迪布斯一家又搬了家，阿克斯林与他们失去了联系。然而，她的一位教师朋友知道她对勇敢的孩子感兴趣，于是给她看了一封一名15岁的学生在校报上登的信，信中抱怨学校对待一名同学的方式。信中列出了一系列令人信服和雄辩的论点。这位老师说，学校很可能会采纳信中的建议；写信的学生是个聪明而敏感的男孩，他的同学们都很佩服他。阿克斯林注意到，这封信是迪布斯写的。

在治疗期间，迪布斯曾经说过，每个孩子都有一座属于他的山要攀登。迪布斯的山比大多数人的都要高，但通过努力、耐心、投入和指导，他已经到达了山顶，并正在欣赏美景。他已经找到了他的自我。

第16章

对婴儿车和手提包产生性兴奋的男人

本个案研究涉及一名已婚男子,他患上了一种特别奇怪的性心理障碍——会对婴儿车和手提包产生性兴奋。这种变态行为已经非常严重,以至于他多次因被指控恶意破坏婴儿车和手提包而遭逮捕。有人建议对他进行前额叶白质切除术,但在进行这种激进的、不可逆的手术之前,先对其采用了一种高强度的厌恶疗法。该程序通常被描述为一种"洗脑"形式,与安东尼·伯吉斯(Anthony Burgess)被改编为电影的作品《发条橙》(A Clockwork Orange)中描绘的类似。

问题

与本书中的其他案例相比,这个案例可以说不太知名,但却被人们认为是最吸引人的案例之一,这可能是由于其中涉及的奇怪的性癖好。患者是一名33岁的已婚男子,是一家精神病院的门诊病人。他正在接受前额叶白质切除术的评估,这是一种脑部手术,包括通过手术切断进出额叶的神经束。该手术旨在缓解严重的顽固性精神或行为问题,但往往也会导致明显的认知和/或人格变化。在精神外科的历史上(该手术最初发明于1935年),它被用于治疗一些精神病患者,手术带来的几乎所有改变都被认为是有益的,但手术的原因在今天却不为人知。

这名患者的问题是对婴儿车和手提包产生了奇怪的性兴奋。这种奇怪的反应似乎在他10岁时就开始了,当时他表现出了攻击和破坏婴儿车和手提包的冲动。有时,他只是用拇指指甲在手提包或婴儿车的侧面划一下,但在有些情况下,他的攻击要严重得多。有一次，他跟踪一个推着婴儿车的妇女，并在婴儿车上涂抹了机油。他偶尔也会割破和损坏婴儿车，有一次，他在火车站发现了两辆空的婴儿车，就割坏并点着了它们。还有一次，他故意骑着摩托车冲向一辆载有婴儿的婴儿车，但在最后一刻突然转弯，差点伤到车里的孩子。他还喜欢驾车驶过泥泞的水坑，把污水溅到在人行道上推着婴儿车的人身上。他曾因在此类事故中粗心驾驶而被定罪。在12起报警事故中，他多次被警方指控未尽到小心驾驶义务。他还承认了另外五起划破或刮破婴儿车的袭击事件，被判定为恶意损害。

患者的病史显示，他已经接受了多年的精神治疗。他承认自己从12岁起就对婴儿车产生了兴趣，并且每周都会尝试攻击婴儿车或手提包。对于手提包，他通常只用拇指刮一刮就满足了，由于这样做不太引人注意，因此他只惹上过一次被人报警的麻烦。他没有被送进监狱，而是被判了缓刑，并在缓刑期间被送到了精神病院神经症科。在那里，精神科医生认为他不适合接受心理治疗，而且还具有潜在的危险性，因此应该继续留在精神病院。一段时间后，他出院了，继续他破坏婴儿车的"职业生涯"。

为了找出他奇怪行为背后的原因，医生对他进行了数小时的精神分析治疗。在治疗过程中，有人认为，他的这些奇怪行为可能源于他童年时在当地的湖中玩玩具游艇时发生的一件事。当时，他的玩具游艇不小心撞到了一辆婴儿车的侧面，婴儿的母亲表现出的女性的惊愕"给他留下了很深的印象"。他还报告了另一件与此相关的事：出于某种奇怪的原因，他在他姐姐的手提包面前产生了性冲动。他接受了这些事件可能的意义，并为婴儿车和手提包赋予了性的象征意义。也许用弗洛伊德的术语来说，这两个通常由女性使用的"容器"要么代表母亲，要么更普遍地代表女性的生殖器。

显然，在这种情况下，有许多困难的问题需要解决。如果他不对婴儿或婴儿车造成危险，那让他继续他那怪异的恋物癖也无妨，没有必要进行任何治疗，除非他自己觉得这对他的生活造成了严重不良的影响。事实上，这个患者已经结婚并且有两个孩子，他的妻子说他是一个很好的丈夫和父亲。不过，由于他偶尔会对自己孩子的婴儿车和妻子的手提包"下手"，因此他的妻子也很清楚他的问题。

可能的解决方案

那么，心理学家能为这样的患者做些什么呢？虽然婴儿车和手提包才是他最感兴趣的东西，但是患者担心他可能会伤害到碰巧在婴儿车里的孩子。他曾再次被送入精神病院，在那里住了18个月。但出院后他又继续他的怪异行为。当再次被送到警局后，他又一次被判缓刑，条件是他必须接受适当的医学治疗。也正是在这个阶段，专家考虑对他进行精神外科手术。但是在采用这种不可逆的极端治疗之前，心理学家建议，可以先对他试试厌恶疗法。厌恶疗法是一种行为疗法。沃尔普（Wolpe, 1958）将行为疗法定义为"利用实验确立的学习规律来改变不恰当的行为"。厌恶疗法通过将不良行为与令人不愉快或厌恶的刺激配对来减少不良行为。最常见的刺激是药物引起的恶心或电击引起的疼痛。通过建立条件反射，将厌恶性刺激与不良行为联系起来，从而使不良行为的发生率降低。

在这个特殊的案例中，治疗的目的是通过条件反射技术改变病人对手提包和婴儿车的态度。这包括使手提包和婴儿车与不愉快的感觉联系起来，而不是明显的愉悦和性满足。患者最初对这种治疗方法非常怀疑，但他表示愿意尝试任何方法。当时他已经注意到，就连报纸和杂志上的手提包和婴儿车广告也会让他兴奋不已！

厌恶疗法的原理是俄国生理学家巴甫洛夫最先描述的经典条件反射。在研究狗的消化系统时，巴甫洛夫注意到，狗一看到喂食者就会流口水（Asratyan, 1953）。他把狗对肉的味道和气味的反应称为无条件（非习得的）反应，因为这种反应是在没有任何事先训练的情况下自然产生的（因此肉被称为无条件刺激）。他意识到，一个普通的中性刺激（比如铃声），可以与食物的出现联系起来，而随之分泌的唾液就成为一种条件反应（对条件刺激的反应）。这个过程如图16–1所示。

在后来的研究中，巴甫洛夫发现，为了维持条件反应，条件刺激必须定期与无条件刺激配对出现，否则已习得的联结就会被遗忘（这被称为消退）。经典条件反射可以用来解释很多人类行为，比如一个人根据过去的经验对某首歌或某款香水产生了复杂的情绪反应。

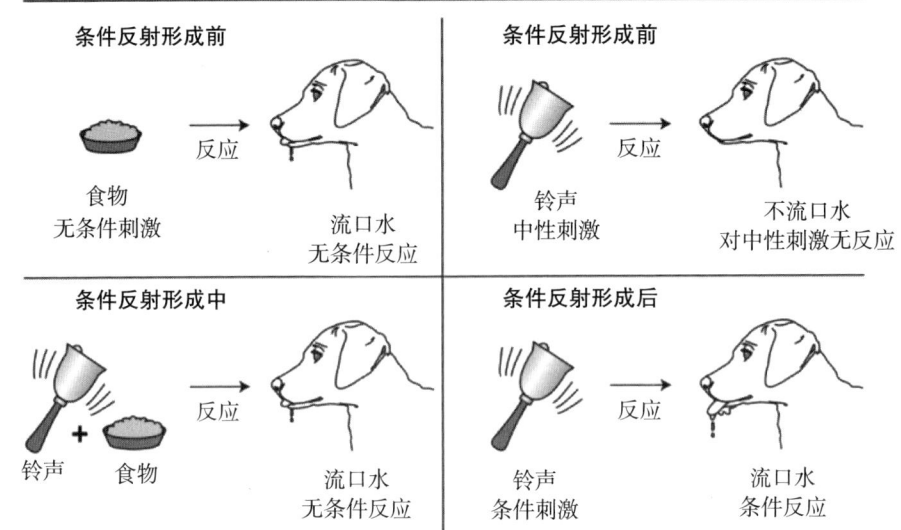

图 16-1 经典条件反射形成的过程

经典条件反射（也被称为巴甫洛夫条件反射或联想学习）也是许多不同类型的恐惧或恐惧症的基础，这些恐惧或恐惧症通过一个被称为刺激泛化的过程发生，比如一个孩子对某只狗有过不好的经历，因此害怕所有的狗（见第13章）。经典条件反射原理已发展成为各种治疗技术。厌恶疗法就是其中的一种，其目的是让期望的刺激变得令人不快。

在这个案例中，治疗程序包括注射一种叫作阿波吗啡的药物，这种药物会让人产生难受或恶心的感觉。当恶心反应产生时，同时呈现婴儿车或手提包。因此，婴儿车和手提包就成了条件（习得的）刺激，而恶心成了与条件刺激相关联的不愉快反应。治疗方案很严格，每两小时进行一次，不分昼夜，而且治疗期间不允许进食，夜间就让他服用安非他命来保持清醒。在第一周结束时，治疗暂停，患者被允许回家。八天后，他被带回医院继续进行治疗。他高兴地报告说，自己已经能够与妻子过性生活了，并且不再像以前那样对手提包或婴儿车产生性幻想。他的妻子也说注意到他的行为有了明显的变化。尽管产生了这种改善，治疗还是要继续。当阿波吗啡的效果变得不那么明显时，治疗又使用了一种不同的催吐药物。又过了五天，患者报告说，一看到婴儿车和手提包他就恶心。他被绑在床上，被迫玩婴儿车和手提包，不定期地继续接受治疗。到了第九天晚上，他摇铃恳求护士们把他身边的婴儿车和手提包拿走，但遭到了拒绝。然而，在他不停地哭了几个小时后，医生拿走了婴儿车和手提包，并给了他一杯牛奶和镇静剂。第二天，他打开他的行李袋，把一些婴儿车的照片交给了医生，说这些照片他已经随身携带一年了，但现在觉得不再需要它们了。

这个人出院了，但仍作为门诊病人来看病。六个月后，医生决定让他重新接受强化治疗，他勉强同意了。心理学家们制作了一个视频，片中的女性以他之前描述的"令人兴奋和挑逗"的方式拿着手提包、推着婴儿车。在视频开始前，医生让他吃了催吐剂——这令他感到很恶心，同时要求他把玩手提包。在这个疗程结束后，不再进行进一步的治疗了。心理学家汉斯·艾森克（Hans Eysenck）报告说，对病人多年的随访发现，治疗效果进展良好，他不再对婴儿车和手提包产生性幻想了。他的妻子也说不再担心他会被警察传唤，他们的性生活也有了很大的改善。他的缓刑监督官也报告说，他产生了明显的好转。他再也没有进过警察局，还在工作中得到了晋升。艾森克报告说，这种治疗对于病人、他的妻子和家庭以及整个社会而言都是非常成功的。

治疗问题

这个案例和厌恶疗法的使用引出了很多需要解决的严重问题。第一个问题涉及实际使用的治疗方法。很多人认为厌恶疗法是一种不太人道的治疗方式，而且通常看起来非常机械，很多人（包括许多心理学家）都很反感以这种方式对待人类。毕竟，治疗过程会给人造成巨大的痛苦和不适。许多人认为厌恶疗法是一个洗脑、贬低人格的过程，在这个过程中，人类被当作一个简单的条件反射盒子。还有人认为，厌恶疗法的使用贬低了个体的价值，因为它的前提是，所有人都以同样的方式学习，因此可以以同样的方式对待他们和进行条件反射。然而，艾森克认为，在讨论厌恶疗法究竟是否合理时，我们也必须考虑它的替代方案。比如，第一种选择是使用其他形式的心理治疗（如精神分析），然而，一些证据（尤其是艾森克自己报告的）表明，这种形式的谈话治疗并没有取得任何真正的积极效果。

事实上，艾森克甚至报告说，弗洛伊德的精神分析可能会产生有害的影响。当然，病人也可能会随着时间的推移而自然好转——这被称为自然康复。然而，普遍的研究结果表明，这种特殊类型的疾病的自然康复率并不高。

此外，在接受厌恶疗法之前，患者已经参加了各种各样的精神治疗，但没有取得任何效果。艾森克认为，任何形式的谈话疗法都不太可能取得成功。另一种选择是判处他长期监禁，这显然是对他行为的惩罚。但同样没有证据表明，这种形式的惩罚会对他未来的行为产生任何长期的有益影响。事实上，有些人认为，坐牢仅仅会让这些人在未来更加小心谨慎而已。

当然，还有一种选择是还他自由，或者判他缓刑。毕竟，他的许多行为都是相当轻微的，通常只是用拇指挠一下婴儿车的侧面。然而，公众肯定有权利受到保护，免受这种伤害。虽然这个人声称他无意伤害儿童，但万一呢？此外，他对女性手提包的一些攻击也对相关女性产生了非常不好的影响。纵观所有可能的选择后，艾森克认为，与其把他送进监狱，再还他自由，或者要求他在医院接受漫长、昂贵且（可能）无效的心理治疗，让他接受一种不舒服、不愉快但不会持续很久的治疗方法（尽管对病人来说似乎没完没了）似乎更为可取。

艾森克认为，考虑到现有的不同选择，厌恶疗法是最合适的，实际上也是最有效的治疗方式。人们可能会争论，仅仅因为一些人觉得这种疗法在某种程度上贬低了人格，就不使用有效的治疗方法在伦理上是否正确。这个论点是由艾森克提出的，他认为患者自己才是接受治疗的人，而他们并没有抱怨（我们将看到这是有争议的）。艾森克声称，许多人竭尽全力寻求行为治疗，他们不应该被剥夺接受所有治疗的权利。他认为，对于许多难解的问题来说，厌恶疗法是一种安全有效的治疗方法，只有让患者自己做出最终决定才公平。事实上，从患者的角度来看，我们应该讨论的是阻止他们接受自己想要的治疗是否正确。

《发条橙》

人们经常将厌恶疗法的使用与《发条橙》一书和随后的电影中对厌恶疗法的描述进行比较。虽然许多行为学家否认两者之间的联系，但主人公亚历克斯的遭

第 16 章
对婴儿车和手提包产生性兴奋的男人

遇与本章的案例确有一定的相似之处。作者安东尼·伯吉斯确实打算通过这部小说探讨自由意志和行为主义的问题。在书中,少年混混亚历克斯犯罪入狱,为了获得减刑,他同意接受厌恶疗法。治愈后,他被释放出狱,但却遭到了朋友和亲戚的排斥。一个偶然的机会,他闯入了一所房子,里面一位作家正在写一本叫作《发条橙》的书。作家认为,不应使用厌恶疗法,因为它把人变成了发条橙子("ourang"在马来语中是"男人"的意思,安东尼·伯吉斯曾在马来西亚服兵役)。伯吉斯的观点是,这种疗法剥夺了人们选择向善的机会,他们因此失去了自由意志。他写道:

> 在英国,大约在1960年,一些有名望的人开始抱怨青少年犯罪率的增长,并暗示(这些少年犯)是某种不人道的"物种",因此要用不人道的方式来对待他们……有些不负责任的人谈到了厌恶疗法……社会,一如既往地被放在第一位。当然,这些少年犯并不是真正意义上的"人":他们是未成年人,他们没有投票权;他们在很大程度上是他们,而不是代表社会的我们。

在20世纪70年代初,许多人质疑是否应该对那些并没有给公众造成伤害的人实施厌恶疗法。此外,还有一个问题是,是否应该对人们进行这种治疗,即使他们自己要求治疗。有时,尽管治疗本身存在伦理问题,人们也会接受治疗。例如,作为一种精神障碍,身体畸形恐惧症被定义为对自己外表缺陷的关注。媒体经常有意识地错误地将其称为"想象丑陋综合征",因为丑陋对当事人来说是非常真实的。慕残癖是身体畸形恐惧症的一种,它是指四肢健全的患者希望拥有残疾身份,从而要求截肢。在遭到拒绝的情况下,一些人会被迫"自己动手",他们甚至会躺到铁轨上来实现这个目标。

厌恶疗法的支持者认为,患者在接受厌恶疗法之前,已经彻底了解了厌恶疗法的性质。他们显然已经对治疗表示了知情同意,并签署了法律文件。然而,反对者认为,许多人实际上是被迫同意接受这种治疗的,除了"签字画押",他们别无选择。如果要在入狱和治疗之间做出选择,许多人肯定"自愿"选择后者。也有人认为,尽管许多患者并不情愿,但可能会出于社会的排斥和压迫而选择接受治疗。

在实验室中实施的厌恶疗法有很多缺点。如前所述,第一个缺点是,当条件反应没有得到持续的强化时,就会消退。这就是为什么迷恋婴儿车和手提包的患者必须返回参加"强化"训练。与所有条件反应一样,人的条件反应,其强度每天、每小时都在变化。这是个众所周知的实验室现象,狗听到铃声就流口水的实验就证明了这一点(食物之前是和铃声配对出现的)。强度的变化取决于许多因素;显然,狗越饥饿,分泌的唾液就越多。同样的道理也适用于那个对婴儿车和手提包产生性兴奋的人。如果欲望在某个特定的时刻特别强烈,并且又有机会行动,那他可能就没那么容易抵制诱惑。如果发生这种情况,条件反应就会消失,下次当他们处于类似的情况时,对诱惑的抵制可能就不会那么强烈了。消退原则对治疗是不利的,但有利于条件反应的自然恢复——条件反应试图取代无条件反应。换句话说,他们一开始习得的条件反应,也就是他们的障碍,可能会再次发生。在这种情况下,有人建议,建立的厌恶性条件反射应该远远超过它开始起效的强度。这有时被称为过度强化。当然,对本案例病人进行的治疗就属于这种情况——他报告说,自己在出院前几天就痊愈了。

在实践中,过度强化不会持续很长时间,更不会持续很多年。这其中有很多原因。首先,这对病人来说实在太耗时了;其次,利用呕吐感进行实验或治疗很麻烦,而且时间成本很高;最后,这个过程对实验者和病人来说都是相当难受和不愉快的,因此,人们认为最好尽量缩短治疗时间。

正如我们前面所说,许多观点表明,实际上使用电击的效果更好。就过度强化而言,这当然也属于治疗各种疾病都会用到的标准医疗实践。例如,患有某种过敏症但已经脱敏的患者,通常必须每年接受一次加强剂量的治疗,以确保免疫的持续。为了预防各种疾病,人们也会不时地注射一些药物。因此,一些诊所的标准做法是每年召回接受过这种治疗的人,对其进行短期强化治疗。

厌恶疗法的一个有趣的地方是,当强化不是百分之百的强化时,效果最好。最佳的方法是使用部分强化技术。换句话说,如果我们想训练一只狗一听到铃声就流口水,那么最好不要每次铃声响起就给它肉(无条件刺激)吃。一个更好的方法是在25%或50%的试次中强化条件刺激(铃声)——给狗肉吃。虽然直觉上,人们会认为这可能不那么有效，但实际上它比连续强化技术的效果要好得多。部分强化降低了消退的可能性，而且这种情况下的消退速度也要比连续强化慢得多。虽然其中的原因尚未完全清楚，但有一种说法是，如果狗接受的是连续强化训练，那么只要有一次它听到铃声而没有收到肉，它就会立即意识到幸福就此终结，条件反应也就不再发生了。但如果狗接受的是25%的部分强化，那么即便听到铃声后没有收到肉，它也会明白，这并不意味着下次铃声响时一定没有肉吃。因此，听到铃声分泌唾液的条件反射就得以持续。

条件作用的力量

我们已经讨论了一个使用厌恶治疗的相当奇怪的案例——一个会对婴儿车和手提包产生性兴奋的男人。不过，也许利用厌恶疗法最好的例子是对酒精成瘾的治疗。厌恶疗法在酒精成瘾的治疗中已经被使用了很多年，对酒精成瘾的治疗在心理学中无疑是最悠久的。这里使用的方法再次涉及条件反射。治疗是在一个安静、黑暗的房间里进行的，通常会用聚光灯照射病人面前桌子上的一些酒瓶。除了医生和病人之外，没有其他人在场。医生会给病人注射依米丁（一种催吐剂）、麻黄碱（一种加强条件反射过程的兴奋剂）和毛果芸香碱（使病人大量出汗和流涎，并加重依米丁引起的症状）的混合物。通过这种方式，病人会产生恶心和想要呕吐的感觉。接下来，再少的酒精都会令病人恶心不已。

这样做的一个问题是，要让病人保持在呕吐的边缘是相当困难的，这需要大量的经验，以及对病人的个人了解。当然，在治疗间隙，必须给病人喝软饮料和水，以避免病人对拿玻璃杯或喝不含酒精的饮料同样产生厌恶情绪。成千上万的病人接受过这种治疗，其中最有名的可能是乔治·贝斯特（George Best）[①]，尽管他的治疗似乎并不完全成功。但在大多数情况下，一半的病人在治疗后可以做到至少2~5年不喝酒，25%的病人可以做到在治疗后10~13年不喝酒。还有一些人则需要多年的后续治疗。

[①] 前英国足球运动员，司职左边锋，是曼彻斯特联足球俱乐部"神圣三杰"之一，曾因酗酒接受过厌恶疗法。——译者注

如果算上随后几年的治疗，所有病人的总体戒断率约为 51%。与其他治疗方法相比，这个康复率已经高得惊人了。

条件作用的其他方面

看起来，在性适应领域，条件作用的效果相当显著。然而，当你真正开始思考这个问题时，也许它就显得不那么引人注目了。例如，在西方社会，我们想当然地认为做爱包括接吻和抚摸乳房，但并非所有社会都是如此。事实上，在一些社会中，乳房只在断奶和养育孩子时具有功能上的重要性。例如，南部的岛民无法理解白人水手对女性土著暴露的乳房所表现出的巨大兴趣。

即使在我们自己的社会中，对胸部或乳房的迷恋也是一种文化现象。在 20 世纪 20 年代，女性的胸部被尽可能地压平，并几乎被她们完全否认。这种情况在 20 世纪五六十年代开始改变，沙漏型身材开始流行。如今，也许情况正好相反。在当今以瘦为美的趋势下，穿 16 码（相当于中国的 XXL）衣服的玛丽莲·梦露还会成为一个标志性人物吗？

文化人类学家还举出了许多其他关于性文化发生改变的例子。这些改变说明了条件作用对性反应的显著影响。文化间不同的性反应的一个特殊例子是文化束缚症候群。恐缩症是一种只在东南亚发现的性障碍，男性认为他们的阴茎在向体内收缩，而女性认为她们的乳房在向体内收缩。

内隐致敏法是厌恶疗法一种更人道、身体上更安全的变体，也已被用于上述患者。它包括给患者描述相关刺激，使其产生关于异常和厌恶的想象，而不是实际体验。羞耻厌恶疗法是一个与之类似的程序，包括让患者在公众面前感到羞耻或遭受与他们的异常行为相关的羞辱。

有研究调查了厌恶疗法对其他行为的有效性，如恋童癖、裸露癖和异装癖。大多数研究都利用了恶心或药物导致的睡眠剥夺。内隐致敏法也被用于治疗恋童癖。但是总的来说，由于很少有针对多名患者的对照研究，因此无法对这些疗法的有效性得出确切的结论（Council on Scientific Affairs, 1987）。

第 16 章
对婴儿车和手提包产生性兴奋的男人

杰出但充满争议的心理学家汉斯·艾森克

来源：Getty Images

第 17 章

弗洛伊德对小男孩恐惧症的分析：小汉斯的故事

> 西格蒙德·弗洛伊德是有史以来最著名的心理学家。他创作了一系列作品，涵盖了从儿童和人格发展、梦的解析到精神障碍的治疗等一系列不同的主题。弗洛伊德主要采用个案研究的方法。虽然他的著作中提到了多达133个案例，但他只对其中6人进行了详细描述。弗洛伊德的影响力是如此之大，以至于他的一些病人后来也成了那个时代的小名人。尽管弗洛伊德强调童年经历对成年期发展的重要性，但他只记录了一个关于儿童的个案研究。正因如此，小汉斯的个案研究在弗洛伊德理论中具有至关重要的意义。这一具有里程碑意义的儿童分析研究在首次发表时就引起了极大的震撼和争议，争议一直持续到今天。

马克斯·格拉夫和弗洛伊德的友谊

马克斯·格拉夫（Max Graf，1873—1958）是一位著名的作家、评论家，同时也是一位音乐史、音乐理论和音乐科学领域的知名学者。如今，他更出名的身份可能是西格蒙德·弗洛伊德的好友。他在精神分析史上占有独特的地位，因为他是"小汉斯"的父亲。

马克斯·格拉夫认识弗洛伊德是因为他妻子是弗洛伊德早期的病人。事实上，在嫁给格拉夫之前，她就已经是弗洛伊德的病人了，据说，弗洛伊德还很赞成他

第 17 章
弗洛伊德对小男孩恐惧症的分析：小汉斯的故事

们结婚。这对夫妇过去经常参加弗洛伊德在维也纳伯格斯 19 号的家中举行的周三晚间学习小组。该小组的其他著名成员包括阿尔弗雷德·阿德勒和卡尔·荣格。这些成员可以被视为弗洛伊德早期的"弟子"，这个学习小组后来发展成为维也纳精神分析学会。弗洛伊德希望精神分析可以打破学科界限，因此，像马克斯·格拉夫这样来自艺术领域的人特别受欢迎。格拉夫显然是弗洛伊德的狂热崇拜者，甚至形容弗洛伊德是他"所认识的最有修养的人"（Graf，1942）。

弗洛伊德鼓励他的小组成员收集自己孩子的发育数据，格拉夫夫妇在这方面特别积极。他们开始详细记录幼子的情况。马克斯·格拉夫甚至在弗洛伊德的指导下，试图对自己的儿子进行最初的分析。在分析过程中，马克斯·格拉夫咨询了弗洛伊德，弗洛伊德密切关注治疗过程并提出建议。随后，弗洛伊德于 1909 年发表了一篇题为《对一个五岁男孩的恐惧症的分析》（The Analysis of a Phobia in a Five-Year-Old-Boy）的论文，报告了这一过程。这名五岁的男孩被化名为"汉斯"。

弗洛伊德已经在 1905 年发表了一篇关于儿童性心理发展理论的文章，他打算用小汉斯的个案研究来检验他的理论。他的性心理发展理论的许多方面都没有被接受，还被描述为极其不道德且淫秽的工作。此外，弗洛伊德还详细阐述了作为神经症的一种，恐惧症的发展和解决方法。

弗洛伊德在其早期的文章中简要提到了汉斯。例如，在 1907 年的一篇关于性意识的文章中，他提到了一个三岁的男孩在看到母亲怀孕后，猜到了出生的原理（Abraham and Freud，2002）。在这些文章中，弗洛伊德使用了汉斯的真名——赫伯特。人们认为，弗洛伊德将赫伯特化名为汉斯是受到了那匹马——聪明的汉斯的启发。据报道，聪明的汉斯能够完成简单的数学任务，例如算数（这匹马常常能够通过敲蹄子来提供正确的数字）[①]。鉴于赫伯特对马的恐惧症，以及他是一个很聪明的男孩，弗洛伊德觉得"汉斯"这个名字很合适。

---

① 随后，研究人员发现，这匹马只是对主人的视觉提示做出反应，并不具备任何数学能力。

小汉斯

小汉斯于 1903 年 4 月 10 日出生于维也纳。他被描述为一个性格开朗、直率的孩子，在一个典型的中产阶级家庭中成长。他很快乐，很健谈，也很爱他的父母。格拉夫夫妇和弗洛伊德是好朋友，因此，弗洛伊德慷慨地送了一份生日礼物给小汉斯。令人惊讶的是，明明知道小汉斯对马有恐惧症，弗洛伊德竟然选择了一匹摇摇马作为礼物。1942 年，马克斯·格拉夫称这是汉斯在三岁生日时收到的（Graf, 1942），但 10 年后，他又称这是他儿子五岁生日的礼物。如果这是汉斯三岁生日的礼物，那他后来患上恐马症真是一个惊人的巧合，所以弗洛伊德似乎更有可能是在汉斯五岁生日时送他的这个礼物，以强有力（而且有趣）地证明汉斯的恐惧症已经治愈。顺便说一句，送礼物时是弗洛伊德第二次见到汉斯。此前，他们只在一次简短的治疗会议上见过面。之后，直到多年后汉斯成年，他们才再次见面。

马克斯·格拉夫与弗洛伊德讨论了将赫伯特培养成天主教徒而非犹太教徒的可能性，这一事实证明了格拉夫与弗洛伊德的亲密关系。格拉夫亲历了 20 世纪初维也纳对犹太人的仇恨，并就如何更好地保护他年幼的儿子向弗洛伊德寻求建议。尽管认识到了危险，但弗洛伊德依然认为，作为一个遭受歧视的犹太人长大将有助于激发赫伯特的内在动力，这将对他以后的生活很有帮助，因此，赫伯特成了一名犹太教徒。

那么，弗洛伊德在研究汉斯时使用了什么方法呢？他采用的是个案研究法，在汉斯三岁到五岁（1906—1908 年）之间对他进行追踪研究（主要使用马克斯·格拉夫提供的二手资料），收集的数据包括汉斯父母独家报告的传记数据和速记笔记。马克斯·格拉夫也经常直接向弗洛伊德咨询关于他儿子的事情。弗洛伊德只直接参与了一次对汉斯的治疗，那是 1908 年 3 月 30 日的一次谈话，当时他的分析即将结束（Freud, [1909] 2000）。弗洛伊德对汉斯的幻想、日常行为、恐惧症及梦境展开了分析。弗洛伊德认为，对梦的解析是理解无意识的"王道"（Freud, 2001）。在他看来，每个梦都有显性和隐性的内容；显性的部分是可以被回忆起来的，而隐性的部分是潜藏的。只有发现潜藏的部分，梦的真正意义才可能被揭示出来。

第 17 章
弗洛伊德对小男孩恐惧症的分析：小汉斯的故事

对小汉斯恐惧症的分析

小汉斯的个案研究既详细又复杂。弗洛伊德关于小汉斯的著作被翻译成英文后，大约有 150 页。除了原始文献外，还有大量可读的关于案例细节的记录（Gross, 2003）。精神分析对事件的解释经常是令人惊讶且有争议的。弗洛伊德对汉斯性格形成时期的重大事件的观点可以总结如下。

弗洛伊德（Freud, [1909]2000）报告说，汉斯对他的阴茎表现出了"相当浓厚的兴趣"。汉斯喜欢摸自己的阴茎，有一天，他的母亲威胁说再摸的话就把他的阴茎剪掉。尽管有这种被阉割的焦虑，但汉斯对这种性行为的乐趣却越来越大。例如，他观察到当地动物园的动物有着比自己大得多的阴茎，他还对自己没有看到父亲和母亲的阴茎表示遗憾。他认为，既然他们都"长大了"，那他们的阴茎也会"像马的一样大"。

有一年暑假，汉斯的父亲长时间不在家，汉斯意识到他喜欢和母亲独处。一开始，汉斯只是希望他的父亲"走开"，但后来他希望他能永远离开，也就是死去。弗洛伊德认为对汉斯性心理发展影响最大的事件是他三岁时妹妹汉娜的出生。妹妹的出生使汉斯非常焦虑，他对妹妹怀有敌意，觉得妹妹会占用妈妈太多的时间。汉斯害怕洗澡，这间接地表达了他的恐惧。他认为他妈妈可能会把他扔进浴缸里溺死，但实际上，他希望妈妈把妹妹溺死在浴缸里。在分析中，汉斯毫不掩饰地表达了他对妹妹死亡的愿望，但并不认为这像他对父亲的死亡愿望那样邪恶。

一天，汉斯在街上突然焦虑发作。虽然他说不出害怕的是什么，但他生病的动机似乎是为了有机会待在家里，更多地和妈妈黏在一起。随着时间的推移，他的恐惧加剧了，甚至和母亲在一起的时候，他也会感到害怕。汉斯还说他害怕白马会咬他，这听起来可能是一种很特别的恐惧，但汉斯所在的维也纳到处都有马，在全市运送人和各种货物。

汉斯对马的恐惧源于两件事。汉斯曾经听到一位父亲在乘坐马车离开时警告他的孩子："不要用手指碰那匹白马，它会咬你的。"弗洛伊德猜测，这句话的前半部分与汉斯母亲警告汉斯不要碰阴茎的措辞很相似。汉斯的父亲还告诉他，女人没有阴茎。汉斯把这和他母亲之前的阉割威胁联系在了一起，并推断她肯定是被切除了阴茎。就这样，汉斯把他的阉割焦虑和马联系了起来。

后来，汉斯又讲了自己关于两只长颈鹿的想象。他说他做了一个梦，梦见自己拿走了一只皱巴巴的长颈鹿（代表他的母亲），一只大长颈鹿（代表他的父亲）哭着表示抗议。弗洛伊德告诉汉斯，他之所以害怕父亲，是因为对父亲怀有敌意。弗洛伊德还解释了汉斯对马的恐惧，认为马就代表了他的父亲。马嘴周围的黑色毛发和马的眼罩代表着他父亲的胡子和眼镜。在与弗洛伊德会面后，马克斯录下了与汉斯的一段对话，汉斯说："爸爸，不要离开我！"

汉斯进一步详细描述了他的恐惧症（他称之为"胡说八道"）。他报告说，他害怕马摔倒，也害怕重载的手推车、面包车或公交车。汉斯还回忆起一件事——他看到一匹马在街上摔倒，脚到处乱踢。他吓坏了，以为那匹马死了。汉斯的父亲指出，当以为那匹马死了的时候，汉斯一定想到了自己。汉斯将他对父亲的恐惧转移到了让他想起父亲的马身上。对汉斯来说，这种认识或解释似乎是一个转折点。弗洛伊德报告说，汉斯似乎接受了这一理论，从那时起，他在与父亲的相处中变得无拘无束、无所畏惧。

汉斯也逐渐不那么害怕马了。最后的两次幻想表明，他已经消除了对父亲的敌意：第一次，汉斯报告说，来了一名水管工，带走了他的阴茎，然后给了他一个更大的；第二次，汉斯告诉他的父亲，他把自己假想成孩子的父亲，而不是通常情况下的母亲。根据弗洛伊德的说法，这两次幻想都表明他已经从希望父亲死掉转变为向父亲认同。这两次幻想的出现，标志着汉斯的病和对他的分析都结束了。

弗洛伊德研究的一个关键主题就是生命的最初几年对随后的人格发展的重要性。弗洛伊德认为，儿童会经历情感冲突，他们未来的幸福感取决于这些冲突的解决情况。弗洛伊德相信，通过表达恐惧，汉斯已经成功地解决了他所有的冲突和焦虑。

与那个时代的观点不同，弗洛伊德认为儿童在青春期之前是有性意识的，儿童的性心理发展贯穿于不同的发展阶段，每个阶段的关注点在身体的不同部位。弗洛伊德认为，对小汉斯的个案研究为这一观点提供了支持，所有儿童都经历了五个发展阶段，即口唇期、肛门期、性器期、潜伏期和生殖期。前三个阶段发生在五岁前，在对小汉斯的分析结束时，他正处在性器期。

第 17 章
弗洛伊德对小男孩恐惧症的分析：小汉斯的故事

性器期从三岁到五岁，是孩子建立性别认同的阶段。在这一阶段，弗洛伊德假设汉斯和所有的小男孩一样，经历了他所说的俄狄浦斯情结。俄狄浦斯情结指的是孩子对异性父母（在这里指汉斯的母亲）的性占有欲，以及对同性父母的排斥（汉斯排斥他的父亲马克斯·格拉夫）。当然，汉斯意识到，这是不可能的，因为他的父亲拥有压倒性的权力和力量。根据弗洛伊德的理论，汉斯会担心他的父亲把他视为竞争对手并阉割他。这种冲突会让孩子感到很不安，而解决它的方法之一就是向同性父母认同。在弗洛伊德看来，汉斯是通过发展一种叫作"认同攻击者"的防御机制来实现这一点的。这可以从汉斯最后的幻想中看出来——他把自己想象成自己兄弟姐妹的父亲。通过这种方式，所有的小男孩都学会了认同他们的父亲。弗洛伊德还指出，女孩会经历伊莱克特拉情结（恋父情结），但他对男性发展的重视导致他被批评"性别歧视"和"男性中心主义"。

弗洛伊德认为，潜意识是我们头脑中意识不到的一部分，它包含了许多未解决的冲突，如俄狄浦斯情结。这些冲突会影响我们的行为（例如汉斯对马的恐惧），并在我们的幻想和梦境中显现出来（长颈鹿的梦和水管工的幻想）。由于这些冲突具有威胁性，常常令人不安，而且总是以伪装的形式出现，所以需要对其进行解释才能揭示其真正意义。

弗洛伊德撒谎了吗

那么，小汉斯的个案研究对心理学领域有什么贡献呢？弗洛伊德的支持者认为，这揭示了儿童的恐惧症是如何产生的——恐惧症只是应对冲突和焦虑的一种手段。批评人士提出了许多不同的解释。也许其中最合理的一种是，小汉斯是通过经典条件反射产生了条件性恐惧反应（见第 13 章）。汉斯目睹那匹马在街上倒下的事件才是恐惧症产生的真正原因。对这一初始事件的恐惧反应泛化到了所有的马身上，他之所以害怕上街，是因为在街上肯定会遇到马。

弗洛伊德是第一个提出谈话治疗适用于像汉斯这样年幼的孩子的人。在整个个案研究中，弗洛伊德对汉斯的观点表现出极大的尊重。的确，在某一时刻，当汉斯因为希望妹妹溺亡而受到父亲的严厉批评时，汉斯回应说，这样想是有好处的，因为这可能是对"教授"（弗洛伊德）有用的证据。弗洛伊德（Freud，[1909]2000）报告说，他希望"任何成年人都能更好地理解精神分析"。这一事件可以被视为要求特征的一个例子，被试（汉斯）提供了他认为研究人员（弗洛伊德）希望听到的答案。因此，这也被视为谈话治疗这种方法的缺陷。尽管如此，弗洛伊德的贡献仍不可忽视，他开创性的工作塑造了当今许多儿童心理治疗工作的总体方法。此外，弗洛伊德认为潜意识在我们的许多行为中起着重要的决定作用，这一观点今天已被广为接受。

对小汉斯案例的争议主要集中在主观报告上。所有的报告要么来自马克斯·格拉夫（汉斯的父亲），要么来自弗洛伊德。这个案例不具备独立性——汉斯的父亲是弗洛伊德的坚定支持者，可能有意为其提供相应的证据支持。汉斯与他的分析师父亲的特殊关系使这个案例更具特殊性，这也意味着结果的不可推论。弗洛伊德意识到了这些可能的批评，但认为汉斯和他父亲之间的特殊关系是分析如此成功的原因之一。弗洛伊德认为，他们的关系是治疗的优势而不是劣势，精神分析师应该致力于培养与来访者之间的良好关系。

精神分析从诞生至今，一直备受争议。鉴于马克斯·格拉夫和弗洛伊德对案例的证据和解释，小汉斯的个案研究被一些人视为有史以来最荒谬的案例也不足为奇。精神分析被认为是一个"科学童话"，除了安慰剂效应之外，完全无效。精神分析甚至被比作邪教，西格蒙德·弗洛伊德是"大祭司"。一些文章宣称要"推翻弗洛伊德"（Tallis，1996），指责他是骗子和性别歧视者。作为"性诱假说"[①]的提出者，他被指责应该为一些父母的痛苦负责，因为这些父母被冤枉性侵孩子。在他后来放弃的假设中，他还被指责虐待儿童（Masson，1985）。人们一直想知道，50多年来，这样一种有缺陷的心理学理论是如何对精神病学产生如此显著的影响的。弗洛伊德基于不能令人信服的证据，提出了似是而非的观点，影响了精神病学和整个社会（例如，使用弗洛伊德的术语），这被认为是20世纪知识分子思想史上最不寻常的事件之一。

---

① 性诱假说认为，每一个歇斯底里症病例的背后，总有着一次或多次发生于童年早期的不成熟的性经历。——译者注

第 17 章
弗洛伊德对小男孩恐惧症的分析：小汉斯的故事

然而，精神分析自弗洛伊德学派诞生以来一直在发展。弗洛伊德应该被视为他那个时代的产物。他对人类意识内部运作的研究在他那个时代是革命性的。与现在使用的科学方法相比，他的方法可能不合格，但与同时代的方法相比，他的方法还算不错。弗洛伊德实际上是一位训练有素的科学家，他认为自己是心灵的考古学家，对潜意识进行了越来越深入的研究。从他早年尝试可卡因、催眠和电击疗法（后来都被抛弃）开始，弗洛伊德就下定决心要取得成功，让全世界都知道自己。他意识到有些人认为他是个偏执狂，但他的潜意识理论使他确信，他触及了关于人的本性的一个巨大秘密。他的孙女索菲·弗洛伊德（Sophie Freud）声称，弗洛伊德一直认为自己会成为一个伟人。几乎没有人质疑他做到了这一点。无论他是否夸大了证据，人们都不得不佩服他的意志和决心——对宇宙中最复杂的结构，即人类的心灵，设法加以探索。不管有没有欺骗，弗洛伊德都为人类提供了很多值得思考的东西。

当今的批评者更倾向于通过过度强调弗洛伊德的当代影响力去攻击精神分析学派。伟大的数学家怀德海（A.N.Whitehead, 1929, p.413）曾宣称，"一门不愿忘记其创始人的科学是失败的"，所以也许是时候把关注点从弗洛伊德身上移开了。但弗洛伊德对当今心理学的贡献仍然有三点不可忽视：首先，它强调了儿童期的发展对成年后人格的重要性；其次，它强调了人际关系对心理健康的重要性；最后，它为探索和表达各种情感提供了一种语言。例如，在小汉斯的个案研究中，弗洛伊德第一次在他的作品中使用了"移情"一词。移情是指将未解决的焦虑和冲突转移到一个替代对象身上。汉斯对父亲的焦虑转移到了替代物——马之上。马作为恐惧对象成了他表达感受的一个有用的工具。

成年的汉斯

小汉斯后来怎么样了呢？一些批评人士认为，弗洛伊德对汉斯生活的干预剥夺了他的纯真，预示着这个可怜的小男孩不幸的未来。汉斯甚至被描绘成精神分析的受害者。弗洛伊德（Freud, [1909] 2000）在他的原始论文中预言了这一责难，他写道："我必须问一下，把汉斯身上那些被他压抑而且被他父母所惧怕的情结找出来，对他造成了什么伤害？"弗洛伊德认为，那些误解了精神分析本质的医生会错误地认为邪恶的本能会因为意识化而被强化。在他看来，分析的结果是汉斯康复了，不再害怕马，和父亲的关系也变得更亲密。事实上，他说，汉斯对他父亲说，"我以为你什么都知道，就像你了解那匹马一样"。

弗洛伊德在1911年与汉斯失去了联系，但两人后来又见了一面，也是最后一面。1922年春，19岁的赫伯特·格拉夫漫步走进弗洛伊德的咨询室。弗洛伊德报告说，赫伯特是一位身材魁梧的年轻人，身心状况非常好。尽管经历了父母的离婚，但他的情绪还是很稳定。赫伯特继续和父亲生活在一起（这也许支持了弗洛伊德关于赫伯特与父亲关系密切的观点），他非常喜欢的妹妹则跟了母亲。赫伯特报告说，当他读到小汉斯的病历时，他完全没有意识到写的是他！看来精神分析也没有使赫伯特对这些事件免于失忆。

赫伯特·格拉夫和他的父亲一样从事音乐艺术。在德国、瑞士和奥地利创作了各种歌剧后，33岁的赫伯特于1936年移居美国。在那里，他的事业开始腾飞，并获得了享有盛誉的纽约大都会歌剧院导演一职。在美国度过了一个成功的时期后，他回到了故乡欧洲，在佛罗伦萨指导了玛丽亚·卡拉斯（Maria Callas）[①]，并在科文特花园[②]和奥地利的萨尔茨堡参与了广受好评的歌剧创作。1960年到1962年，他担任了苏黎世歌剧院和日内瓦歌剧院的导演。赫伯特·格拉夫还是一位作家。在他1951年出版的《人民的歌剧》（Opera for the People）一书中，他对歌剧创作的方方面面都进行了详尽的描写。赫伯特被描述为戏剧界的伟人，极富创造力，特别受年轻艺术家的欢迎。

赫伯特在接受《歌剧新闻》（Opera News）杂志采访时，给采访起了一个标题——《一个隐形人的回忆录》（Memoirs of an Invisible Man）（Graf, 1972）。这指的是他一直在幕后工作，而不是在舞台上。选择音乐事业表明了他对父亲的明确认同，但有人认为，"幕后执导"也是对弗洛伊德在其分析中所扮演的隐形角色的认同（Holland, 1986）。

同事和熟人形容赫伯特是一个极具魅力和智慧的人。然而，他也有一些性格

[①] 著名美籍希腊裔女高音歌唱家。——译者注
[②] 又名科芬花园，坐落于伦敦西区的圣马丁巷与德鲁里巷之间，是伦敦最大的特色商品市场。——译者注

第 17 章
弗洛伊德对小男孩恐惧症的分析：小汉斯的故事

缺陷。据报道，所有与他共事的人都清楚地发现了他性格中某些令人不快的方面，即使这些方面多年前一直没有被弗洛伊德注意到！他还被描述为"好酒又好色"（Holland，1986）。赫伯特似乎在爱情上并不是特别成功，也没有组建家庭。有些人甚至指出，这可能证明对他的精神分析治疗并不像弗洛伊德希望的那样成功（这当然是相当薄弱的证据）。后来，赫伯特患上了癌症，并于 1973 年在日内瓦去世。尽管赫伯特·格拉夫成年后取得了许多令人瞩目的成就，但他作为西格蒙德·弗洛伊德的"小汉斯"可能更为出名。

西格蒙德·弗洛伊德，现代精神分析之父

来源：Mondadori via Getty Images

第 18 章

三面夏娃：克里斯·西斯摩尔的故事

多重人格障碍（multiple personality disorder，MPD），现在被称为分离性身份识别障碍（dissociative identity disorder，DID），在美国精神病学家科比特·西格彭（Corbett Thigpen）和哈维·克莱克利（Hervey Cleckley）于20世纪50年代发表他们的个案研究之前，几乎不为人所知。他们描述了一个有三种截然不同人格的病人，他们分别称其为"白夏娃""黑夏娃"和"珍妮"。每种人格都是独立的，行为方式也与其他两种人格完全不同。随后根据该案例改编的电影《三面夏娃》（*The Three Faces of Eve*）获得了大奖，这使得MPD引起了更广泛的公众关注。20世纪70年代的书籍和电影《西比尔》（*Sybil*）更是激发了公众的想象，使MPD从一种基本上不为人知的、看似罕见的疾病变成了一种广为人知的、更常见的诊断障碍。然而，近年来，学者们开始质疑MPD究竟是作为一种"真正的"疾病存在，还是一种医源性疾病——由治疗师创造出来，并"植入"易受暗示的患者的脑海中？

什么是 MPD

MPD是一种分离性精神障碍（Wang，2018），其最显著的症状是，个体拥有至少一种可选择或"切换"的人格来控制行为。这些"切换"是自发且非自愿的，而且各种人格完全独立于彼此。1994年，《精神障碍诊断与统计手册（第4版）》（*DSM-IV*）将MPD的名称改为DID，即分离性身份识别障碍。虽然诊断名称在美国已经改变，但 MPD 一词在英国仍在使用，本章也将使用 MPD 一词，因为它更广为人知，或者说更形象。

在美国，MPD 虽已更名，但并未改变疾病症状列表。MPD 的症状多种多样，且因人而异，因此很难描述 MPD 的典型病例。MPD 患者可以有任意数量的"可切换"人格，通常多达 20 或 30 个。MPD 患者通常会有一个应对日常生活的主人格，这种人格意识不到其他人格的存在，即使能意识到，也是以间接的方式。比如，有证据表明他们一定做过什么，但他们完全不记得。其他"可切换"人格可能知道所有其他人格的存在，它们之间有时会建立"友谊"或"联盟"来与其他人格对抗。这些"可切换"人格许多都没有得到充分发展，仍然是零散的。他们可以是不同年龄、不同性别甚至不同国籍的人。每种人格都有独立的身份（可能涉及不同的手势、笔迹、言语和身体形象）。MPD 患者还可能会产生幻觉，以至于他们会在镜子中感知到不同的人格（Sileo，1993）。

MPD 的历史

虽然在三面夏娃的个案研究之前，MPD 并不为人所知，但它其实已经有了一段相对较长的历史。早在 1784 年，就有报道称，在法国的索森斯，有一位名叫维克多·瑞斯（Victor Race）的乡村庄园工人出现了 MPD 的症状。有一天，维克多的意识状态突然发生了改变——一个平时思维迟钝的人突然变得聪明伶俐起来。当他恢复正常的意识状态时，他完全不记得发生了什么事情，也不记得自己的人格发生了什么改变（Crabtree，1993）。

关于 MPD 的首次详细描述也许是由埃贝哈德·格梅林（Eberhard Gmelin）在 1791 年发表的，其中涉及一个来自斯图加特的 21 岁女子，这名女子突然变成了一个"法国女人"（Gmelin，1791），并声称自己逃到德国是为了躲避法国大革命，所以她只会说带有法国口音的初级德语。这个女人没有意识到这种改变状态的存在（Thigpen and Cleckley，1954）。

虽然后来的文献中也有关于多重人格的报道，其中最著名的是美国心理学家莫顿·普林斯（Morton Prince）的比彻姆小姐（Miss Beauchamp）研究[①]（Prince，1906），但它的罕见导致 MPD 在精神病学界基本上被忽视了。事实上，西格彭和克莱克利（1954，p.135）也写道："多重人格在日常生活中并不常见。"然而，他们在 1954 年发表的关于三面夏娃的个案研究改变了这一切。

夏娃

西格彭是一名精神科医生，她一直在治疗一位 25 岁的已婚女性，她患有一种"严重且令人目眩的头痛"。她还报告说，头痛之后会出现"昏迷"。西格彭和他的同事克莱克利在后来的作品中给她取名为"白夏娃"。经过一系列特殊的治疗，他们得出结论，她的症状是由典型的婚姻冲突和个人挫折混合引起的。她曾经忘记了以前一次治疗的细节，但后来在催眠状态下回忆了起来。她的案例本没有什么特别的。但是有一天，西格彭突然收到一封令人费解的、未署名的信，他意识到这封信一定是白夏娃写的。然而，他注意到，最后一段显然是其他人写的——不成熟的内容和笔迹表明这是一个孩子的手笔。

当白夏娃下次来访被问及这封信时，她表示了否认。她回忆说，她只写了个开头，但没有写完就毁掉了。在会面过程中，白夏娃变得焦躁不安，并突然问道，听到想象中的声音是不是精神错乱的标志。西格彭对此很感兴趣。白夏娃之前从未表现出或提到过任何这样的症状。西格彭还没来得及回答白夏娃的问题，她就双手抱头，好像被一阵剧痛折磨得喘不过气来。过了一会儿，她放下双手，迅速而轻率地笑了笑，然后用洪亮的声音说："你好，医生！"那个普通的、腼腆的、传统的白夏娃已经被一个魔鬼般轻佻放荡的新来者取代了。这位新来者是一个完全不同的人。当被问到她是谁时，她回答说："哦，我是黑夏娃。"一个完全不同的人加入了治疗。

在接下来的 14 个月里，在大约 100 个小时的系列会谈中，研究者获得了关于白夏娃和黑夏娃行为和内心世界的大量资料。西格彭和克莱克利报告说，从白夏

[①] 比彻姆小姐有三种截然不同的人格，它们相互交替。普林斯把这些人格形容为圣人、魔鬼与女人。——译者注

娃的童年时代起，黑夏娃就作为一个独立的人格存在，同时也是成年期创伤事件的产物。此外，虽然白夏娃意识不到黑夏娃，但黑夏娃却能意识到白夏娃。黑夏娃知道白夏娃在做什么，反之则不然。虽然黑夏娃经常会自发地"跳出来"，但人们发现，最初她只有在催眠状态下才能被唤醒。经过进一步的治疗，催眠不再必要，克莱克利可以轻易召唤出他想要交谈的任何一个人格。这样做的一个不幸的副作用是，黑夏娃发现自己比以前更有能力"接管"白夏娃。

西格彭和克莱克利认为，人格分裂是这名女子应对她无法忍受的经历的一种方式。这一观点似乎得到了克里斯·西斯摩尔（Chris Sizemore，夏娃的真名）传记的支持，她在传记中概述了大萧条时期，她在北卡罗来纳州成长过程中的一些创伤事件（Sizemore and Pittillo, 1977）①。第一件事是她目睹了一个男人的尸体从积水的沟渠中被打捞出来。据推测，他是在前一天晚上醉酒后掉进水里淹死的。西斯摩尔说，她在桥上"看到"一个小女孩俯视着现场，她的红色头发在早晨的阳光下闪闪发光，她的眼睛是明亮的蓝色，平静而无畏。另一起值得注意的事件与她母亲有关。她母亲拿着一个玻璃奶瓶，瓶子莫名其妙地碎了。意识到西斯摩尔就站在碎瓶子下面，为了保护她，母亲接住了碎片，结果母亲的左手腕被玻璃碎片划破了。看到血的西斯摩尔吓坏了，尽管有人叫她去找人帮忙，但她还是跑到房间的角落里瘫倒在地。红发蓝眼的女孩再次出现，站在那里看着红色的血液和白色的牛奶混合在一起。过了一会儿，她才跑去求救。

不久之后，又发生了一起创伤性事件。西斯摩尔的父亲曾在当地的锯木厂工作。每天的工作开始和结束时都会有哨声响起。一天上午 10 点 25 分，哨声响起。这个时间的哨声只意味着一件事——工厂发生了事故。所有工人的亲属都立即赶到工厂，去看看发生了什么事。西斯摩尔也在其中，她赶到时看到一个男人的身体从腰部以上被切成了两半——锯子两边各一半，相距不远。西斯摩尔还注意到，他的一只手臂被切断了——一副躯体被分割成了三个不同的部分。

西斯摩尔后来写道，孩子不应该看到如此可怕的事情，她受不了这种刺激

---

① 在西斯摩尔 1989 年出版的《我自己的心灵》（*A Mind of My Own*）一书中，西斯摩尔认为她的不同人格在出生时就已经存在了。

（Sizemore，1989）。她表示，也许那个红发女孩有勇气看到她无法面对的东西。尽管发生了这些事情，但与成长于大萧条时期的许多其他孩子相比，西斯摩尔的生活环境还是相当不错的。在她童年的大部分时间里，她与她的大家庭一起生活在一个高产的农场里。这个家庭很幸运，在适当的时候投资了土地，耕种土地意味着他们避免了那个时代许多可怕的苦难。然而，西斯摩尔发现自己总是陷入麻烦。她会做一些别人不让她做的事，然后又不记得自己做了这些事。这些事情和随后的"撒谎"激怒了她的父母，从而导致了更严厉的惩罚。当时，惩罚往往是身体上的。在被打屁股的过程中，西斯摩尔经常抽泣着说"是她干的"，并坚称自己是无辜的。

许多后来的 MPD 案例的一个特征是存在儿童性虐待。尽管治疗过程经常涉及催眠，但从来没有任何证据表明西斯摩尔经历过这样的事件。她创造"可切换"人格的催化剂似乎与童年时期的创伤性事件有关（与性虐待无关）。

1954 年，西格彭和克莱克利采用对比技术来探索西斯摩尔的人格。在治疗过程中，他们采访了她的家人——她的父母和丈夫。他们证实了黑夏娃报告的各种事件。然而，由于白夏娃无法接触到黑夏娃，而且黑夏娃被证明"满口谎言，毫无愧疚感"，治疗师无法证实她的所有说辞。白夏娃的丈夫和她的父母注意到了治疗师目睹的许多人格变化，但在不了解 MPD 的情况下，他们认为这些变化更有可能是"发脾气"或者她母亲天真地以为的"奇怪的小习惯"。不过，他们确实注意到，她的性格变化与她平时的温柔体贴形成了鲜明的对比。

当面对她的越轨行为时，黑夏娃表示，自己很喜欢"跳出来"去搞事情，享受那些被禁止的冒险，然后消失，让白夏娃面对随之而来的惩罚。白夏娃报告说，她为自己因不记得的罪状而受罚感到困惑。黑夏娃过着一种享乐主义的生活，包括购买昂贵且不必要的衣服，在廉价的夜总会与陌生人调情。当面对买回来的衣服时，白夏娃往往一无所知。和她的丈夫一样，她也被账单吓坏了，立刻把衣服全部带回商店要求退款。她无法解释这些衣服是如何进入她的衣橱的，甚至怀疑是她的丈夫放的，这让人觉得她要"疯了"。黑夏娃喜欢出去喝得酩酊大醉，她知道宿醉后醒来的会是白夏娃——一个不知道宿醉的原因或前一天晚上发生了什么的可怜人。

白夏娃有一个四岁的女儿，由于自己的精神问题，她的女儿和祖父母一起生活。白夏娃不得不在离女儿 100 英里的城市工作，这给她带来了更多的不快和绝望。黑夏娃知道这个孩子，但对她没有感情。她通常不理会这个孩子，或者说对她毫不关心。甚至有一次，当"这个小捣蛋让我心烦意乱"时，她承认在白夏娃的丈夫干预之前曾试图掐死她（Thigpen and Cleckley, 1954, p. 141）。白夏娃意识到了这一事件，但不知道自己能做什么，于是自愿将自己关进了精神病院一段时间。黑夏娃完全否认与白夏娃的丈夫的婚姻，因为她看不起他。西格彭和克莱克利说，白夏娃的婚姻本就可能会因感情不和而破裂，黑夏娃的出现让他们最终分开了。黑夏娃并不是故意伤害白夏娃，即使是这样，她也不会感到内疚或同情。

心理测试

西格彭和克莱克利对白夏娃和黑夏娃进行了 EEG（脑电图）测试以及一系列心理计量测验和投射测验，包括智力测试、记忆测试和罗夏墨迹测试。测试的主要发现见表 18–1。

表 18–1　对白夏娃和黑夏娃进行的诊断测试的结果总结

特征	白夏娃	黑夏娃
性格	端庄，近乎圣洁	以自我为中心的派对女郎
表情	文静甜美，包含悲伤	眉飞色舞，随性，阳光
衣着	简单，整洁，保守	有点挑逗意味
动作	微驼，端庄，小心	非常性感
声音	柔和而有女性的克制	粗鲁，戏谑，诙谐，使用方言
性格/态度	坚定，勤奋，沉思，被动，不活跃，很少开玩笑	易变，灵动，冷酷，欠考虑，机智，有趣且讨人喜欢
智力测试分数	110（分数可能受焦虑影响）	104（分数可能受不感兴趣影响）
记忆测试表现	IQ 得分高于黑夏娃和预期值；鉴于她的失忆症，这是一个令人惊讶的发现	低于白夏娃，但与智力评分一致

续前表

特征	白夏娃	黑夏娃
罗夏墨迹测试结果	对作为妻子和母亲的角色感到非常焦虑；有强迫症	有点歇斯底里的倾向，但比白夏娃更健康
其他投射测验结果	压抑	退行
健康状况	不存在过敏	对尼龙过敏

这些心理测试是由一位名叫利奥波德·温特（Leopold Winter）的独立临床心理学家施测的。他的报告支持了 MPD 的诊断，并进一步详细说明了两种人格的对比。他认为投射测验表明，黑夏娃的人格是退行到婚前时代的结果；西斯摩尔不是有两个不同的人格，而是在她生命的不同时期各有一个人格。温特采用了精神分析的方法，认为白夏娃对自己作为妻子和母亲的角色感到非常焦虑。只有付出极大的努力，她才能胜任这两个角色中的一个或两个。所需的努力进一步加剧了她的焦虑和对双重角色的敌意。这种敌意对她来说是不可接受的，所以她采用了一种防御机制，即通过退行以应对这些焦虑。她把冲突的局面从她的意识中移除，同时（无意识地）扮演黑夏娃的角色，以表达她对白夏娃的敌意。黑夏娃对白夏娃表现出了彻底的鄙视——鄙视她对自己的处境缺乏预见性，也鄙视她缺乏解决问题的勇气。

在调查此案的过程中，西格彭和克莱克利遇到了西斯摩尔的一位远房亲戚，他透露西斯摩尔以前结过婚，但白夏娃和黑夏娃对此都表示否认。然而，经过反复询问，黑夏娃承认她以前结过婚，但只有她是新娘，白夏娃不是！黑夏娃说，有一天晚上，当白夏娃在离父母家几英里远的地方工作时，她突然"跑出来"喝酒跳舞。在一个特别疯狂的夜晚过后，她半开玩笑地同意嫁给一个她几乎不认识的男人。虽然没有可查的官方婚姻记录，但黑夏娃报告说，他们肯定举行了某种非正式的结婚仪式，她确信自己嫁给了他，她作为这个男人的"妻子"与他一起生活了几个月。在这段时间里，黑夏娃似乎完全主宰了白夏娃。白夏娃不记得有过这段婚姻。黑夏娃声称，这是因为她能够抹去白夏娃记忆的某些方面。

对夏娃的治疗

经过大约八个月的精神治疗，白夏娃似乎取得了令人振奋的进步。她不再被头痛或"昏厥"所困扰，在工作中也得到了晋升（当上了电话接线员），并结交了一些新朋友。黑夏娃对白夏娃的工作感到厌烦，很少在工作时间出现，但她仍不时在闲暇时跳出来，去勾三搭四。

这时，白夏娃的头痛和"昏厥"又出现了。人们注意到，"昏厥"经常发生在两个人格切换的时候，但黑夏娃否认此事。黑夏娃似乎对昏厥的原因也很好奇，她耐人寻味地说："我不知道我们要去哪里，但我们确实去了。"白夏娃不止一次被室友发现躺在地板上不省人事（这时，她已经离婚）。毫无疑问，白夏娃的病情正在恶化。她被威胁要被关进精神病院，她希望黑夏娃能够配合治疗，因为她害怕被禁锢。有一天，在她讲述一件童年往事时，她闭上眼睛，陷入了沉默。大约两分钟后，她睁开眼睛，茫然地环顾了一下房间，然后转过身来，用一种陌生的沙哑的声音问道："你是谁？"第三个人格出现了，她自称珍妮。

很明显，珍妮没有黑夏娃的那些缺点，而且比白夏娃更成熟、更活泼、更能干、更主动。珍妮也知道白夏娃和黑夏娃的所作所为。珍妮成了一种测谎机制——治疗师可以通过她来判断黑夏娃是否在撒谎。虽然珍妮并不觉得对白夏娃的妻子和母亲角色负有责任，但她对白夏娃的困境表现出了极大的同情。珍妮开始接手白夏娃的一些家庭和工作任务，心甘情愿地在白夏娃的孩子成长过程中发挥积极的作用。

珍妮出现后不久，"三人"接受了脑电图测试。黑夏娃的结果和其他两个人格的结果之间存在显著的区别。黑夏娃的放松节奏记录为每秒12.5次，这表明她是三个人格中最紧张的，处于异常的边缘。紧随其后的是白夏娃，珍妮是最不紧张的——后两者的记录都在正常范围内。

由于 MPD 是一个人格的解离，在治疗的早期，西格彭和克莱克利曾试图重新整合原来的两个人格。他们试图通过同时召唤它们来实现这一目的。这导致了白夏娃剧烈的头痛和严重的情绪压力，西格彭和克莱克利由此得出结论，这种方式是不明智的。然而，随着更自信的珍妮的出现，让珍妮整合所有的人格并保持绝对控制性的可能性是存在的。

西格彭和克莱克利纠结于促进珍妮的人格而牺牲其他两个人格的想法。然而，他们写道，珍妮与他们一样不愿意参与任何会导致白夏娃灭亡的行动。这样做，虽然看起来白夏娃的孩子的母亲仍然存在，但珍妮并不觉得自己是她真正的母亲。白夏娃自己也认识到了珍妮接管一切的可能性，似乎也接受了这样一个事实：自己的灭亡可能使珍妮成功地扮演她曾经失败的母亲角色——白夏娃似乎愿意为她的孩子舍弃自己的生命。

在个案研究接近尾声时，珍妮给西格彭写了一封信，讲述了白夏娃冒着生命危险在马路上救下一个被汽车撞倒的小男孩的事情。她写道，白夏娃抱着那个惊魂未定的小男孩走了。她讲述了她（珍妮）如何不得不出现并将男孩交给附近的警察，因为她担心白夏娃会因绑架而被捕！珍妮写道，她无法面对这样一个值得尊敬的人死去。珍妮认为，应该活下来的是白夏娃，而不是她珍妮。此外，她还写道，她再也感觉不到黑夏娃的存在，并怀疑黑夏娃是否已经放弃了。这最后一件事暗示着人格问题正在成功解决。

需要考虑的问题

这并不是该案例的终点。1957 年，西格彭和克莱克利将夏娃的个案研究写成了一本书，这催生了随后的同名电影——《三面夏娃》。这本书和这部电影都非常受欢迎。该书被翻译成 22 种不同的语言，并获得了一些文学非虚构类奖项。女演员乔安娜·伍德沃德（Joanne Woodward）因对夏娃的演绎而获得了金球奖和奥斯卡最佳女主角两项大奖。这本书和这部电影也促进了 MPD 走进公众的视野。

有人对西格彭和克莱克利对该案例的最初报告提出了质疑。其中一些问题，包括夏娃的问题是不是一个"骗局"，甚至在个案研究报告中被讨论过。西格彭和克莱克利花了大量时间与西斯摩尔相处，他们认为即使是专业演员也不可能如此令人信服和始终如一地扮演不同的角色。西格彭和克莱克利努力证实所报告的内容，并通过西斯摩尔的亲属证实了其中大部分内容。他们还邀请独立专家温特博士进行了各种生理和心理测试，这些测试似乎也证实了不同人格的存在。

然而，与任何个案研究一样，我们很难知道这些发现是否可以推广到具体的个案研究之外。夏娃是一个特例还是其他 MPD 案例的典型？不同身份的出现和失忆与"典型的" MPD（如果存在的话）是一致的，但缺乏儿童时期遭受性虐待的证据又与之不太相符[1]。本个案研究依赖于对事件的回忆，有些可能不是特别可靠。黑夏娃是一个彻底的骗子，她所讲述的事件特别容易受到这种批评。在 14 个月的时间里，患者接受了超过 100 个小时的治疗，毫无疑问，治疗师与患者建立了密切的关系。尽管这可能被视为治疗的一个重要部分，但同时也存在风险，即治疗师可能带着偏见选择性地报告数据。

在这个个案研究中，有许多伦理问题需要考虑。西格彭和克莱克利（1954, p.146）在谈到可能杀死其中一个人格时认识到了这一点，他们的结论是："我们不够聪明，没有能力做出更有效的决定，或者对即将发生的事情施加个人影响。"有些人认为，通过发表这项研究，西格彭和克莱克利以一种不必要的方式入侵了西斯摩尔的生活，鉴于她的精神问题，目前仍然不清楚他们在发表之前是否获得了她的知情同意。从本质上讲，他们的好运（地位的提高和经济收益）是利用西斯摩尔的不幸获得的。然而，他们并没有透露她的真实身份，并认为自己帮助提高了一种重要的精神障碍的知名度，这可能会帮助其他患有 MPD 的人。

夏娃的再次出现

1977 年，西斯摩尔透露自己才是真正的夏娃（Sizemore and Pittillo, 1977）。她披露的一些案例细节与西格彭和克莱克利报告的不同。她透露，她大约有 22 种人格，这些人格在治疗前后都存在。她进一步断言，她并没有被西格彭和克莱克利治好。2009 年，西斯摩尔在伦敦的一次谈话中表示，她感谢西格彭和克莱克利试图帮助她，并有勇气做出不同寻常的诊断，但他们的治疗并不像他们声称的那样成功。实际上，她继续接受了另一位医生托尼·齐托斯（Tony Tsitos）的治疗。在最近的一本书（Sizemore, 1989）中，她说，在患了 45 年 MPD 和接受了 20 年的治疗后，她终于被治愈了。西斯摩尔认为她成了她所有人格的综合体，并声称：

---

[1] 儿童性虐待的存在是后来 MPD 案例中一个相当一致的特征，尽管夏娃的情况并非如此。

"我不是她们中的任何一个，我是她们中的所有人。"在这种整合之后，西斯摩尔获得了许多只有个别人格才能拥有的记忆。西斯摩尔进一步指出，"黑夏娃是我最喜欢的人格——她确实很有趣，这很重要"。西斯摩尔一直对西格彭通过宣传她的故事并推广好莱坞对她的塑造来赚钱感到不满。1989 年，西斯摩尔成功地起诉了 20 世纪福克斯公司，要求获得《三面夏娃》的电影版权。然而，必须说明的是，西格彭从未向西斯摩尔收取任何治疗费用。

随后，西斯摩尔的影响力越来越大，她花了很多时间来促进人们对 MPD 的理解。她研究了艺术在治疗过程中的作用，为美国心理健康协会（American Mental Health Association）举办了许多关于 MPD 的讲座，并因此获得了许多奖项。她还成了一名出色的画家，并将自己的一些作品卖给了世界各地著名的美术馆。她的作品档案保存在美国北卡罗来纳州杜克大学图书馆。2016 年 7 月 24 日，西斯摩尔在佛罗里达州的一家临终关怀中心因心脏病发作去世，享年 89 岁。

西比尔现象

在夏娃的个案研究之后，最著名的 MPD 个案研究围绕着西比尔展开，西比尔为了应对可怕的身体虐待和性虐待，发展出多达 16 个独立人格。1973 年，该案例被记者弗洛拉·拉赫塔·施赖伯（Flora Rheta Schreiber）改编成了一本畅销书。这本书成为当年最畅销的非小说类书籍之一。与《三面夏娃》一样，这个故事很快于 1976 年被拍成了一部成功的电影——《西比尔》，在前一部电影中饰演夏娃的乔安娜·伍德沃德这一次饰演治疗师威尔伯医生。与之前的电影一样，莎莉·菲尔德（Sally Field）凭借对西比尔的刻画获得了艾美奖。

然而，与夏娃案相比，该案的真实性存在严重的问题。赫伯特·斯皮格尔（Herbert Spiegel）是一位受人尊敬的精神科医生，他认识威尔伯医生和西比尔。事实上，他在这本书的致谢中也被简要提及，但在书的其他地方却没有被提到。这是一个令人惊讶的疏漏，因为他有时也会治疗西比尔，西比尔甚至参加了他在哥伦比亚大学的一些催眠演示。斯皮格尔认为西比尔是那种高度易受暗示的人，指责可能是威尔伯诱导了后来报告的那些人格。西比尔可能是医源性疾病（由医生的行为、干预或治疗引起的疾病）的一个典型例子。从本质上讲，在西比尔的案例中，这些人格可能是威尔伯在催眠过程中暗示下的副产品。关于这项研究的报告过程，还有其他批评的声音（Borch Jacobson and Spiegel，1997）。例如，当威尔伯发现她无法在知名期刊上发表这项研究时，她就提出了宣传这本书的想法。还有人声称，施赖伯坚持要等西比尔"痊愈"后，才肯写这本书。

尽管有这些批评，但夏娃和西比尔的案例所产生的综合影响，使专业人士和公众对 MPD 的认知度得到了提高。

西格彭和克莱克利后来的发展

在夏娃的个案研究发表之前，克莱克利和西格彭就已经是受人尊敬的学者，并继续他们的职业生涯。但这本书让他们获得了国际认可。在夏娃的个案研究发表 25 年后，他们在发表的关于 MPD 发病率的后续论文中（Thigpen and Cleckley，1984）警告说，不要过度报告 MPD。由于他们的专业知识，已有数百名患者因被治疗师认为患有 MPD 而推荐给他们。然而，他们认为，在 30 多年的综合实践中，他们见过成千上万的患者，除夏娃外，只有另一例被他们认为是真正的多重人格障碍。他们将这些病人前往诊室求医的过程描述为某种"朝圣"。他们甚至报告说，一位妇女在电话中用不同的声音向他们介绍她所有不同的"人格"。

西格彭和克莱克利讨论了这样的担忧：一些患者和治疗师试图通过诊断 MPD 来吸引人们的关注。他们举例说，一些患者从一个治疗师转到另一个治疗师，直到确诊为 MPD。虽然认识到这些患者需要帮助，但这些治疗师没有认识到报告的 MPD 发病率太高了。西格彭和克莱克利甚至认为，一些患者和治疗师之间存在着一种不健康的竞争：看谁能发现更多的人格。他们认为，之所以会如此，是因为一旦被诊断出来，他们就会受到关注，而且患者还能二次获益——避免对自己的行为负责。他们指出，这种二次获益在刑事案件中最为明显，在刑事案件中，患者可以通过被诊断为 MPD 获得很大的好处。他们引用了著名的比利·米利根（Billy Milligan）案例，米利根最初被诊断为 MPD（同样是因西比尔案成名的威尔伯医生做出的诊断）（Keyes，1995）。经过治疗，他被判定有能力接受审判，但在审判前又复发了。西格彭和克莱克利认为,在这种情况下,逃避行为责任的欲望可能会促使人格进一步解离。当然,米利根声称自己是一名真正的 MPD 患者,但也许令人惊讶的是(或聪明的是),他同意西格彭和克莱克利的观点,即许多 MPD 案例是由精神科医生自己"创造"的。

西格彭和克莱克利还质疑,诊断为 MPD 是否真的应该为一个人免除全部行为责任。他们认为,尽管主人格可能不记得"可切换"人格的行为,但"可切换"人格是能意识到自己的行为的,因此从来不会做出可能威胁整个人生存的行为。他们的结论是,MPD 的诊断应该留给像西斯摩尔这样极少数的人,她的人格以最极端的方式分裂了。

克莱克利 1926 年就读于牛津大学,是罗德奖学金获得者。在 1957 年出版《三面夏娃》一书之前,他已经是佐治亚大学医学院的精神病学和神经学教授。他于 1984 年 1 月 28 日去世,享年 79 岁。

与克莱克利的职业模式相似,西格彭从医 50 多年,1987 年退休时成为佐治亚大学医学院的精神病学临床教授。西格彭于 1999 年 3 月 19 日去世,享年 80 岁。

MPD:真实存在的还是创造出来的

直到今天,MPD 的诊断仍然非常不可靠。MPD 的一些症状,如幻听、创造幻想世界和自残,精神分裂症患者也会出现。正因为如此,人们经常混淆 MPD 和精神分裂症。MPD 并不是精神分裂症的一种。与 MPD 不同的是,精神分裂症是一种与现实的联系和洞察力受损的精神疾病。从本质上讲,精神分裂症涉及的是"思想的分裂",而 MPD 涉及多个完整人格的构建。精神分裂症患者通常能够向治疗师报告他们的幻觉和妄想,而 MPD 患者则因严重的失忆做不到这一点。精神分裂症的生物学和化学因素已被发现,而 MPD 的生物学因素则尚不明确。MPD 在一些西方国家(例如美国和荷兰)比其他国家(例如英国和德国)更为普遍,这也许反映了诊断方法的差异。在 20 世纪上半叶,文献中报道的病例屈指可数。1980 年,随着 MPD 在美国心理学会《精神障碍诊断与统计手册(第 3 版)》(*DSM-III*)中被引入,MPD 病例一时间遍地开花。在温尼伯市的一项大规模人口调查中，1%的成年人被认为患有由童年性虐待引起的MPD（Ross，1991）。

MPD仍然主要是西方的发明，在其他文化中很少有报道。这些事实和数据是表明了人们对这种疾病有了更多的认识和了解，还是表明了它的医源性原因？在MPD病例中，女性的比例（85%）高于男性。这是因为MPD在女性中已经有了历史，因此患者和治疗师都更有可能遵循这一传统，还是反映了我们的社会对待女性的方式？是真的存在性别差异，还是女性更有可能成为儿童性虐待的受害者，从而更需要解离自己的人格，以保护自己免受折磨？另一个问题涉及儿童失忆症。据估计，在90%的MPD病例中，诱发原因都是童年创伤（最常见的是涉及性虐待的创伤）。然而，一般来说，孩子们通常对三岁之前的经历几乎一无所知，对五岁以前的童年也几乎没有准确的记忆。MPD的支持者认为，"可切换"的人格保留了痛苦的童年记忆，因为受害者无法面对这些记忆。理查德·克鲁夫特（Richard Kluft，1985）说，他只能证实15%的MPD患者所报告的童年性虐待情况。这个较低的数字本身并不能证明其他的就没有发生。毕竟，隐藏、销毁和否认所有这些证据符合施虐者的利益。伊丽莎白·洛夫特斯（Elizabeth Loftus，1997）是世界领先的记忆研究专家之一，她不认为幼儿可以回忆起特别痛苦的记忆。她提出了一个有趣的问题：为什么儿童不记得自己小时候打针或割包皮的经历？精神分析学家可能会给出一个答案：因为他们压抑了这些记忆！（另请参阅第5章）。

就今天MPD的诊断而言，还有一个问题。这个问题起源于夏娃的个案研究。西格彭和克莱克利的研究是如此有名，引发了公众对MPD的兴趣，以至于今天"没有发现一例MPD，如设想的那样，是在无意识过程中出现的，并且没有任何外部因素（如医生和媒体的塑造）"（Merskey，1992，p.328）。在西比尔的案例中，西比尔阅读过《三面夏娃》的小说，并为之着迷。有人认为，她受到了大众媒体对这种疾病过度报道的影响。从本质上说，她已经学会了如何扮演这个角色。

在20世纪80年代中期的一系列著名研究中，尼古拉斯·斯帕诺斯（Nicholas Spanos，1996）发现，在少量暗示的情况下，他可以让人们相信他们拥有"可切换"的人格。而在许多情况下，他甚至不需要实施催眠。他进一步认为，关于童年性虐待和多重人格障碍的压抑记忆是"通过社会互动建立、合理化和维持的受规则支配的社会结构"。换句话说，大多数MPD病例是治疗师与病人，以及社会上其他人合作创造的（另见第5章）。由此可见，精神病学界对MPD的真实性和诊断存在很大的分歧。但无论MPD是真实存在的还是医源性疾病，那些认为自己患有MPD的人都应该得到帮助，而不是指责。

保罗·乔道夫（Paul Chodoff）写道，"在精神病学的历史上，有一种趋势，即某些病症被发现，流行起来，然后随着主要的文化决定因素变迁而衰落"。这是MPD接下来的命运吗？

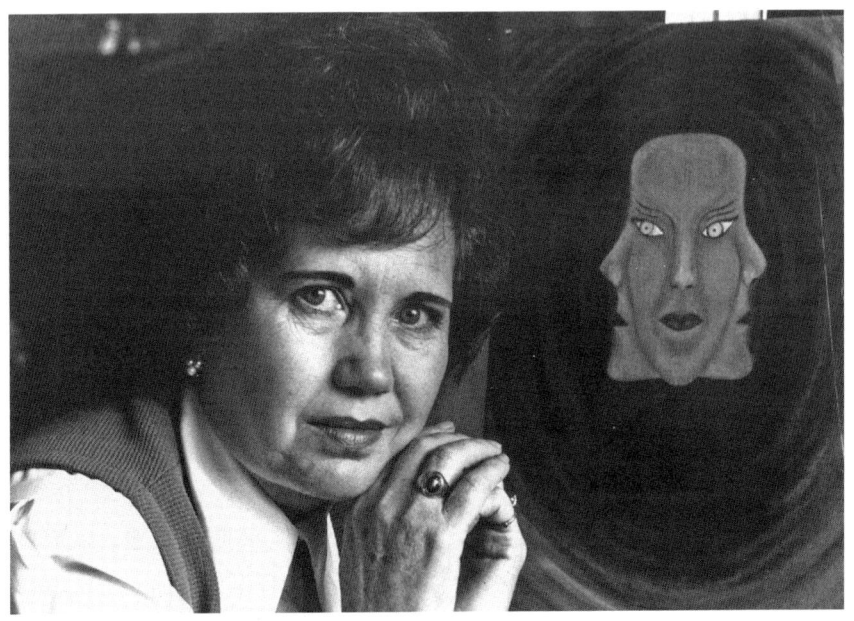

克里斯·西斯摩尔，后面是她画的画（1975）

来源：*Washington Post*/Getty Images

第 19 章

不停洗澡的男孩：强迫症的故事

> 14岁时，查尔斯每天至少要花三个小时洗澡。多年来他一直这样做，他控制不了自己，他不得不这么做。
>
> 朱迪思·拉波波特（Judith Rapoport）在她1989年出版的《不停洗澡的男孩》（*The Boy Who Couldn't Stop Washing*）一书中介绍了一个特殊案例。这本书现在被认为是心理学的经典之作，也是最早提出强迫症（OCD）话题的书之一。

强迫症的基本特征是反复出现强迫性思维或强迫性行为。强迫性思维是指在一个人的头脑中反复出现的不想要的想法、图像或冲动。它们可能包括持续担心自己或亲人会受到伤害，对疾病或污染的不合理的恐惧，或者过分想要把事情做到完美。查尔斯表现出了这种强迫性思维，认为自己要不停地洗澡。强迫性行为是一种一再重复的刻板行为，其中最常见的是清洗和检查。事实上，患者通常可以被归类为"清洗者"或"检查者"。查尔斯属于前一类。这些行为本身并不令人愉快，但可能有助于缓解与强迫症相关的焦虑。其他常见的强迫性行为包括数数和囤积。

多年来，强迫症一直被认为是一种罕见的疾病，因为许多强迫症患者都对自己的强迫性思维和行为讳莫如深，没有寻求治疗。这导致了对该病发病率的低估。拉波波特的书帮助揭示了强迫症的高发病率。这本书表明，强迫症远比其他更广为人知的疾病，如双相情感障碍（躁郁症）或精神分裂症更为常见。据估计，目前有多达2%的人患有强迫症，其中男性和女性的患病人数相当。

强迫症的出现

查尔斯是研究强迫症的理想案例,因为他表现出了强迫症的许多典型症状。强迫症是焦虑症的一种,是一种可能持续一生的障碍。通常情况下,强迫症起病于青少年时期,但也可能出现在更小的年龄段。在儿童发育的早期患上强迫症,会对个体以后的行为产生严重影响。如果不加以治疗,强迫症会破坏一个人正常生活的能力。查尔斯就是一个例子。

在学校里,查尔斯是一个热情的学生,在化学和生物方面有着特殊的才能。曾经有人说他要从事医学工作。然而,在大约12岁的时候,他开始强迫性地洗澡。这种行为的开始似乎没有什么原因,但却占用了他每天越来越多的时间。

大多数强迫症患者都会努力阻止他们的强迫性思维和强迫性行为,查尔斯也不例外。在校期间,他有一段时间能够控制住自己。然而,在随后的几个月里,他的控制力减弱了,强迫症变得很严重,以至于他耗时的仪式占据了他的生活。查尔斯被迫离开了学校,因为他每天都要花很多时间来洗澡。他的清洗仪式总是遵循着相同的刻意模式:右手拿着肥皂,放在水中保持一分钟,然后左手把肥皂拿出水同样需要一分钟。这样的动作他至少要重复一个小时。在洗了大约三个小时后,查尔斯会花大约两个小时来穿衣服。

与许多强迫症患者一样,查尔斯的行为不仅影响了自己的生活,也影响了其他人。他的母亲束手无策。起初,她不鼓励他进行奇怪的清洗仪式,但后来,由于不想看到他痛苦,她也开始"帮助"他,强迫性地清洗家里可能"污染"他的物品。她用酒精清洗了家里所有他可能接触到的东西,并阻止人们携带"细菌"进入房子。查尔斯的父亲无法理解这些行为,就把时间越来越多地投入在工作上。

拉波波特报告说,查尔斯是一个非常随和的男孩,性格友好、顽皮。他愿意寻求拉波波特的帮助,因为他意识到了自己的强迫症,并希望克服它。拉波波特提议用脑电图来研究查尔斯的脑电波。脑电图可以对大脑的电活动进行图形记录,但必须使用导电浆将电极粘在头皮上。查尔斯非常厌恶这种糊状物,他说:"我很害怕黏糊糊的东西,这是一种病,你无法理解。"幸运的是,拉波波特成功说服他做了脑电图检查,然后查尔斯洗了一夜的澡。

为什么

拉波波特花了几个小时与查尔斯交谈，试图了解他为什么会患上强迫症。查尔斯觉得，他内心有什么东西在驱使他这么做。尽管他并没有听到什么声音告诉他要这么做，但他确实感受到了某种内在的、持续的想法要求他必须洗澡。他意识到他的行为在别人看来很疯狂，但他并不觉得自己疯了。与其他许多强迫症患者一样，查尔斯对自己的病情有深刻的洞察力。他认识到他的强迫症是荒谬的，但就是控制不住自己。他真的是一个无法停止洗澡的男孩。

有人问查尔斯如果他不洗澡，会发生什么。他说他可能会生病，或者会倒霉。虽然他是个聪明的孩子，但他无法充分解释他的强迫症是怎么开始的，或者说，为什么会持续下去。

查尔斯从未见过其他强迫症患者。他不可能通过直接观察别人学会这些奇怪的行为，他甚至不知道还有其他人有这种奇怪的行为。那么是什么导致了他的强迫症呢？

解释

目前，对强迫症病因的解释主要集中在生物学因素上。强迫症患者似乎能从药物治疗中获益。查尔斯也确实如此，直到他产生了抗药性，药物的作用逐渐减弱。这表明这种疾病是有神经生物学基础的。然而，环境的影响似乎也会使人容易患上这种疾病，因此研究集中于神经生物学因素和环境影响以及认知过程之间的相互作用。

对强迫症患者的大脑扫描显示，他们的大脑活动模式与正常人不同。例如，与所谓的"正常"的对照组相比，强迫症患者的脑白质明显较少，但大脑皮层的总体面积明显更大。这一发现也表明了强迫症的神经生物学因素（Jenike et al., 1996）。

治疗

查尔斯服用了药物氯米帕明,他的症状消失了大约一年。不幸的是,他对这种药物产生了抗药性,即对恒定剂量的药物的反应减弱,或者需要增加剂量来维持恒定的反应。虽然他的一些症状又出现了,但不像以前那么明显了,而且他能够控制他的洗澡频率。查尔斯发现,在晚上进行清洗仪式,不会过多地影响他的日常活动。

强迫症的治疗方法主要有两种:药物治疗和行为治疗。两种疗法可以同时使用,这通常是由患者和治疗师协商决定的。

影响神经递质5-羟色胺的药物已被证明可以有效地减轻强迫症的症状。氯米帕明就是其中的一种,也是查尔斯使用的药物。这类药物通过抑制突触传递过程中5-羟色胺的再摄取而发挥作用。研究表明,5-羟色胺水平的降低与临床疗效之间存在相关性。事实上,四分之三的患者报告说,使用这类药物后,症状有所改善。

行为疗法被认为是对大多数强迫症最有效的治疗方法。它包括让患者体验引发强迫症的可怕情境(暴露),并采取措施防止强迫性行为或仪式(反应预防)。研究表明,四分之三的患者在完成大约15次治疗后,其强迫症状会有明显和持久的减轻。与药物治疗相比,行为治疗通常能产生更有力、更持久的改善。然而,多达三分之一的强迫症患者会拒绝或退出行为治疗,因为他们往往不愿忍受暴露在可怕的环境中所产生的不适。

最近,心理学家们在行为疗法中加入了认知干预,这种方法被称为认知行为疗法(CBT),它能够帮助人们改变可能强化强迫症状的想法。与传统的行为疗法结合在一起,这种方法已被证明能有效地为强迫症患者带来希望。

查尔斯表现出了强迫症的许多典型症状。通过积极寻求帮助,他得到了恰当的治疗,许多症状得以减轻,恢复了正常的生活。关于他的个案研究的发表也使公众开始关注强迫症。许多其他强迫症患者突然意识到,他们并不孤单;他们不再遮遮掩掩,而是积极寻求治疗,并帮助我们增进对这一领域的了解。

PART 5
第五部分
生理心理学

第20章

不睡觉的人：彼得·特里普和兰迪·加德纳的故事

> 彼得·特里普（Peter Tripp）是20世纪50年代末世界著名的纽约音乐节目主持人。兰迪·加德纳（Randy Gardner）是一个来自圣地亚哥的普通学生。他们都决定做一件不寻常的事——尝试打破最长时间不睡觉的世界纪录。听说了这件事的心理学家警告了他们其中的危险，但他们已经下定了决心。最终，他们都实现了自己的目标，但方式却截然不同。他们的经历帮助心理学家发现了睡眠的一些奥秘。在科学文献中，他们总是被称为"不睡觉的人"。

我们为什么要睡觉

心理学家至今依然不知道我们为什么要睡觉，我们需要多少睡眠，以及更根本的问题——我们真的需要睡眠吗？回答这些问题的一种方法就是找到一个从不睡觉但却非常健康的人。不幸的是，没有任何类似的案例记录，也不太可能会有。也许这一事实本身就回答了最根本的问题。

另一种研究睡眠功能的方法是剥夺人们的睡眠并关注其影响。我们首先需要对完全睡眠剥夺和部分睡眠剥夺进行区分。睡眠似乎是一种单一的休息状态，但实际上，它是由许多不同的阶段组成的。这些阶段可以通过记录脑电波的脑电图来检测。睡眠可分为五个阶段，其中四个阶段是慢波睡眠，第五个阶段被称为快速眼动（rapid eye-movement，REM）阶段。在快速眼动睡眠中，快速眼动的爆发是可以检测到的，大多数的梦就是在这时产生的。一个完整的睡眠周期通常持续90分钟，因此一个人平均每晚会经历4~5个完整的睡眠周期。利用实验室环境和脑电图，可以剥夺睡眠者特定阶段的睡眠，这被称为部分睡眠剥夺。剥夺人或动物的全部睡眠被称为完全睡眠剥夺。

有研究调查了完全睡眠剥夺和部分睡眠剥夺对动物的影响。最早的一次实验是在1894年进行的，玛丽·德·马纳辛（Marie de Manaceine）剥夺了小狗所有的睡眠。她发现，它们在4~6天内都死亡了（Manaceine，1897）。朱维（Jouvet，1967）发明了一种巧妙但很残忍的方法来剥夺猫的梦或快速眼动睡眠——在实验室中，将猫安置在被水环绕的小岛上（倒扣的花盆），当猫进入快速眼动阶段时，它们的体位肌肉会放松，这会让它们失去平衡，掉进水里。于是它们就会醒来，重新爬回到花盆里，继续睡眠阶段的过程。除了快速眼动睡眠，猫可以经历所有的睡眠阶段。有趣的是，为了不掉进水里，这些猫习惯了在进入快速眼动睡眠时醒来。这些猫很快就精神紊乱，平均约35天后死亡。

当然，这些发现可能与人类行为无关。最理想的情况是找到一个可以尽可能长时间地保持清醒的人。帕特里克（Patrick）和吉尔伯特（Gilbert）在1896年进行了第一次人类睡眠剥夺研究，他们让三个男人连续90个小时不睡觉（Patrick & Gilbert，1896）。被试报告说，他们的感觉敏锐度、反应时和记忆力都变差了，其中一人还出现了视幻觉。

关于保持清醒意志的比赛，曾有过一段不光彩的历史。也许最有趣的例子就是所谓的"跳舞马拉松"（或"德比"）。在美国经济大萧条时期（1920—1930年），这种马拉松运动达到了鼎盛，但据说第一次有记录的跳舞马拉松发生在1364年的伦敦。20世纪20年代，美国的比赛规则非常简单，跳舞的情侣们必须尽可能长时间保持清醒，并随着音乐跳舞。坚持到最后的一对会赢得现金奖励，奖金从500美元到3000美元不等，这在20世纪30年代是一笔巨款。一些比赛允许休息，还有一些比赛允许一方睡着，另一方扶着他们继续跳舞。时间最长的跳舞马拉松持续了22周！最终，这样的比赛不再受到追捧，并在美国许多州被取缔。由简·方达（Jane Fonda）主演的奥斯卡获奖故事片《孤注一掷》(*They Shoot Horses, Don't They?*) 就讲述了这个问题。

彼得·特里普

最早对人类的睡眠剥夺进行科学观察的研究之一发生在1959年，参与者是一位非常著名的纽约音乐节目主持人——彼得·特里普。特里普决定通过八天八小时不睡觉来为慈善机构筹集资金，这一特技后来启发了兰迪·加德纳。虽然这表面上是一个宣传噱头，但一些心理学家和医生可以借机研究这对他的行为可能产生的影响。在整个表演过程中，特里普一直在时代广场的一个玻璃展台上直播，人们聚集在那里观看。起初，32岁的特里普似乎在不睡觉的情况下也能应对自如。他的广播节目仍然很有趣，在他每天三个小时的节目中，他总是微笑着，还时不时开玩笑。然而，到了第三天，特里普开始辱骂同事，不出所料，他说自己非常疲惫。他开始产生视幻觉，例如，他报告说发现鞋子里有蜘蛛网。在100个小时没有睡觉之后，他无法忍受被要求进行的精神敏捷性测试。他"看到"研究他的科学家的衣服上满是毛茸茸的蠕虫。120个小时后，他去阿斯特酒店换衣服，在打开抽屉时，他"看到"了一团火，于是跑到街上求救。当有人告诉他并没有发生火灾时，特里普指责他的医生故意搞事情来"测试"他。

在特技表演的最后几天，特里普的言语变得含糊不清，他出现了更严重的偏执性精神病，并进一步出现了听幻觉和视幻觉。他开始指责人们试图毒害他，报告说他看到了小猫和老鼠，并质疑自己是否真的是彼得·特里普。他无法完成简单的任务，如背诵字母表，并坚信他的医生正密谋将他送进监狱。在最后一天早上，他误以为他的一个医生是来给他收尸的殡仪馆老板！

科学家们试图每天都对特里普进行耐力测试。遗憾的是，在最后的阶段，由于特里普拒绝与"有阴谋"的医生合作，许多测试都没有完成。毫无疑问，在特里普的案例中，睡眠剥夺导致了精神障碍的出现。医生将他的精神状态描述为"夜间精神病"。这些证据似乎表明，睡眠对于正常机能至关重要。简单地说，身体和大脑都需要睡眠。事实上，尽管特里普在整个表演过程中都是清醒的，但他的大脑模式经常与睡眠中的模式相似。特里普以 201 小时不睡觉创造了新的世界纪录，他的"无眠马拉松"成为被科学引用的个案研究。据他的儿子小彼得说："一开始只是个噱头，但现在成了全美各大高校行为科学专业的必读研究。"然而，这项睡眠剥夺研究有两个独特的因素，使其与睡眠负债研究的相关性被质疑。第一，特里普在"无眠马拉松"的最后 66 个小时里使用了大量的兴奋剂来保持清醒。第二，特里普的体验可能受到了负面影响，因为它发生在公开的舞台上，他的痛苦和症状可能会因药物和公众的关注而加剧。由于这些因素，许多科学家质疑这样一项研究的结果是否可以推广到更广泛的人群。

在"无眠马拉松"结束之后，特里普睡了 13 小时 13 分钟，其中大部分时间都处于快速眼动阶段。事实上，其中一段快速眼动睡眠是有记录以来最长的一段。睡眠严重不足的人在接下来几晚的大部分时间都在做梦或处在快速眼动睡眠，这种现象被称为"快速眼动睡眠反弹"。似乎是快速眼动睡眠的缺乏导致了特里普明显的精神病症状。参与监测特里普睡眠的研究人员威廉·德门特（William Dement）得出结论，如果不允许人们进行快速眼动睡眠，他们的精神就会变得不稳定。的确，德门特最初提出，这项研究的结果为弗洛伊德的理论提供了证据，即如果禁忌的想法或欲望没有通过梦（快速眼动睡眠）表达出来，精神压力就会积聚并导致精神病性幻觉发作。总之，他觉得梦是心灵的安全阀。正是因为没有了这个安全阀，特里普的精神才变得不稳定。

然而，事后的认识和多年的后续研究（尤其是下一节讨论的兰迪·加德纳的案例）使德门特对自己最初的立场提出了质疑。他始终未能一致地发现缺乏快速眼动阶段会导致精神疾病。事实上，德门特认为更有可能的是，特里普服用的用以保持清醒的大剂量的安非他命类兴奋剂哌甲酯导致了他的偏执和幻觉。当时，人们对这类药物的影响知之甚少，但现在，安非他命诱发的精神病——几乎和特里普的一样——在科学文献中已被广泛报道。看来，彼得·特里普真的是去"旅行"①了，他的精神病发作是由药物引起的，而不是由睡眠剥夺引起的，或者更具体地说，不是由缺乏快速眼动睡眠引起的。

---

① "旅行"的英文单词"trip"有一个含义是吸毒时经历的幻觉。——译者注

特里普似乎从他的无眠马拉松中恢复了过来，继续他的工作。然而，在一连串的财务丑闻后，他的事业一落千丈，在1967年丢掉了工作。经常有报道说，无眠马拉松对他的性格产生了长期的影响。然而，他在随后的许多不同的工作中都非常成功，睡眠剥夺对他的影响似乎不太可能是永久性或长期的。

兰迪·加德纳

六年后，兰迪·加德纳在思考如何才能在圣地亚哥科学博览会上脱颖而出时，读到了彼得·特里普的睡眠剥夺表演。在两个朋友的帮助下，他决定尝试打破特里普的世界纪录，坚持11天不睡觉。加德纳认为他可以做到，用他自己的话说，"不会发疯的"。威廉·德门特同样观察研究了这一案例，这将改变他对长期睡眠剥夺的心理影响的看法。

德门特从当地报纸上读到了兰迪·加德纳试图打破世界纪录的事。据报道，兰迪已经成功完成了他计划的264小时考验中的80小时。德门特立即联系了兰迪和他的父母，并表示愿意提供帮助。兰迪的父母尤其感谢德门特等人提供的医疗专业知识，他们对这种尝试可能产生的后果极为担心。

德门特和他的同事乔治·古列维奇（George Gullevich）同意监督并鉴定这次尝试。他们发现，17岁的兰迪是一个开朗、快乐、身体健康的男孩，起初，他在应对睡眠不足方面没什么困难。然而，这种情况慢慢发生了变化。研究人员发现在晚上让他保持清醒越来越困难。兰迪会要求闭上眼睛，以便休息，但不会睡着。凌晨三点到七点这段时间尤其考验人。有时，为了让兰迪保持清醒，德门特不得不对着他大喊大叫。有时，兰迪会非常生气，还有的时候，他会忘了为什么不让他睡觉。为了解决这个问题，研究者们采用了很多种方法来防止他入睡。德门特和古列维奇让兰迪在感到特别困倦的时候进行身体活动。他们会让他在半夜去后院打篮球，或者开着敞篷车载着他到处兜风，还把收音机开得很大声。他们对兰迪进行了非常严密的监视，以防止他打瞌睡。在尝试打破纪录的过程中，兰迪没有服用兴奋剂，甚至连咖啡都没有喝。

这种方法的一个副作用是，两名研究人员也变得缺乏睡眠。的确，有一次，德门特因为驾车误入单行道而被罚款并受到了警告。他声称自己只是在进行一项关于睡眠剥夺的研究，但警方依然对他进行了处罚（后来，德门特意识到疲劳驾驶是一种极其鲁莽的行为，他完全应该受到警告）。

在挑战的最后一晚，德门特带兰迪去了一家游戏厅，他们玩了大约 100 场机械棒球游戏。兰迪赢得了每一场比赛，这要么说明他在不睡觉的情况下也能应对良好，要么说明德门特在比赛中表现得特别差！德门特回忆说，在这场"磨难"接近尾声时，兰迪的壮举吸引了公众的关注，这对他很有帮助。世界各地的报纸和电视台记者纷纷来到圣地亚哥，观看世界纪录被打破。这令兰迪非常兴奋，这无疑增加了他继续下去的动力。兰迪不想在全世界观众面前失败。

早上 5 点，兰迪在他没有睡觉的第 11 天举行了记者招待会，宣布自己打破了睡眠剥夺的世界纪录[①]。他在招待会上的表现被形容为"完美无瑕"；他表达流畅，逻辑清晰，没有明显的睡眠不足的迹象。兰迪宣称，睡眠剥夺只是一个"意识战胜物质"的问题。他甚至宣称自己可以再熬一两天不睡觉，但他在圣诞节假期结束后必须回学校了。当地海军医院的约翰·罗斯（John Ross）医生自愿在接下来的几天监测兰迪的睡眠情况。当天早上 6 点，兰迪就睡着了，他实现了自己 264 小时不睡觉的目标。据报道，他的头挨到枕头只过了 3 秒钟，他就睡着了。他睡了 14 小时 40 分钟，第二天感觉很好，就去上学了。第二天晚上，他睡了 10 个半小时才被叫醒去上学。据估计，兰迪在 11 天中错过了大约 75 个小时的睡眠。在接下来的几个晚上，他并没有完全弥补这些缺失的睡眠，尽管他确实经历了"快速眼动睡眠反弹"，并补偿了这一阶段的大部分睡眠。但总的来说，他的总睡眠损失只弥补了 24%。这一证据表明，快速眼动睡眠是一种特别重要的睡眠类型。与早期基于特里普的研究得出的结论相反，兰迪·加德纳的案例使德门特得出了睡眠剥夺不一定会导致精神病的结论。睡眠剥夺并没有使兰迪发疯。大约 40 年过去了，还没有人打破兰迪的记录，而且也不太可能，因为可能会有危险。事实上，

[①] 兰迪挑战世界纪录的尝试从未被世界纪录标准证实。世界上保持清醒时间最长的人是莫林·威斯顿（Maureen Weston）女士（449 小时，也就是 18 天 17 小时）。《吉尼斯世界纪录大全》（McFarlan & McWhirter, 1990）将这一纪录颁给了罗伯特·麦克唐纳（Robert McDonald），他在摇椅上连续度过了 453 小时 40 分钟的清醒时间。

德门特也怀疑，这样的研究提案是否会通过当今的大学伦理委员会。

还有其他报告称，有人类志愿者在实验室的严密监测下连续8~10天不睡觉。和兰迪一样，他们都没有产生严重的生理或心理问题，但随着睡眠负债的增加，他们所有人的注意力、积极性和感知能力都在逐渐下降。不过，经过几个晚上的补觉，所有志愿者都完全恢复了。

经常有报道说，兰迪的无眠马拉松没有给他造成任何不良影响。事实上，科伦（Coren，1998，n.p.）指出，"这一结论是如此广为流传，以至于它现在已经成为几乎所有心理学或精神病学书籍中睡眠章节的常备'事实'"。然而，德门特确实提到了兰迪经历的一些副作用。德门特指出，兰迪的分析能力、记忆力、感知能力、动机和运动控制都受到了不同程度的影响。他反应迟缓，有时甚至连简单的数学计算都做不好。但许多这样的问题都没有得到预期的重视。

美国海军医学神经精神病学研究小组的约翰·罗斯详细报告了加德纳的症状（Ross，1965）。他报告说，到了第二天，兰迪的眼睛变得很难聚焦；第四天，他出现了幻觉（把一个路标看成了人）和妄想（认为自己是一个著名的黑人足球运动员）。在整个研究期间，这种情况时好时坏。他的思维断断续续，注意力持续时间极为短暂。当被要求做100连续减7的任务时，他只能减到65，然后就忘记了这个任务。科伦（1998，n.p.）仍然坚信"长期睡眠剥夺会导致严重精神症状"的观点。然而，德门特反驳道："我可以绝对肯定地说，264小时不睡觉不会导致任何精神问题。"

人们普遍认为兰迪表现出了明显的神经系统的变化。争论的焦点是他的症状的严重程度。他的症状算比较轻还是比较严重？前一种观点认为，睡眠剥夺不会导致心理健康问题；后一种观点则恰恰相反。德门特认为，兰迪能很好地应对睡眠剥夺的问题，因为他年轻，身体很好。随后的动物研究也表明，这些因素对老鼠应对睡眠剥夺至关重要。

那么，关于睡眠对于人类的正常机能是否必要，兰迪有没有为我们提供答案呢？如前所述，研究人员对兰迪·加德纳的案例仍有争议。同样值得指出的是，睡眠剥夺研究存在许多问题。也许最重要的一点是，对睡眠剥夺的理解在逻辑上并不能代表睡眠的功能。例如，其他生理机制可能会弥补睡眠不足的影响。这在分子生物学中已经得到了证明；在分子生物学中，特定基因的敲除并不总是导致明确的表征。反过来说，如果一种行为受到睡眠剥夺的负面影响，那表明睡眠在其中发挥了作用，但并不能证明睡眠是唯一的原因。此外，自加德纳的案例以来，研究人员已经证明了瞬间入眠现象的存在，这被称为"微睡眠"。这种睡眠只持续几秒钟，但德门特承认兰迪可能经历过这种睡眠。它们只有通过持续的生理记录设备才能被发现，所以未来的任何相关研究都需要使用这种技术，以确保这些"微睡眠"不会在很长一段时间内累积成大量的睡眠。

威廉·德门特是世界领先的睡眠专家之一，彼得·特里普和兰迪·加德纳的个案研究他都参与了。他报告了相互矛盾的两个结果，又分别解释了两个结论。尽管德门特声称兰迪·加德纳的无眠马拉松几乎没有给他带来什么副作用，但他认为睡眠剥夺确实会造成严重的后果。他认为，诸如埃克森·瓦尔迪兹号油轮漏油[1]、挑战者号航天飞机坠毁[2]，以及切尔诺贝利核灾难等重大工业灾难，都可以追溯到人们在睡眠不足的情况下做出的决定。他估计，美国每年有 2.4 万起交通死亡事故也与疲劳驾驶有关。他建议成年人平均每晚要睡八个小时，并建议人们不要积累睡眠负债。

成功完成学业后，兰迪·加德纳在一名睡眠研究人员那里找到了一份工作。睡眠剥夺并没有对他造成长期的影响，现在他已经退休，仍然住在圣地亚哥。兰迪·加德纳将永远在科学文献中被称为"不睡觉的男孩"。

---

[1] 1989 年 3 月 24 日，美国埃克森公司的一艘巨型油轮在阿拉斯加州美、加交界的威廉王子湾附近触礁，原油泄出达 800 多万加仑，在海面上形成一条宽约 1 千米、长达 800 千米的漂油带。——译者注

[2] 挑战者号航天飞机于美国东部时间 1986 年 1 月 28 日发射。挑战者号航天飞机升空后，因其右侧固体火箭助推器（SRB）的 O 型环密封圈失效，毗邻的外部燃料舱在泄漏出的火焰的高温烧灼下结构失效，使高速飞行中的航天飞机在空气阻力的作用下于发射后的第 73 秒解体，机上七名宇航员全部罹难。——译者注

第 20 章
不睡觉的人：彼得·特里普和兰迪·加德纳的故事

威廉·德门特与兰迪·加德纳

来源：Time & Life Pictures/Getty Images

第 21 章

头上有个洞的人：菲尼亚斯·盖奇的故事

菲尼亚斯·盖奇（Phineas Gage）是19世纪40年代美国佛蒙特州附近的一名铁路工头。他负责爆破岩石，为铺设铁轨铺平道路。一天，他犯了一个严重的错误，致使炸药意外爆炸，一根一米长的铁棒飞射出去并落在了20多米外。不幸的是，铁棒在飞射过程中刺入了盖奇的下巴，并从他的头顶钻了出来。然而，令人惊讶的是，盖奇活了下来。但据说，由于这场事故，他的性格发生了改变。他也成了脑科学领域的教科书案例和心理学中最著名的个案研究之一。

最幸运的幸存者

1848年9月13日，菲尼亚斯·盖奇像往常一样去工作，他无论如何也想不到，在那天结束的时候，他将成为世界上最幸运的幸存者。他的工作是组织工人在花岗岩中开辟一条道路，以便修建一条新的铁路线。他是一名极其出色的员工，非常认真，一丝不苟，也很受同事的欢迎。他亲自负责铺设炸药。这是一项很危险的工作，但却很符合盖奇严谨的个性。放置炸药的程序是标准化的，他的助手会把炸药粉末放进岩石上钻的洞里，然后盖奇会小心地按紧粉末，之后他的助手点燃导火索，用沙子把洞填上。最后，盖奇会用他那根一米长的铁棒压实沙子，并充当塞子，这样爆炸就会深入岩石。盖奇是公认的固棒专家，他的铁棒还是当地的铁匠为他定制的。没有人确切地知道这到底是谁的错，但盖奇在他的助手往洞里塞沙子之前就开始用铁棒夯实。很可能是铁棒击中花岗岩的火花引爆了炸药，

第21章
头上有个洞的人：菲尼亚斯·盖奇的故事

导致夯实的铁棒飞射了出去，而当时盖奇仍然俯身在上面。

铁棒落在了20多米外，上面沾满了盖奇的血和脑组织碎片。铁棒从他的左颧骨下面进入，瞬间从他发际线上方的前额中间射出。他的同事们跑到他跟前，以为他已经死了。令人难以置信的是，盖奇坐了起来，血从铁棒射出的伤口涌出。他神志清醒，思路清晰，立即开始谈论这件事。同事们找来一辆牛车，把他送到了一千米外最近的城镇进行治疗。当医生半小时后赶到时，盖奇坐在酒店的门廊上，甚至还在拿自己的伤势开玩笑。虽然盖奇相当痛苦，但大脑内部并没有疼痛感受器，只有头皮表面才有疼痛感受器，这也是为什么盖奇能够如此"云淡风轻"。

盖奇的伤势和相互矛盾的观点

看到盖奇的伤势，哈洛医生简直不敢相信。在这种情况下，他的医学专业知识几乎无能为力，所以他干脆剃光了盖奇的头发，取出一些骨头和大脑碎片，然后将更大的仍附着在头骨上的碎片压回原位。他清洗了盖奇的皮肤，为他包扎了伤口。哈洛医生没有对盖奇嘴里的洞进行处理，以便伤口引流。在他看来，盖奇几个小时后就会死亡，这一点几乎是毋庸置疑的。镇上的棺材店老板还前来量了盖奇的尺寸，以便为他准备棺材。在最初的几天里，盖奇表现得很正常，并设法保持清醒和交谈。然而，伤口很快就开始散发出难闻的气味，很明显，伤口已经感染了。一种真菌开始从他的大脑里长出来。在那段时间，对于应该怎么处理这种情况，医生们出现了争议。一些人认为这种真菌可能是大脑再生的一部分，应该被推回颅骨内；另一些人则认为应该将其切除。哈洛医生让真菌生长了一段时间，直到一位朋友指出，如果你的大脑里长出了一种真菌，它肯定会阻碍你的康复！哈洛医生对自己的无知感到很沮丧，他认可了这一简单可信的事实，于是立即切断了真菌的生长。

盖奇开始发烧，神志也变得不清。巨大的脓包从他的眼睛下面排出。那段时间，医生对细菌感染一无所知，但预计不可能更糟了。哈洛医生使用"放血"技术抽走了盖奇的一些血。当时，医生们（错误地）认为病人是由于失血过多而痛苦的。对盖奇来说，幸运的是，这项技术实际上可能大有帮助，因为它可能降低了血压，从而减轻了他肿胀的大脑的压力。他的头骨有一个洞，这确保了他肿胀的大脑在头盖骨内有扩张的空间。事故发生22天后，盖奇开始康复，并在10周内宣布完全康复。不可否认的是，他的左眼失明了，但除此之外，他的身体恢复了正常。然而，他的心理可能还没有恢复。

不再是盖奇

哈洛医生报告说，盖奇有能力做事故前他能做的所有工作，但不知道为什么，他身上似乎出现了一些奇怪的不同。哈洛医生很担心他的精神状态。事故发生六个月后，盖奇回到他以前的雇主那里，想要重新被雇用。他的体能似乎恢复了，话语如常，记忆力也完好无损。然而，试用期过后，他的雇主不得不终止与他的合同。尽管许多报道称盖奇已经恢复了全部体力，但也有持相反观点的报道称，有证据表明他的身体在不断衰弱。然而，更值得关注的是盖奇性格上的明显变化。盖奇现在变得不可靠、不耐烦、充满敌意、粗鲁无礼。他会说一些粗俗不堪的话，也会随时改变计划。他变得"放荡不羁"，喜欢冒险。在这种情况下，别人很难再信任他，他的医生和朋友们说他"不再是盖奇了"。再多的劝说和讲道理都无法使盖奇改变他的生活方式，他似乎无法控制自己的攻击性和不可预知的行为，即使这对他的生活产生了明显的消极影响。

与此同时，他的案例开始吸引其他医生的注意，尤其是来自哈佛大学的毕格罗（Bigelow）博士。毕格罗安排盖奇来到哈佛大学，以对他的情况进行全面检查。在那个时代，没有研究大脑的简单方法。医生们要想确定大脑是如何工作的，一种方法就是研究独特的案例，比如盖奇。在这些案例中，通常是不寻常的事故导致了大脑某一特定区域的损伤。当时，关于大脑的工作原理大致有两个流派。毕格罗博士等人认为，整个大脑都参与了所有的思考和行为；大脑某一区域的损伤意味着其他区域将弥补这一缺陷。

在19世纪，颅相学被广泛用来解释大脑的功能——通过观察颅骨的外部特征，确定各区域的功能。头骨上的隆起和凹痕被认为与人的性格有关，从而绘制出了一张大脑的"心理地图"。女性尤其喜欢颅相学的观点，因为在男女两性的头骨之间没有发现任何差异，这有助于她们争取性别平等。

另一个与之竞争的流派认同所谓的大脑功能定位说（这是哈洛医生支持的观点）。该流派强调大脑的特定区域具有特定的功能，特定区域的损伤会导致特定的思维或行为缺陷。新兴的颅相学也呼应了这一观点，我们可以在复制的颅相学头部模型上看到相关演示。

这两个流派的追随者都对盖奇的案例特别感兴趣。对于医生来说，能够研究一个人的额叶受到如此严重损伤的影响确实机会难得。在几乎所有这样的情况下，这个人都必死无疑。正如此类争论中经常发生的那样，盖奇的案例被两个流派都用来作为支持己方观点的证据。一方面，有人说，盖奇大脑的其他区域肯定已经接管了受损区域的功能，否则他要么已经死亡，要么会受到更严重的影响，无法正常思考、控制行动、说话等。盖奇的案例被引用来支持这样一种观点，即大脑是一个复杂的、完整的有机体，作为一个整体工作，有内在的灵活性，允许其他区域接管被破坏的区域。毕格罗博士赞同这一观点，并可能有意不强调盖奇在事故后表现出的性格变化，以加强他的观点。

另一方面，哈洛医生虽然试图为病人保密，但还是告诉他信任的同事，盖奇已经不是以前的他了。大脑被破坏的区域似乎被认为是盖奇现在缺乏特定思维和行为能力的罪魁祸首。他的问题主要包括缺乏计划、推理能力，对他人缺乏尊重，以及粗鄙的脏话所表现出的一种普遍的去抑制化。纯粹出于偶然，颅相学的模型上包含仁爱（善良和随和）的区域，而且恰恰是铁棒穿过的地方。颅相学家和大脑功能定位说的追随者也引用了盖奇的案例来支持他们的观点。然而，直到盖奇去世很多年后，哈洛才站出来公开报告盖奇的性格变化，所以毕格罗博士的报告占了上风，也就是说，盖奇几乎没有受到事故的影响。

这一案例的一个有趣的地方是，同样的信息可以被用来为相互竞争的学说提供证据。然而，随着认识的深入，我们今天再回过头来审视这些证据，就会发现，这两派人都使用盖奇来支持他们的观点不足为奇，因为他们在某种程度上都是正确的。我们现在知道，大脑是一个由1000亿个神经元组成的极其复杂的相互连接的有机体，但并不是作为一个统一的整体工作的。也许更准确的说法是，大脑中的各个回路是一起工作的，而这些特定的回路发挥着特定的功能。即使像人脸识别或名字回忆这样的功能，看起来相当局限于大脑的特定部分，也与其他区域相互联系。从本质上讲，大脑的内部结构可以被视为既是局部独立的，又是相互联系的。不过有一件事是我们可以肯定的，那就是颅相学是不科学的。

唯一一个头顶有洞却活着的人

毕格罗博士宣称盖奇的案例是"有记录以来最引人注目的大脑损伤史"。人们用他的头骨制成的石膏面具，至今仍保存在哈佛医学院。在哈佛医学院"火"了几个星期后，盖奇启程离开了。关于他接下来的生活发生了什么，还存在一些争议。他有可能走遍了新英格兰的主要城镇，向前来查看他的头骨和铁棒的人收费并讲述了他的故事。然而，很少有记录能证实这一点。长期以来，人们一直认为盖奇带着铁棒，在百老汇的巴纳姆博物馆进行奇葩表演。据报道，他在一个头骨模型上钻了一个洞，向人们展示他的头骨受到的伤害。他被宣传为"唯一一个头顶有洞却活着的人"，海报上的他头顶上还插着一根铁棒！虽然这是一个很有吸引力的故事，但没有确凿的证据来证明。事实上，盖奇也不太可能成为多有吸引力的舞台演员，毕竟还有"红毛猩猩""留胡子的女士"和"美人鱼"等的表演。

在接下来的九年里，盖奇从事了一系列主要与马有关的工作。他很可能在智利当了很多年的公共马车司机。1859年，盖奇回到旧金山和他的母亲一起生活，并从事各种农场工作。事实证明，他的每一份工作都是临时的，因为他很难融入他人，也很难与他人共事。盖奇开始有规律地癫痫发作，其频率和程度都在增加。医生们不知道这些癫痫发作的原因，但推测很可能跟他之前的头部受伤有关。最终，菲尼亚斯·盖奇于1860年5月21日去世。

盖奇被安葬在旧金山的一个小墓地里，如果不是1866年哈洛医生决定去看看他最著名的病人到底发生了什么，我们将再也不知道盖奇的消息。哈洛医生设法找到了盖奇的母亲，最终她允许哈洛挖出了盖奇的尸骨，并将他的头骨捐赠给哈佛大学医学院。还有一件物品也从她儿子的棺材里拿了出来：刺穿他脑部的铁棒，这是陪伴盖奇一生的东西。事实上，盖奇非常善于向任何愿意倾听的人讲述他非比寻常的受伤故事，同时配合着铁棒的演示。

由于盖奇已经去世，哈洛医生不再担心病人的隐私问题，他公布了盖奇的案例。他争论说，他的受伤改变了他的性格，他的社交技能的下降给他带来了很大的痛苦。他可以证明，在盖奇受伤后的11年里，他的头骨并没有完全愈合，他的头上一直有一个洞。多亏了哈洛，盖奇的案例重新受到重视，避免在医学史中被遗忘。

进一步的研究

今天，在伦敦的科学博物馆可以看到类似的被箭刺伤或被钻孔术所伤的头骨。钻孔术是已知的最古老的脑外科手术形式——在病人的头骨上钻一个洞，以"释放恶灵或恶魔"。这可以被认为是精神外科的早期形式，可能被用来缓解由颅内压引起的严重的头痛。在这些病例中，它很可能是一种有用的治疗方法。

盖奇去世一年后，一位名叫保罗·布洛卡（Paul Broca）的科学家通过对一位名叫莱沃尔涅（Leborgne）的中风患者的研究，在我们对大脑功能的理解上取得了进一步的突破（Broca, 1861）。莱沃尔涅能够理解别人的话，但却说不出来，只能发出类似"tan"的音（由于这个原因，病人经常被称为"Tan"）。莱沃尔涅死后，研究者发现他左额叶下部有一小块区域受到了特别的损伤。对其他病例的研究也证实了这一点，这一区域现在被称为"布洛卡区"（Broca's Area）。1874年，卡尔·威尔尼克（Carl Wernicke）发现了另一个对语言理解至关重要的区域（Lanczik and Keil, 1991）。这个区域（被称为"威尔尼克区"）受到神经生理损伤的人，无法理解听到的内容，也不能说出有意义的句子；他们说出的话有语法结构，但没有意义。鉴于这些后来的发现，我们不禁感到惊讶，尽管盖奇的伤势如此严重，他却没有出现任何言语障碍。

当然，考虑到当时对脑科学的理解，我们不可能确定盖奇到底受到了什么损伤。然而，自他发生事故以来，已经有多达12项研究试图确定铁棒穿过他头部的确切路线。也许为我们提供最准确信息的是汉娜·达马西奥（Hanna Damasio）和她的团队在 1994 年利用盖奇的头骨和三维计算机建模技术进行的研究。达马西奥等人发现了可能的轨迹,并得出结论,根据头骨上确定的进出点,有一条轨迹似乎是最有可能的(如图 21-1 所示)。他们甚至试图解释每个人大脑中细微的解剖学差异。因此,即使精准地计算了轨迹,考虑到这种差异,人们也无法确定究竟受损的是哪些区域。达马西奥等人(1994)将盖奇的头骨与 27 个正常的大脑进行了比较,确定了 7 个与盖奇的解剖学结构几乎相同的大脑。他们模拟了铁棒在这些大脑中穿过的轨迹,发现在所有 7 个样本中,大脑受损的区域都是相同的。因此,他们确信自己已经找到了事故中可能的轨迹和大脑损伤。准确地说,他们确认受损部位为"眼眶额叶皮质的前半部分……额顶和前内侧额叶皮质……以及前扣带回最前面的部分"(Damasio et al., 1994, p. 1103)。然而,这样做也存在问题,因为我们无法确定事故发生时脑震荡以及随后的脑部感染造成的损害,这两种损害都无法从对他的头骨的研究区分出来。2004 年的一项研究声称,盖奇大脑的损伤仅限于左额叶,右额叶没有受到影响,这可能解释了他惊人的康复(Ratiu and Talos, 2004)。此外,即使我们弄清楚盖奇大脑损伤的确切细节,也不能确定这种损伤对他的个性或行为产生了什么影响,因为人们从未对他进行过系统的研究——当时还没有系统的神经心理评估。

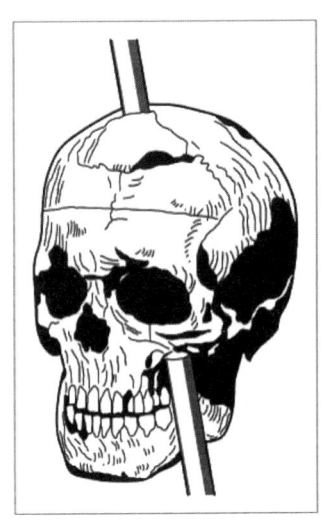

图 21-1　铁棒进入菲尼亚斯·盖奇的左颧骨下方,几分之一秒后从他的额头中部射出

让盖奇起死回生

盖奇的贡献不仅仅是一个医学怪象。他的受伤改变了我们对大脑功能定位的理解，特别是额叶皮层。盖奇的案例也对脑外科手术做出了重要贡献，因为它开启了一种可能性，即进行大型脑外科手术是可能的，而且不会造成致命的后果。目前，大约60%的心理学入门教科书都提到了盖奇的案例，这足以证明此个案研究的重要性。在绝大多数情况下，盖奇的故事都被描述为一个人在头部遭受创伤后，人格如何改变的证据——在毕格罗宣布他"不再是盖奇"之后。然而，越来越多的人相信，也许盖奇的案例最好地说明了人们是如何从可怕的头部受伤中几乎完全地、惊人地康复的。在哈洛认识他的五年间，盖奇的受伤可能只对他产生了相当短期的影响。他后来的工作要求相当高，每天在公共马车上负责管理马匹，这表明他已经恢复了相当程度的社交技能，不再容易冲动。正如约翰·弗莱施曼（John Fleischman，2002）所描述的那样，"盖奇已经学会了如何生活"。

2008年，两位老照片收藏家杰克·威尔格斯（Jack Wilgus）和贝弗利·威尔格斯（Beverly Wilgus）在互联网上发布了一张旧银版照片，他们认为这是一位捕鲸者和他的鱼叉。专家评论说，捕鲸者拿的并非鱼叉，接着一位名叫迈克尔·斯普尔洛克（Michael Spurlock）的眼尖的观众提出，这可能是盖奇。杰克和贝弗利随后检查了照片上明显的伤痕，发现它们与盖奇面部模型上的伤痕一模一样。鉴于照片中铁棒上的文字也与哈佛大学展出的文字相符，专家们99%确定这就是盖奇的照片（Wilgus and Wilgus，2009）。随后，另一张非常相似的照片出现，证实了这一点。照片中，盖奇拿着铁棒，但穿着不同的背心，打着不同的领带。这张照片是由一位盖奇的后人塔拉·盖奇·米勒（Tara Gage Miller）公开的，她之前并没有意识到世界上会有其他人对她的祖辈感兴趣。人们终于可以看到传说中的盖奇长什么样了。从照片中可以看出，盖奇是一个骄傲的、穿着得体的人，他并没有因为受伤而变成一个衣冠不整、对一切都漠不关心的潦倒者。值得注意的是，盖奇的伤是在左脸，但银版照片呈现的是镜像，即通常显示的是右脸受伤。如今，我们可以通过技术进行翻转，看到盖奇在生活中的形象。

尽管有一些案例与盖奇和他的伤势一样罕见，但他仍然是最著名的脑部严重损伤的例子——他不仅活下来讲述了这个故事,而且继续过着完整的生活。正如通常报道的那样,他的故事令人难以置信。但也许他最大的贡献是展示了一个人如何在遭受如此严重的伤害后改变和适应生活,恢复社交和个人技能。这个案例的这一方面被报道得如此之少,是一件非常遗憾的事情。我们可以肯定,在 1848 年 9 月那个决定命运的日子,毫不夸张地说,他确实是世界上最幸运的人。在他生命中余下的 11 年里,正如他过去经常说的那样,在科学文献中,他永远是那个"头上有个洞的人"。

菲尼亚斯·盖奇

来源:From the collection of Jack and Beverly Wilgus. wikimedia.org

第 22 章

没有大脑的人

> 约翰·洛伯（John Lorber）教授看着他面前这名学生的脑部扫描图。这名学生正在攻读数学学位，其智商记录为 126（平均智商为 100）。这名学生是由大学校医推荐给洛伯的，校医注意到他的头比正常情况略大。在得知洛伯对脑积水的研究兴趣后，他认为这名学生可能值得进一步研究。脑部扫描显示，这名学生实际上根本没有大脑！据估计，他的大脑重量不超过 150 克。对于他这个年龄的人，大脑的正常重量是它的 10 倍——1.5 千克。这一案例，再加上其他非常罕见的案例，促使洛伯（1981）和其他人提出了这样一个问题："你的大脑真的有必要吗？"这些证据质疑了我们对人脑工作原理的理解，并被用来证明人们普遍持有的"我们只使用了 10% 的大脑"的信念。

背景

人脑是人类已知的最复杂的器官。人类大脑大约有 1000 亿个神经元，每个神经元都有 1000 到 10 000 个突触（连接）。这些突触每秒可以传递大约 10 次脉冲，每秒最多可进行 10 万亿次突触操作！这些数字难以被直观感受到，但据估计，一堆 1000 亿张纸的高度约为 5000 英里，也就是从旧金山到伦敦的距离。人类大脑的平均重量约为体重的 2%，但却消耗了约 25% 的身体能量。

考虑到这些事实和数据，我们对人脑的许多未知也就不足为奇了。多年来，生理学家和心理学家一直在尝试定位大脑中负责不同功能的区域。早期的颅相学——起源于维也纳医生弗朗茨·约瑟夫·加尔（Franz Joseph Gall）的理论——试图解决这个问题（Simpson, 2005）。加尔认为，大脑的形状是由其组成部分的发育决定的，由于头骨的形状源自大脑，头骨的表面应该可以为一个人的心理能力和人格提供线索。例如，前额的隆起可能表示一个人的善良。颅相学在维多利亚时代大受欢迎（在 19 世纪 30 年代，一些雇主甚至要求颅相学家提供性格资料以审查求职者），但到了 19 世纪中叶，颅相学几乎完全丧失了人们的信任（Simpson, 2005）。

然而，颅相学背后的一个假设，即大脑功能定位说，至今仍然存在。功能定位是指大脑的不同部分执行不同的功能（如视觉、随意运动、语言等）。虽然这似乎是显而易见的，但其他一些内脏器官（如肝脏），并不是以这种方式运作的。也就是说，肝脏的所有部分基本上执行的是相同的任务。多年的进一步临床研究发现，颅相学家关于大脑功能定位的假设，即使没有围绕大脑的精确细节，也一直是正确的。

早期研究

卡尔·拉什利（Karl Lashley）是最早采用更科学的方法研究大脑的先驱之一。拉什利希望找到记忆痕迹或记忆印记在大脑中的位置。拉什利以老鼠为研究对象，训练它们学会在迷宫中奔跑。然后，他系统地切除（损伤）它们大脑皮层的一部分（多达 50%），以观察效果。拉什利发现，可以在不明显影响老鼠记忆的情况下切除大部分皮层（Lashley, 1950）。拉什利曾经开玩笑说，找到记忆痕迹不是问题，难的是找到它不在的地方！作为这些工作的直接结果，拉什利提出了两条重要的原理：（1）大脑皮层的所有区域在学习和记忆中都很重要，一个皮质区域可以替代另一个（他称之为"均势原理"）；（2）复杂任务的记忆存储在整个大脑皮层（总体活动原理），而不是孤立于任何特定区域。本质上，记忆的强度取决于可用的脑组织数量。病变的位置并没有被破坏的脑组织数量那么重要。

大脑皮层仅剩很少部分的老鼠仍然能够回忆起迷宫中的路，这让一些人开始质疑大脑皮层是否真的在学习中起着至关重要的作用。包括拉什利的研究在内的研究结果被误解了，人们很快普遍认为，人类只使用了大脑的10%。

其他涉及实验和个案的研究发现，大脑中确实有一些非常专门的区域负责不同的功能（例如，布洛卡区控制着语言的产生）。拉什利的测试方法还不够精细，无法发现记忆的来源。然而，拉什利指出，许多学习都涉及分布在大脑各处的神经元之间广泛的并行互连，这一点是正确的。这样的过程看起来像是"集体行动"（大脑作为一个有机体运作），但更准确地说，可以被比作一个交响乐团——许多独立的部分（小提琴、打击乐器等）联合创造了完整连贯的作品。

尽管越来越多的研究证据与之相反，但关于大脑皮层作用的公开辩论仍在继续。例如，虽然没有文献记载，但经常有报道称，爱因斯坦曾开玩笑说，他的智力是开发了大脑未使用的区域的结果（Jarrett，2014）。

没有大脑的人

儿科医生、公认的脊柱裂专家约翰·洛伯在检查了谢菲尔德大学一名全科医生介绍的患者后，加入了这场辩论。洛伯是一位专治脑积水的外科医生。脑积水是指脑腔（脑室）内脑脊液（CSF）大量异常积聚。如果脑脊液吸收得不够快，它就会在脑室内形成压力，导致大脑皮层向外挤压头盖骨。洛伯通过植入被称为"分流器"的瓣膜对脑积水患者进行手术，以减轻脑脊液积聚造成的压力（Lorber，1981）。令洛伯感到惊讶的是，有几名患者看起来几乎或根本没有智力缺陷，但他们的脑部扫描显示脑室极度扩大，以至于几乎看不到大脑皮层。他最著名的案例涉及一名智商高达126的数学本科生，这名学生后来获得了一等荣誉学位。洛伯声称，在扫描结果中，他的大脑皮层只有一毫米左右厚（由于脑积水的影响），而通常的厚度是四五厘米。洛伯估计，他整个大脑的重量只有150克，而一般人的大脑重量是1.5千克。洛伯随后发表了一篇题为《你的大脑真的有必要吗？》（*Is Your Brain Really Necessary？*）的论文，质疑大脑皮层的必要性。在随后的一部电视纪录片中，他说："我的直觉是，我们每个人都有大量的神经元和脑细胞储备……我们不需要也不使用它们。"（Beyerstein，1999）洛伯声称已经记录了大约 600 起这样的案例，并按大脑状态将其分为四类：

- 近乎正常的大脑；
- 50%~70% 功能正常的大脑；
- 70%~90% 功能正常的大脑；
- 95% 都是脑脊液（CSF）的大脑。

最后一组只有大约 60 例，其中大约一半有严重的智力障碍；另一半，包括前面提到的那位数学毕业生，智商都在 100 以上。过去，在头盖骨尚未钙化的儿童中，由于脑积水造成的内部压力，他们的头盖骨经常会向外膨胀。在现代分流技术被使用之前，这种痛苦很可能会导致死亡。那么，这样的个案研究是否表明，大脑皮层的大部分都是多余的？或者，有其他的解释吗？

相互矛盾的证据

首先要指出的一点是，在许多案例中，大脑损伤的程度可能被夸大了。洛伯使用计算机轴向断层扫描（CAT）技术来观察大脑的内部结构。这是一种 X 光检查，当与计算机结合使用时，可以生成人体内部器官和结构的横断面图。有人认为，只有一毫米左右厚的大脑皮层在这样的扫描中可能无法清晰地显示出来，这表明实际上的大脑皮层可能会更厚一些。洛伯承认阅读 CAT 扫描图很困难，但他仍然相信他对证据的解释是正确的。更先进的大脑扫描技术表明，大脑皮层并没有"丢失"或被破坏，而是被压缩到了更小的可用空间中。如果说有什么不同的话，那就是这证明了大脑具有非凡的适应环境的能力。对婴儿神经损伤的研究也支持了这一点。众所周知，由于人脑的可塑性和适应性，儿童比成人更容易适应严重的头部损伤。有些儿童在手术中切除了一个大脑半球，经过一段时间的调整后，恢复了大部分以前的能力，包括语言能力。这表明大脑的剩余区域已经接管了被切除的大脑半球的功能。这种"拥挤"的过程可能也发生在洛伯报告的数学毕业生的案例中。

在洛伯的一些患者尤其是这位数学毕业生身上，真的不存在问题吗？脑积水的一些影响是非常微妙的，在标准认知测试（如智力测试）中不容易被检测到。

我们的大脑有多重要

洛伯的个案研究表明，大脑皮层似乎是必不可少的。很多有记录的案例表明，人们在受到相当轻微的神经损伤后，会出现严重的认知缺陷。如果我们的大部分灰质都是多余的，那么人们在遭受这样的大脑创伤后应该可以很容易地应对。此外，自然选择似乎也不太可能产生一个消耗如此多能量而回报如此之少的器官。拥有一个更大的大脑（以及更大的脑袋）的其他代价涉及分娩过程中更有可能发生危险的并发症。一个更小、更高效、能够行使相同认知功能的大脑肯定是有利的，因此会在自然选择中胜出。我们的大脑确实很大，这一事实意味着某种选择性优势。如果没有代价，冗余是没问题的，但问题是一个大的大脑的代价似乎太高了。

现代大脑扫描技术也显示了大脑在不同活动中使用了多少区域。它们证明，大脑的大部分区域几乎在所有活动中都被使用。即使在睡眠这一看似最被动的活动中，大脑也出奇地活跃，尤其是在做梦的时候，以至于有梦的睡眠通常被称为"积极睡眠"。

在 1996 年去世之前，以故意引起争议而闻名的洛伯承认，他可能夸大了自己的证据，觉得只有这样做才能吸引人们的注意。他认为，不符合现有解释的结果往往被边缘化为"异常"结果（Lewin, 1980）。洛伯继续争辩说，大脑中一定有一部分是冗余或闲置的，就像肾脏或肝脏的情况一样。在老鼠身上进行的一些实验为洛伯的说法提供了进一步的证据。一次性切除大面积大脑皮层的大鼠似乎会遭受严重的功能障碍，但通过一系列阶段切除相同大小大脑皮层的大鼠却可以很好地应对，而且几乎没有受损的迹象。这似乎反映了在洛伯的一些病人身上看到的脑积水的渐进的影响。时至今日，大脑中的闲置容量仍然是一个有争议的问题，但似乎最有可能的是功能的重新分配，特别是对于发育中的儿童。

神经可塑性

洛伯和其他人提出的证据表明，大脑在人的一生中具有不断变化的能力。神经可塑性的发生似乎比我们曾经认为的要多。也就是说，大脑某一特定部分的活动可以在应对变化或受伤时转移到不同的位置。许多人认为，大脑的硬件控制着我们的行为，但似乎大脑与任何肌肉一样，也会受到经验的影响。我们很容易理解举重运动员是如何逐渐举起更多的重量并增大体型的，那么大脑是否也是如此呢？埃莉诺·马奎尔等人（Eleanor Maguire et al., 2000）想要测试大脑对环境刺激的反应是否会导致其发生结构变化。他们招募了16名伦敦黑色出租车男性司机，作为培训的一部分，他们需要学习"知识"，即伦敦复杂的道路网中所有最快的路线——在通常情况下，这需要三到四年的时间。马奎尔等人将他们的脑部扫描结果与一组非出租车司机控制组进行了比较。他们发现，做出租车司机的时间长短与右后侧海马体的体积之间存在相关性。海马体与空间导航有关，这表明伦敦的道路网转化为心理地图存储在他们的海马体中，做出租车司机的经历增加了他们大脑这一区域的组织体积。他们的结论是，健康成人的大脑结构有局部改变的能力，以适应环境需求。他们后来还发现，重复相同路线的公交车司机比出租车司机更善于学习新的空间任务，这表明复杂的空间任务可能会阻碍新空间任务的学习（Maguire et al., 2006）。我们的大脑结构似乎会影响我们的能力和行为，但我们的行为和经历也会影响我们的大脑结构。

有了这些证据，可以肯定的是，大脑皮层是必要的，而所谓的"我们只使用了大脑的10%"的说法不过是一个迷思或都市传说。可以相当肯定的是，我们一直在使用我们的整个大脑。洛伯的个案研究提供了一个对大脑运作的迷人的窥探，但并没有提供大脑冗余的证据，而是进一步证明了大脑惊人的适应性和复杂性，一种我们才刚刚开始理解的复杂性。

第 22 章
没有大脑的人

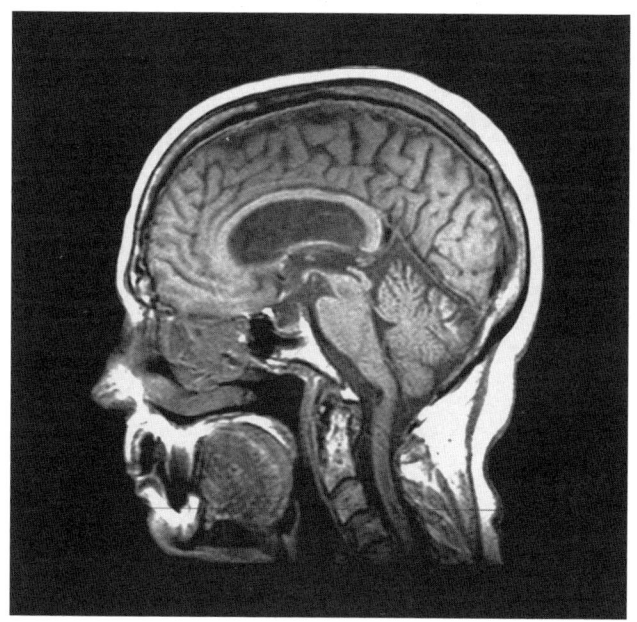

脑积水对大脑的影响显示

来源：Living Art Enterprises, LLC/Science Photo Library

第 23 章

天生杀人犯："鳄鱼人"查尔斯·德克尔的故事

　　1974年7月17日，15岁的盖尔·苏斯曼（Gail Sussman）和她的朋友黛博拉·夏普（Deborah Sharp）决定搭便车去美国罗德岛波塔基特的一位朋友家。她们搭上了23岁的查尔斯·德克尔（Charles Decker，化名）的车。起初，德克尔看起来平静而理性，但后来他无端地用铁锤袭击了两个女孩，并把她们扔在当地的一个市场里。女孩们流了很多血，德克尔认为他可能杀死了她们。他立即打电话给他的父亲尼古拉斯·德克尔（Nicholas Decker），他的父亲恰好是一名科学家，拥有内分泌学博士学位。查尔斯·德克尔被控谋杀未遂，尼古拉斯·德克尔试图证明他的清白；他辩称，他的儿子大脑受损，特别是边缘系统受损，这意味着他无法对自己的行为负责。在审判中，有人争辩说，就像鳄鱼的日常行为主要是由边缘系统的原始冲动决定的一样，查尔斯·德克尔当晚的行为超出了他的自主控制。德克尔的案件开启了关于刑事责任的鉴定，以及心理学中关于行为可能原因的自由意志 vs 决定论的辩论。是否还有其他有关人类攻击性的案例被证明生物因果关系？这些人的行为是应该得到我们的同情，还是蔑视？此外，如果发现攻击行为的生物学原因，会对社会产生什么影响？

第 23 章
天生杀人犯："鳄鱼人"查尔斯·德克尔的故事

背景

是什么让普通人犯下非同寻常的罪行的？与无暴力史的人相比，有暴力史的人所犯下的暴行在某种程度上不那么令人震惊。当一个人的行为被说成"与其性格不符"时，我们发现很难解释他们看似莫名其妙的行为。他们为何会做出这样的攻击行为？他们要对自己的行为负责吗？

在一些可怕的暴力案件中，有人试图用精神错乱来解释当事人的行为，为其辩护，觉得他们之所以犯下如此罪行，是因为他们在精神上无行为能力。马克·大卫·查普曼（Mark David Chapman）枪杀约翰·列侬（John Lennon）案[①]就是一个典型（臭名昭著）的例子。马克·大卫·查普曼声称是《麦田里的守望者》一书中的"守望者"指示他这样做的。精神病学家在审判中声称他患有精神病和妄想症（但查普曼本人后来承认有罪，并没有进行精神鉴定）。同样，试图刺杀罗纳德·里根总统的小约翰·欣克利（John Hinckley Jr.）后来被诊断患有一种特殊形式的精神分裂症。这些案例的共同点是，关于当事人的真实精神状态，人们已经进行了长时间且详细的争论。专家证人提出或赞成或反对的证据，法官和陪审团通常必须权衡这些证据。由于关于精神疾病的真正原因有太多相互矛盾的解释，因此法官和陪审团的决定往往是有争议的。

在这类案例中，往往有大量的早期背景证据指向或提供关于一个人后来暴力行为的线索。这些证据可能是生物学因素、社会因素或环境因素。查尔斯·德克尔案是第一个主要用大脑化学功能障碍来解释行为（进行辩护）的案件之一。然而，有人认为，尽管德克尔在那个特定时刻对自己的行为不完全负责，但他在其他所有时间的精神能力都是正常的。

暴力事件

联邦诉德克尔案的审判始于 1976 年 4 月 5 日——在实际犯罪发生的两年多后。

[①] 约翰·列侬是英国著名男歌手、音乐家、诗人、社会活动家，摇滚乐队"披头士"的成员。1980年 12 月 8 日晚上 10 点 49 分，约翰·列侬在纽约自己的寓所前被一名据称患有精神病的美国狂热男性歌迷马克·大卫·查普曼枪杀，年仅 40 岁。——译者注

地区检察官弗兰克·奥博伊（Frank O'Boy）知道辩护律师大卫·罗斯曼（David Roseman）构建了一个涉及刑事责任和大脑化学反应问题的独特论点，以使他的当事人被无罪释放——他已经准备好为自己的案件辩护。盖尔·苏斯曼首先描述了 1974 年 7 月 17 日那晚发生的暴力事件。她和她的朋友黛博拉·夏普搭便车去了一位朋友的家，但她们的朋友不在家，于是她们决定去罗德岛波塔基特的斯莱特公园。当晚 7 点左右，一辆汽车从她们身边驶过，停了下来，又倒回来让她们搭便车。司机名叫查尔斯·德克尔，23 岁，身材高大、健壮，金发，留着小胡子。上车后，他递给女孩们一瓶啤酒。三个人似乎相处得很好，他们都同意去附近的商店买些香烟和啤酒。

苏斯曼提供的证据表明，德克尔没有喝醉，看起来"是个好人"，没有"因任何事情而感到心烦意乱"。德克尔告诉女孩们，他已经结婚了，需要回家看看他的妻子，然后尽快回来，这样他们就可以继续开车兜风。女孩们同意了。他把她们送到了当地一家餐厅的停车场，20 分钟后，德克尔带着更多的啤酒和一些大麻再次出现。他们三个继续开车转悠，轮流着开，还被一名高速公路巡警拦了下来，因为一个尾灯不亮了。德克尔告诉警察，他正在教他的女朋友开车，并说"什么问题都没有"。然而，在这之后不久，事态就发生了决定性的恶化。在苏斯曼驾驶的过程中，看着女孩们温柔的嬉笑，德克尔突然从座位底下抄起一把石匠用的铁锤砸向她的头骨，苏斯曼一下子失去了知觉。当苏斯曼醒来后，她看到德克尔袭击了试图从车里逃出来的夏普。德克尔把已经毫无知觉的夏普扔进了车后座，然后试图掐死醒来的苏斯曼。几乎就在攻击开始时，德尔克突然停下了手。他发动车子，一言不发地继续前行。

不久之后，在一条废弃的土路上，德克尔停下了车，并让苏斯曼下车——他绕过身来，把夏普也拖出了车。德克尔朝苏斯曼扔了一块石头，让她脱掉衬衫。苏斯曼拒绝了，然后德克尔让她回到车上去帮助夏普。苏斯曼向德克尔保证，如果德克尔放了她们，她不会把今天的事情告诉任何人。德克尔说他会开车把她们送到一个有人能帮助她们的地方。两个女孩浑身是血、非常害怕，但最终还是回到了车里，德克尔开车把她们送到了当地市场一家亮着灯的商店。苏斯曼跳下车，把仍在昏迷的夏普也扶了出来，她去商店叫了警察和救护车，这时，德克尔已经在夜色中开车离开了。

晚上 10 点多一点，查尔斯打电话给父亲尼古拉斯·德克尔，说他担心自己可能杀了两个女孩。在进一步询问后，他说他实际上并不知道发生了什么。查尔斯说："我发疯了。她们在戏弄我，我就知道这些。"查尔斯开车去了他父亲的家。尼古拉斯·德克尔在听了查尔斯的描述后，认为既然当查尔斯离开时女孩们是有意识的，那么这场袭击就不可能像查尔斯所说的那么严重。他决定第二天早上再打电话给律师。第二天一早，律师告诉尼古拉斯，他已经听说有两个女孩受了重伤在医院抢救，有可能会死亡，警察正在搜寻袭击者。此时，尼古拉斯·德克尔能做的只有一件事——把儿子交给警察。

查尔斯·德克尔被逮捕，并被指控犯有两项谋杀未遂罪。

精神疾病心理学

关于人类的正常和异常行为，有许多生物学和心理学的解释。就异常行为而言，西方最广泛使用的研究精神疾病成因和治疗的方法是医学模式，这种模式主要是在医学界发展起来的，因此得名。

医学模式有许多关键的假设。第一种假设是，异常行为可能会被比作身体疾病。假设所有的精神疾病都有与大脑的生理结构和/或功能有关的生理原因。器质性障碍和功能性障碍是有区别的。器质性障碍包括明显的生理脑损伤和/或疾病（例如，脑瘤或大脑中的化学物质失衡），而功能性障碍则没有明显的生理原因（如抑郁症）。第二种假设是，就像身体疾病一样，精神疾病也有明确的症状，可以使用既定的标准进行客观诊断。精神科医生还使用《精神障碍诊断与统计手册》，将症状与既定的疾病分类进行比较。脑部扫描有时可以用来帮助诊断，特别是器质性疾病。第三种假设是，基因对患精神疾病的可能性有很大影响，人们的某些精神疾病有遗传倾向。双生子研究和家族相似性研究表明，一些精神疾病会"在家族中传承"。例如，肯德勒等人（Kendler et al., 1985）的研究发现，精神分裂症患者的亲属患这种疾病的可能性是对照组的 18 倍。最后一种假设是，大脑中的化学物质失衡可能与某些精神疾病有关。神经递质（大脑中的化学物质）在行为中起着重要作用，比如，在精神分裂症患者的大脑中检测到了过量的多巴胺。然而，这些发现只涉及相关性，并不能证明因果关系。比如，可能是精神分裂症导致了多巴胺过量，而不是相反。

如果将医学模式应用于查尔斯·德克尔所表现出的异常行为，如果能证明他有明显的大脑功能障碍，或许就可以诊断查尔斯的攻击性是有器质性原因的。尼古拉斯·德克尔从这一点出发去寻找相关证据。

疯还是坏

查尔斯·德克尔非常幸运，他的父亲是一名内分泌学家，还有一位好朋友是马克·阿特施勒（Mark Altschule）博士。阿特施勒博士是精神疾病的生物化学方面的专家，作为波士顿麦克莱恩医院的前首席医疗官，他几十年来一直在"为确认精神疾病的生理原因而奋斗"（Mayer and Wheeler, 1982, p. 29）。阿特施勒在了解查尔斯的一些背景行为问题后，怀疑他的大脑原始边缘系统存在问题。很明显，他是寻找证据为查尔斯辩护的理想人选。尼古拉斯·德克尔和马克·阿特施勒开始检测查尔斯，以寻找证据证明他的行为是不受精神控制的。

在法庭上，精神科医生经常被要求评估被告的刑事责任水平。通常情况下，这是一个意见问题，在法庭上可能会有相互对立的观点。被告显然实施了有关行为，但必须判断他们是否要对该行为负责。刑事责任的历史可以追溯到颇具影响力的《姆纳坦条例》（*M' Naghten Rules*, 1843），该条例是为衡量精神错乱的被告的刑事责任而制定的，是对丹尼尔·姆纳坦（Daniel M' Naghten）被无罪释放的回应。丹尼尔误杀了爱德华·德拉蒙德（Edward Drummond）——他的预定目标英国首相罗伯特·皮尔（Robert Peel）的议会秘书。符合这些条例的被告可能被判定为"因精神错乱而无罪"或"精神错乱但有罪"，并可能被判在医院接受治疗，而不是被关进监狱。一些特殊的心理健康问题更有可能被用来对精神错乱进行辩护。这包括所谓的精神障碍，如精神分裂症，因为它们被认定对所有行为都有更大的影响。

不管公众怎么想，传统的精神错乱辩护都是最后的抗辩，而不是第一招。毕竟，如果你认为自己可能被判有罪，一开始就声称自己精神错乱并不是一个好的选择，因为你很可能会面临不知道要被在精神病院关多久的窘境，而不是另一个自由的选择（万一被判无罪）或确定的监禁时间（没准还能假释）。此外，即使从精神病院出院，你也会顶着双重耻辱：既是罪犯又是精神病。只要想想《飞越疯人院》(One Fly Over the Cuckoo's Nest)一书中的麦克墨菲①，你就会意识到，精神错乱辩护并不总是首选。一个人一旦因为精神错乱而被送进精神病院，就很可能被"扣留"，直到被判定不再有危险，因此，这很可能是一场终身监禁。在大多数轻微犯罪中，被告宁愿在监狱服刑，也不愿冒险被判精神错乱。在更严重的案件中，例如谋杀，这个选择可能被认为更具吸引力，因为可能的刑期会很长，因此在这类严重案件中，有关精神错乱的抗辩占了更大的比例。

阿特施勒对查尔斯进行了大量密集的体检，得出的结论是查尔斯患有科尔萨科夫综合征（Korsakoff's syndrome）。谢尔盖·科尔萨科夫（Sergei Korsakoff, [1889]1955，p.395）首次将这种疾病描述为"一种特殊的健忘症，其中主要是对最近发生的事件的记忆受到了干扰"。这一诊断有助于解释为什么查尔斯几乎不记得发作的细节；这种综合征最常见于长期酗酒者，但查尔斯的饮酒问题并不是那么严重。尽管如此，查尔斯还是被诊断由于慢性酒精中毒晚期而患上了这种"不治之症"（有证据表明，科尔萨科夫综合征并不总是与酒精中毒有关）。对查尔斯的辩护至关重要的是，科尔萨科夫本人也曾记录，这种疾病的患者确实会表现出非理性的暴力行为；在某些情况下，当"混乱的暴力袭击"发生时，袭击者并没有焦虑或愤怒。这似乎与查尔斯·德克尔的罪行完全吻合，他有与暴力行为有关的神经系统缺陷。然而，仍然存在一个关键问题。根据马萨诸塞州的法律，由于被告的精神状况是自愿喝酒（或不喝酒）造成的，因此不能作为刑事免责的原因。幸运的是，辩方成功地让法官相信，查尔斯·德克尔不知道他与饮酒有关的问题，而且之前一些描述其早期行为问题的孤立微小的事件也没有在法庭上公开。

---

① 美国作家肯·克西（Ken Kesey）的小说，讲述了麦克墨菲为了逃避监狱里的强制劳动，装作精神异常，被送进精神病院的故事。麦克默菲最终受到了最惨无人道的待遇——被切除了脑白质，真的成了白痴。——译者注

阿特施勒在查尔斯身上做了一系列的实验，其中包括给他灌酒。这似乎表明查尔斯对酒精的耐受性非常高。然而，随着进一步的测试，他们发现查尔斯对酒精的代谢反应极不寻常。当查尔斯喝酒时，一种可能有毒的未知物质被释放到他的血液中，这损害了他的大脑，有时还会引发暴力。辩方由此声称，尽管查尔斯的饮酒是自愿的，但意外和异常的后果是非自愿的。一切都取决于法官托马斯·E. 德怀尔（Thomas E. Dwyer）的裁决。

鳄鱼的大脑

边缘系统是一系列与情感和生存有关的结构。它经常被描绘成负责四个 F：进食（Feeding）、战斗（Fighting）、逃跑（Fleeing）和通奸（Fornication）——它处理的是原始本能，但人类已经发展出大脑皮层来压制基本的本能欲望。人类可以停下来思考自己的行为，这是某些动物（如鳄鱼）做不到的。查尔斯·德克尔那个 7 月晚上的行为被比作鳄鱼对突然出现的猎物做出的本能反应。

边缘系统的一个关键组成部分叫作杏仁核，它在攻击中起着至关重要的作用。内科医生弗农·马克（Vernon Mark）和弗兰克·埃尔文（Frank Ervin）在他们的著作《暴力与大脑》（*Violence and the Brain*，1970）中首次阐述了杏仁核在攻击性方面的重要性。这影响了查尔斯的案件。马克和埃尔文试图通过实验证明异常的脑组织是如何导致攻击性行为的，他们将这种症状称为"行为失控综合征"。他们的研究对象是那些暴力发作最有可能是因为大脑边缘系统障碍的人。他们引用了查尔斯·惠特曼（Charles Whitman）为例。惠特曼在登上得克萨斯大学校舍塔顶后开枪打中了 41 人，造成 17 人死亡。事件发生的几周前，惠特曼曾报告说，他有"强迫性的杀人念头"和无法抗拒的暴力冲动。他的日记导致了对他大脑的尸检分析，研究者在他的杏仁核区域发现了一个星形细胞瘤（肿瘤）。然而，许多此类案件的问题在于，杏仁核中的肿瘤并不能让我们得出结论，认为这就是惠特曼暴力行为的原因——虽然它与愤怒袭击的关系已经相当明确，但没有直接的因果证据。究竟是杏仁核附近的肿瘤直接影响了他的暴力行为，还是他在任何情况下都会做出这种残暴的行为？研究人员希望找到大脑缺陷导致暴力的实验证据。然而，在马克和埃尔文报道这一极不寻常的案例之前，似乎不太可能允许或设计实验在人体上测试这一命题。

马克和埃尔文1970年的研究是最早在人类身上开展的实验研究之一，该研究清楚地表明了大脑活动如何导致暴力行为。他们的研究被试是一个名叫朱莉娅的癫痫病女孩，她经常做出非常暴力的行为。有一次，朱莉娅因为"感觉到马上要发作"而寻求帮助后，从一名护士手中抓起一把剪刀，插进了护士的肺部。幸运的是，那名护士后来康复了。由于怀疑她的杏仁核有问题，马克和埃尔文从何塞·德尔加多（Jose Delgado）那里借了一个无线电控制的大脑刺激装置，并将电极深深地植入朱莉娅的左右杏仁核，以便刺激这个区域。尽管提前告知过朱莉娅会刺激她的杏仁核，但她并不知道会在什么时候进行。有一次她正在弹吉他，当马克和埃尔文激活她杏仁核中的电极时，她突然把吉他砸到了墙上。诸如此类的其他例子使马克和埃尔文得出结论，这是第一个证明脑刺激如何在没有大脑皮层调节的情况下引发攻击的人类实验。马克和埃尔文将这种方法用于诊断目的，声称他们通过在朱莉娅的右侧杏仁核中造成破坏性损伤成功地治疗了她，尽管这种成功随后受到了许多其他心理学家的质疑，如彼得·布利金（Breggin and Breggin, 1994）。

马克和埃尔文希望，通过他们的实验演示，能够催生一种新的精神外科形式。然而，当时普遍的公众情绪坚决反对任何形式的侵入性脑外科手术，这主要是由于几十年前脑叶切除术（见第2章）的过度使用，而且几乎不可能有任何伦理委员会会在今天批准这样的手术。

生物学特征就是命运吗

还有许多其他研究似乎表明生物学特征和攻击性行为之间存在联系。出生于英国的阿德里安·雷恩（Adrian Raine）目前是美国费城宾夕法尼亚大学犯罪学、精神病学和心理学教授。他对41名被判谋杀罪的精神病患者的大脑进行了一项著名的研究。

在1997年的一项经典研究中，雷恩的目标是发现那些以精神错乱为由而不认罪的杀人犯是否有任何大脑异常的证据（Raine et al., 1997）。这项研究使用正电子发射断层扫描（Positron Emission Tomography，PET）对41人（39名男性和2名女性）的大脑进行了检查。同时参加实验的还有41名被试组成的对照组，他们不管是年龄还是性别都与实验组相匹配，只是没有犯罪史。所有被试都被注射了葡萄糖示踪剂，并被要求进行32分钟的以目标识别为基础的连续操作任务，然后进行PET扫描。结果发现，杀人犯的大脑皮质与对照组有差异，即前额叶、顶叶区域活动较少，枕叶区域活动较多，颞叶区域无差异。

雷恩等人还发现，实验组胼胝体的活动较少，另外三个皮质下结构（杏仁核、海马体和丘脑）在左右脑的活动也不平衡。他们认为，杏仁核的活动差异可以用来支持一些暴力理论，这些理论认为暴力是由于缺少恐惧等不寻常的情绪反应造成的。事实上，有证据表明，胼胝体被切断的人会表现出不恰当的情绪，并无法把握某种情况的长期影响。值得注意的是，雷恩等人对他们的发现持谨慎态度。他们得出的结论是，有数据表明，以精神错乱为由提出无罪抗辩的杀人犯，大脑的活动水平明显不同，这些差异可能会使他们更容易实施暴力行为，但这并不意味着暴力仅由生物学因素决定。就像惠特曼案一样，没有明确的因果关系证据。事实上，在进行PET扫描时，许多杀人犯已经在监狱里待了几个月或几年，所以大脑的差异可能是由于监禁的时间造成的，而不是被监禁的促成因素。然而，马克和埃尔文（1970）以及雷恩等人的研究（1997）确实开启了这样一种可能性：与那些没有这种生物学特征的人相比，具有这种特征的暴力者可能被认为对自己行为的责任更少。

最近的一个案例涉及小戴维斯·布拉德利·沃尔德鲁普（Davis Bradley Waldroup Jr.）。2006年10月16日，沃尔德鲁普枪杀了他妻子最好的朋友莱斯利·布拉德肖（Leslie Bradshaw），他向她连开了八枪，并拿着砍刀追赶他的妻子，剁下了她的手指，还砍了她好几刀。这起案件极度血腥，似乎是故意和有预谋的。这个案子当然不是一部"侦探小说"，而是一部"犯罪小说"。辩护团队将注意力集中在可能导致伤害的生物学因素上。范德堡大学的法医精神病学家威廉·伯内特（William Bernet）采集了沃尔德鲁普的血液样本，分析了他的DNA。他们发现，沃尔德鲁普的一种特定基因有缺陷，该基因控制着单胺氧化酶（MAOA）的产生，这种MAOA基因通常被称为"战士基因"，因为它与暴力有关。这意味着沃尔德鲁普具有该基因的高风险版本，也就是说，低水平的MAOA能够增加攻击的可能性。许多研究（Caspi et al.，2002）已经表明，这可能会对随后的行为产生影响，特别是当个体在孩提时代遭受过虐待时。有趣的是，有证据表明，沃尔德鲁普确实曾遭受过童年虐待。辩护团队声称，这些因素可能导致了他的暴力行为，陪审团在审议时应该考虑到这一点。在田纳西州，沃尔德鲁普可能面临死刑判决。然而，陪审团似乎充分受到了科学的基因证据的影响，他们得出结论，沃尔德鲁普可能没有能力完全控制自己的行为。法官卡罗尔·罗斯（Carroll Ross）判处沃尔德鲁普32年监禁，并警告他不要对判决提出上诉，以防其他陪审团不受基因争论的影响，检方可能会再次要求判处死刑。尽管如此，2012年4月2日，沃尔德鲁普仍对判决提出上诉，于是"如愿以偿"地被判处故意杀人罪和谋杀未遂罪。

生物决定论

对生物决定论和犯罪问题的一个主要担忧可以追溯到更早的时代，当时遗传特征（包括犯罪行为）理论导致许多国家引入了国家资助的绝育计划。这些被视为优生学计划的一部分，旨在防止人口中那些被认为是缺陷基因特征携带者的人生育。美国是最早实施此类计划的国家之一，1907年，印第安纳州颁布了绝育法案；1909年，华盛顿州和加利福尼亚州紧随其后。主要的目标群体是精神病患者和"智力障碍人士"，一些州把聋人、盲人和身体残疾的人也包括在内（Stern，2005）。许多人将纳粹德国与优生学运动联系在一起，这不无道理，因为希特勒在1933年通过了《遗传性疾病后代预防法》（*the Law for the Prevention of Hereditary Diseased Offspring*）。这导致医生必须报告那些被诊断为智力缺陷或精神疾病（包括精神分裂症）、失明、失聪或肢体残疾的患者。这些人需要接受审查，随后可能会被强制绝育（Bock，2004；Proctor，1988）。据估计，到第二次世界大战结束时，根据德国法律，多达40万人被绝育。然而，有趣的是，在纽伦堡审判期间，许多纳粹为他们的政策决定辩护，声称他们受到了美国做法的影响（Kershaw，2000）。

一种持续的担忧是，如果可以确定生物学原因，就可能会采取相应的生物干预措施，而不是寻找更广泛的因素。这样的解决办法可能会被用来对付特定的族裔或社会群体，例如那些在犯罪统计中占较大比例的群体。那么，重点是什么呢？是生物学因素、社会因素还是环境因素？比如，假设你住在一个空气污染严重的小镇，其中一些人患上了呼吸系统疾病。我们是应该将重点放在这些人及其呼吸系统的敏感性上，并简单地实施诸如药物治疗之类的生物干预措施，还是应该改善所有人都将从中受益的空气质量（即环境）呢？

也许最没有争议的方法并不是说生物学因素本身会导致暴力，而是某些生物学因素可能使人们更容易受到消极环境的影响。我们（社会）是否应该集中资源研究生物学因素或社会因素（或两者兼而有之），仍然是一个持续存在争议的问题，在某种程度上，答案取决于个人的哲学观点。

此外，一个非常有争议的建议是，随着医学和心理学的进步，可测量的生物学缺陷可以被检测、识别出来，甚至在不久的将来被修复。关于暴力的先天倾向，可能在暴力（如果有的话）发生之前就被识别出来，类似于科幻电影《少数派报告》(Minority Report, 2002)。尽管如此，学者和政治家们一直在努力识别和操纵社会环境，以使人们的行为变得更好。这导致一些人辩称，识别和操纵生物学因素是科学进步的必然结果。也许社会需要考虑这样一个未来，在这个未来中，我们用我们试图解决社会原因的方式来处理攻击性的生物学基础。

关于自由意志的问题

查尔斯案和其他类似的案例可以用来检验心理学中的一场关键辩论，即自由意志与决定论之争——我们在多大程度上可以自由选择我们的行为方式？

自由意志有几个要素。首先，为了自由行动或不自由行动，一个人必须有可供选择的可能性。如果人们被迫以某种特定的方式行动（在查尔斯的案例中，也许是因为大脑化学物质），那就不能被称为自由行动。此外，不是出于可理解的原因而发生的行为，也不应被视为自由意志（Kane, 1998）。比如，一个人在梦游时攻击了伴侣，就不会被认为应对自己的行为负责，因此也不属于自由意志的例子。

关于自由意志的辩论经常涉及精神障碍。在一些案例中，人们的行为和思维被认为是错乱的，以至于他们无法对自己的行为负责（Meynen，2010）。然而，法兰克福（Frankfurt，1971）考虑了吸毒者的案例。根据法兰克福的说法，自愿的行为意味着一个人有行动的意愿，以及想要执行行动的意志。例如，是不是吸毒者最初使用海洛因的决定导致了其海洛因成瘾，进而导致了后来的负面行为？简言之，一个核心问题是，当涉及行为的发起时，个体的行为和精神错乱是如何联系在一起的，以及如何区分它们。查尔斯·德克尔的案例和他对酒精的反应也可以从这个角度来思考。

还有责任程度的问题，也就是"减退的"自由意志的问题。与成年人相比，孩子会被认为对自己行为的责任少一些。那么，是否存在某些障碍对自由意志有更显著的影响，比如精神障碍？是否存在其他生物学因素可能挑战自由意志的力量？在美国第一起大规模枪击案中，查尔斯·惠特曼肯定会被从这个角度看待，尽管公众舆论可能不支持这样的立场。惠特曼的辩护团队如果知道杏仁核和情绪功能之间的联系，肯定会想出一个强有力的减刑理由。惠特曼可能会因他的罪行在精神病院接受治疗，而不是在监狱。如果他的肿瘤治疗成功，并被评估为不会对公众造成进一步的风险，那么他会被释放吗？

根据决定论，个人的行为受到内部或外部力量的支配，也就是说，所有的行为都是有原因的。环境决定论认为行为是外部力量的结果，生物决定论认为行为是内部力量的结果。决定论意味着行为以一种规则的、有序的、完全可预测的方式发生，这使得这一观点与科学方法相兼容。这也意味着个人的行为不受他自己的控制，因此不用对自己的行为负责。它还假设人们是被动的接受者，不能自由地按照自己的选择行事。查尔斯·德克尔的行为是自由的，还是说他遭到了生物决定论的"绑架"？如果是后者，那么这在多大程度上（只是假如）可以为他的暴力行为开脱呢？

审判日

法官托马斯·E.德怀尔必须决定查尔斯是否对这起罪行负有责任，或者是否有足够的减刑情节。当查尔斯袭击女孩时，他的行为是不自由的吗？他正在被生物决定论操控吗？他应该从之前的经历中知道他饮酒的"意想不到的后果"吗？

在权衡证据后，法官做出判决：查尔斯谋杀两名女孩未遂罪名成立，检方建议将查尔斯送到中等安全级别的监狱服刑 18 年，但服刑两年后就有资格申请假释。经过 30 天的延期，法官判处查尔斯·德克尔 18 年有期徒刑，但缓期 6 年执行。这意味着查尔斯只要符合缓刑条件，即戒毒戒酒、参加全职工作和心理咨询，就能逃脱监禁。

如果没有这位见多识广又一心救子的父亲，查尔斯·德克尔还能赢得这场官司吗？他是会因一项他无法控制的罪行而在监狱里服刑数年，还是他真的应该被送进监狱，作为对他罪行的惩罚？他有没有可能遇到一个富有同情心的法官和陪审团，把他送到精神病院，在那里，当他们发现他不再对自己或社会构成危险时，将他提前释放？谁知道呢？肯定有成千上万的案件与查尔斯·德克尔案类似，只不过被告没有一个像尼古拉斯那样拥有坚定决心和专业知识的父亲，誓要证明儿子无辜。在未来的几年里，也许科学界会发展出更好的诊断测试来确定精神能力，但我们究竟对自己的行为负有多大的责任，这一问题可能总是会出现，并最终仍然需要法官和陪审团做出判断。

查尔斯的自由意志减退了吗？我们是应该为他感到悲哀，还是觉得他罪有应得呢？心理学家和精神病学家发现很难确定一个人当下的精神功能。试图确定几个月前行为（在查尔斯·德克尔的案例中是两年前）的原因可能会更成问题。尽管存在这种情况，但这并不意味着我们不应该继续努力，以提高我们对那些需要我们同情或蔑视的被告的识别能力。或许未来的研究也应该包括像查尔斯·德克尔这样直接参与这些问题的人。毕竟，他们很可能有不少经验和知识可以带到关于刑事责任和自由意志的辩论中。

PART 6
第六部分
比较心理学

第 24 章

和动物说话：瓦肖和罗杰·福兹的故事

能够与动物交谈一直是人类的愿望。多年来，这似乎希望很渺茫，直到一组研究人员教一只名叫瓦肖（Washoe）的黑猩猩学会了美国手语（American Sign Language，ASL）。在 30 多年的时间里，瓦肖似乎表现出了理解和领悟，并学会了美国手语，这为动物能够学习和使用语言提供了强有力的证据。这些研究帮助我们加深了对黑猩猩行为的理解，并将在生物医学研究中使用黑猩猩的伦理问题推到了风口浪尖上。罗杰·福兹（Roger Fouts）作为导师和科学家与瓦肖一起工作了 30 多年。这是一个令人震惊的故事，讲述了一只黑猩猩和一个人之间的关系——他们拥有共同的语言，并为我们洞察人类与其他动物之间的关系提供了非凡的信息（Fouts and Mills, 1997）。

早期的尝试

想和动物交谈的并不只有泰山[①]和杜立德医生[②]。然而，在大多数情况下，我们与动物交谈的尝试都以失望告终。关于人类与动物交谈的能力，最早有文献记载的描述之一是一匹绰号为"聪明的汉斯"的马。1891 年，一位名叫威廉·冯·奥

[①] 出自电影《泰山》，人类泰山出生在非洲原始森林，在猿猴家族的照料下长大成人，一直试图融入猿猴家族。——译者注

[②] 出自电影《怪医杜立德》，主角杜立德医生能够听到动物的声音，从而利用自己的医生身份为它们治病。——译者注

斯腾（William von Osten）的德国人声称，他的马"聪明的汉斯"可以简单地通过敲蹄子来回答各种问题（Pfungst，1911；参见第 17 章）。对于数学问题，汉斯会敲出数字；对于需要字母的答案，字母会被编码为 A= 敲一下；B= 敲两下，以此类推。令人难以置信的是，据说汉斯能进行四则运算、报时、计算一周的天数、阅读、拼写和理解德语。

冯·奥斯腾相信动物拥有和人类一样的智力。为了证明这一点，他试图教包括猫和熊在内的动物做简单的计算；然而，只有汉斯表现出了真正的能力。聪明的汉斯在欧洲各地演出，引起了轰动，人们成群结队地前来观看他精彩的表演。1904 年，柏林实验心理学学校的卡尔·斯图姆夫（Carl Stumpf）教授对汉斯进行了调查，证实了汉斯的能力，它似乎确实拥有一些类似于人类的特殊理解能力。1907 年成立的"汉斯委员会"对汉斯的能力进行了更严格的测试。他们发现，汉斯只有在提问者知道答案且提问者在它视线范围内时才能正确作答。很明显，汉斯是在对提问者提供的视觉线索进行回应。汉斯注意到，当它的回答令提问者满意时，提问者会做出一些小动作。于是，它就会停下来。它并不知道什么是正确答案，但它能够识别出提问者发出的视觉线索。尽管这本身需要相当大的技巧，但表明了汉斯并不懂德语，也不懂数学或其他任何声称的能力。结果表明，"聪明的汉斯"也许根本就没那么聪明。

其他一些与动物交谈的尝试也取得过明显的成功，但最后总是以失败告终。然而，在过去的 50 年里，研究已经开始证明，与动物交谈可能并不像许多人声称的那样不可能实现。

在心理学上，关于人类与动物的区别（如果有的话），存在着长期的争论。几十年来，持各种观点的科学家都试图分析人类与其他动物的相似或不同之处。人类与其他动物是在某些重要的方面有质的区别，还是只存在可测量的量的差异？

在达尔文 1859 年的著作《物种起源》问世之前，人们普遍认为人类与动物是不同的，认为我们是唯一有灵魂和语言能力的生物。包括柏拉图、亚里士多德、笛卡尔和赫胥黎在内的许多著名哲学家都认为，与动物交谈是不可能的，人与动物的构成要素之间存在着鸿沟。然而，达尔文并不相信这一点。1859 年，他提出，

第24章
和动物说话：瓦肖和罗杰·福兹的故事

人类是通过"遗传变异"进化而来的，人类很可能是由生活在非洲大草原上的猿类进化而来的。很快，进化论就被用来支持人类和动物之间是连续统一体的观点，但不幸的是，许多非欧洲人种因此被视为人类文明的低端，并被作为展品在一些欧洲和美国的科学展览会上展出（Savage-Rumbaugh and Lewin, 1994）。事实上，俾格米人就曾被与黑猩猩和猴子关在一起（1904年的圣路易斯世界博览会），因为人们觉得他们比欧洲人更接近黑猩猩和猴子。尽管达尔文的理论可能在这些方面被误用，但他本人似乎并没有意识到动物和人类之间或不同的人类种族之间存在任何明显的区别。在这种情况下，人类的近亲是否能够像人类一样理解语言呢？

瓦肖：一只特殊的黑猩猩

1967年3月，一位名叫罗杰·福兹的年轻毕业生申请到美国里诺的内华达大学攻读实验心理学博士学位。由于他付不起学费，因此他得到了一份研究生助教的工作。当他询问这份工作有什么要求时，他被简单地告知只需要教黑猩猩说话。出于对这份工作的渴望和好奇，福兹接受了这份工作，于是开始了与一只名叫瓦肖的黑猩猩的一辈子的工作（Fouts and Mills, 1997）。

1967年8月，福兹参加了一次面试，遇到了瓦肖项目研究团队的艾伦·加德纳（Allen Gardner）和比阿特丽克斯·加德纳（Beatrix Gardner）夫妇。福兹说，尽管他对面试问题一无所知，但当他被介绍给两岁的雌性黑猩猩瓦肖时，他得到了这份工作。那是一个星期天，瓦肖被允许在大学的幼儿园操场上玩耍（当周围没有孩子的时候）。在沉闷的面试结束后，艾伦·加德纳和福兹走向操场，瓦肖从远处看到了他们。瓦肖兴奋地叫了一声，四肢着地向他们飞奔而来。它跳过四英尺高的栅栏，径直扑到了福兹的怀里，给了他一个大大的拥抱。福兹认为，这件事帮助他获得了这份工作。

一个月后，福兹来到加德纳的家里进行工作，加德纳家的后院有5000平方英尺，还有一个附属的车库。瓦肖住在后院的一辆房车里，这就是加德纳的黑猩猩语言实验室。一进屋，福兹就注意到，这里的每个人说话都特别小声。这样做的原因是加德纳夫妇不想让瓦肖听到任何口头语言。

由于加德纳夫妇不想让瓦肖意识到人类还用口语交流,因此福兹只用手语和瓦肖交流。由于声道生理机能的限制,黑猩猩不能像人类那样说话。在早期的课程中,福兹艰难地让瓦肖配合换尿布,之后他开始对它进行如厕训练。最终,在发生了一系列意外后,瓦肖开始使用福兹放在房车和院子里的便盆,而且似乎意识到这样做比用尿布更容易。瓦肖已经可以使用一些简单的手语,例如当它冲进院子去上厕所时,它经常会做出"快点"的手势,而当福兹催促它去上厕所时,它又会做出"不,不"的手势来回应。

黑猩猩的语言

加德纳夫妇认为,既然黑猩猩是人类的近亲,那它们可能具有天生的语言能力(Gardener and Gardener, 1969)。此外,康拉德·洛伦茨(Konrad Lorenz)对小鸭子和小鹅的交叉培养研究结果表明,它们会记住并跟随它们见到的第一个移动的物体。这让加德纳夫妇想到,如果有一个合适的环境,那么瓦肖也许能学到很多新技能。早前曾有报道称黑猩猩被人类家庭收养,并学会了做各种各样的事情,比如用刀叉吃饭、刷牙、浏览杂志,但还没有人成功地教会黑猩猩高级的手语。事实上,当时科学界的普遍观点是,语言超出了黑猩猩和类人猿的能力。福兹(以及该领域的其他人)意识到这一论点存在一个根本性的问题——一些研究人员未能教会猿类语言,并不意味着这是不可能的,他们可能只是使用的方法不对。瓦肖项目很可能会成为一个找到合适的条件和正确的教学或培训方法的案例。加德纳夫妇认为,问题在于其他研究人员把语言等同于口头语言。然而,口头语言只是语言的一种模式,从黑猩猩的生理和行为来看,这并不是一种很有前途的模式。加德纳夫妇决定使用美国手语,他们立即改变了研究领域,并且决定继续进行交叉培养项目,该项目已经成功地把黑猩猩的行为培养得非常像人类,只是没有语言理解能力,因此他们试图使用美国手语来增加语言模式。

该项目包括游戏、玩具、书籍和杂志,所有这些都会在手语演示中使用。与瓦肖一起工作的研究人员彼此之间也不说话,而是用手语代替。简言之,瓦肖听不到口语,只体验到美国手语。瓦肖立即以与人类儿童相同的速度学会了打手势。当它想喝东西的时候,它会把大拇指伸到嘴边握拳;当它想听什么时,它会用食

第 24 章
和动物说话：瓦肖和罗杰·福兹的故事

指触摸它的耳朵，以此类推……差不多一年后，瓦肖开始把"臭臭"之类的标签放在它的便盆上，用"我的宝贝"之类的标签来保存它的洋娃娃。瓦肖也会主动发起语言。一天，在福兹背着它到处跑的时候，它做出了"你去那里"的手势。随后，在福兹纳闷瓦肖为什么做出"有趣"的手势时，他感觉到它的尿顺着他的后背流到了他的短裤里！

福兹发现瓦肖学习的最佳方法就是玩游戏。因此，他设计了许多捉迷藏和"西蒙说"①的游戏，还花了好几个小时用手语给瓦肖讲书籍和杂志上的故事。后来，瓦肖会坐在桌子旁，把它所看到的画下来。瓦肖也会一连几个小时骑三轮车，在床垫上跳来跳去，或者在树上荡来荡去。

在与瓦肖合作时，福兹很想知道它来自哪里。人们认为它是被非洲猎人捕获的，他们会射杀黑猩猩妈妈，然后把小黑猩猩卖到美国去。这一艰难的旅程导致只有10%的小黑猩猩能够幸存下来。1966年，一只10个月大的黑猩猩宝宝被带到了美国空军医疗实验室。当时加德纳夫妇正在参观实验室，他们希望得到一只黑猩猩用于自己的研究，并设法得到了这个小可怜。他们把它带回他们在内华达州的家，并以它将要居住的县的名字给它命名：瓦肖。他们用来代表瓦肖的符号是一个字母"W"，放在耳朵后面，意思是"大耳朵瓦肖"。

瓦肖还表现出了超越美国手语应用的其他智力。它每天都在展示自己解决问题的能力——例如，当把一个新的门垫放在它的房车外面时，瓦肖一开始显得很害怕，后来，它克服恐惧把一个娃娃放在垫子上几分钟，然后检查娃娃是否受到了伤害，最后接受了这个并不可怕的新门垫。所有父母都知道，孩子非常擅长操纵父母，瓦肖也不例外。一天，福兹吃完早饭后正在收拾东西，准备锁上食品柜，这时，他发现瓦肖专心地看着它在花园岩石下发现的东西。福兹想知道是什么，就出去看看是什么让瓦肖如此感兴趣。当福兹远离房车后，瓦肖一下子就冲进房车，打开他还没来得及锁上的柜子，偷了一瓶饮料，然后安全地跳到了树上。福兹在岩石下什么也没发现，他意识到这是瓦肖精心策划的"阴谋"，就是为了方便

---

① 一种儿童游戏。玩的时候由一个孩子向其他孩子发出指令，让他们坐下或者单腿站立。只有在发出指令"西蒙说"时，大家才能跟着做，否则要受到惩罚。——译者注

偷饮料。

还有一件事也证明了瓦肖具有复杂的认知。后院的葡萄藤偶尔会结出不成熟的绿葡萄，瓦肖吃了它们会腹泻。瓦肖意识到福兹不想让它吃葡萄——因为他要处理"臭臭"，所以每当它想要一些不被允许的东西时，它就会爬到葡萄藤上威胁要吃绿葡萄，直到福兹答应它的要求。如果他不"屈服"，它就会爬到最高的树枝上，试图往他身上撒尿！

福兹认为他扮演的角色是照顾最小孩子的哥哥。他每天都在观察瓦肖在日常生活中使用的语言。例如，当瓦肖蹑手蹑脚地走进一间屋子，不希望被人发现时，它会做出一个"安静"的手势。它经常跟它的洋娃娃玩耍，并对着它们做手势，就像一个孩子跟娃娃说话一样。对于那些认为瓦肖只是像一个被美化的马戏团演员那样模仿和复制人类行为的批评者来说，这简直令人难以置信！它的周围只有成年看护者，因此它从来没有观察过像自己这样孩子气的行为（如玩洋娃娃）。

福兹过去经常开车带瓦肖在城里四处转悠。他们会参观当地的公园，就像父母带孩子出去一日游一样。由于福兹不想让瓦肖听到人们说话，而且一只黑猩猩宝宝在购物中心或公园里走动，也会引起相当大的轰动，所以这些游玩最终不得不停止。在瓦肖还小的时候，福兹可以把它抱在怀里，但随着它渐渐长大，福兹开始抱不动它了。

这是简单的条件作用吗

也许最流行的解释学习的心理学理论是由哈佛大学的斯金纳教授提出的（Skinner，1950）。他认为语言学习（和其他形式的学习一样）可以用操作性条件反射来解释，也就是说，行为是由行为的结果塑造的。简言之，强化（奖励）或惩罚能够塑造和改变我们的行为。如果我们做出某种行为（如写了一篇文章）后，获得了奖励（如表扬），那么我们很可能会重复这种行为。如果我们在吃了一个浆果后生病了，就不太可能重复这种行为。同样，我们也是通过奖励和惩罚来学习语言的。父母会对孩子发出的声音给予奖励（鼓励、微笑、关注），声音越接近他们想要的单词，他们给予的奖励就越多。关于这一点我深有体会！我花了好几个小时鼓励我的孩子说"爸爸",希望这是他说出的第一个词。加德纳夫妇觉得这种方法为瓦肖的进步指明了方向,所以他们决定使用操作性条件反射技术。不过,通常情况下,理论都很难付诸实践。他们决定用食物、挠痒痒和游戏等作为奖励,但很快意识到这种方法不太可行。瓦肖经常会从一个手势换到另一个完全不同的手势,偶尔才会做出他们想要奖励的近似动作。当奖励(鼓掌、微笑)出现时,它的注意力已经转移到其他事情上了。经过几个月的训练,福兹认为,瓦肖用这些方法只学会了一个手势。他觉得这种方法只能在极端的实验室条件下才有效,这也许可以解释为什么斯金纳制造所谓的"斯金纳箱",以便完全控制动物(通常是老鼠)的环境。

瓦肖仅仅是通过观察别人的行为来学会使用这些手势的,它会在没有详细说明的情况下学会这些手势。例如,福兹会指着一辆车,然后做出"车"的手势,之后瓦肖在看到车时也会做出这个手势。有时,瓦肖最初的手势可能不是那么准确,但它会通过观察周围成年人的表现来完善它的手势。这同样与人类儿童很相似——他们最初可能会发错音,但经过反复听,就能更准确地说出这些单词。福兹也会指导瓦肖做手势,他会指着一个物体,然后把它的手指捏成正确的手势,瓦肖也会通过这种方式学习。与马戏团表演的动物相比,它表现出了学习的灵活性。瓦肖没有接受任何形式的教育或条件反射训练,它的学习是自发的,在很多情况下,它是通过游戏和玩耍开始学习的。饥饿或食物被认为是一种特别理想的初级强化物,但福兹发现,如果瓦肖饿了很想要吃的,它的手势学习就会退步。关于人类的研究表明,积极强化(如金钱)可能会产生消极后果,并破坏创造性任务或者本身就值得做的任务(即具有高水平内在动机的任务)的表现。阿玛比尔(Amabile,1985)邀请72位有创造力的作家写诗。其中一些人被给予了外部动机,如得到报酬,而另一些人被引发了内在动机,如享受创造性的任务。他们的创作结果由12名不相关的诗人进行评分,内在动机组的诗歌的内容广度和质量都远高于外在动机组。其他研究也支持这些发现。那些喜欢画画并能得到报酬的孩子,比那些单纯为了好玩而画画的孩子画得要少。与玩文字游戏且获得金钱奖励的青少年相比,那些单纯玩游戏的人体验到的乐趣更多(Kohn,1999)。对瓦肖来说,学习手势本身就是一种奖励,也让它能够控制环境(内在奖励),所以它不需要外在奖励。

通过瓦肖表现出来的"威胁"和幽默，福兹和加德纳夫妇意识到，无论是在生物学上、行为上，还是在关键的认知上，黑猩猩无疑都是与人类最接近的动物。从某些方面来说，这并不奇怪；对黑猩猩的研究已经发现它们会使用工具钓白蚁或敲开坚果，而"黑猩猩"一词来自刚果方言，意思就是"接近人类"。此外，西布里和阿尔奎斯特（Sibley & Ahlquist, 1984）指出，人类和黑猩猩的DNA有98.4%是相同的。事实上，黑猩猩与人类的关系比它们与大猩猩或红毛猩猩的关系更密切。

一些心理学家质疑瓦肖使用语言的方式是否与人类相似。加德纳夫妇和福兹采用了双盲法，这表明瓦肖不可能像多年前的"聪明的汉斯"那样，仅仅是对线索做出反应。他们安排了一个小隔间，研究人员放置了一个瓦肖可以看到的物体，然后瓦肖必须通过手势把这个物体描述给一位在小隔间里看不见物体的观察者。瓦肖出色地完成了大部分的任务，尽管一开始，它对汽车模型之类的东西的描述出了点问题，因为它使用的手势是"宝贝"（可能把它们当成了玩具）。在观察者认识到这一点后，它的手语就更容易被理解了。最终，他们发现幻灯片的效果和实物一样好，因此试验进行得也更快了。到四岁时，瓦肖的测试正确率达到了80%，然而，和往常一样，它所犯的错误揭示了它认知能力的不足。例如，它会把"刷子"描述成"梳子"，把"狗"描述成"奶牛"，但它从不会混淆物体的类别，这表明它已经形成了类别的概念。它的词汇量迅速增加，并扩大到包含不同类型的短语，如定语（你的鞋）、动作（我打开门）、体验（花的味道）。福兹和加德纳夫妇确信瓦肖的能力意味着它会使用语言。其他心理学家接受了这一点，但仍有一些人试图重新定义语言，正如福兹所说，他们是为了把所有非人类排除在"语言俱乐部"之外（Fouts and Mills, 1997, p. 106）。

搬家

1970年，在瓦肖大约五岁的时候，加德纳夫妇决定把它送到俄克拉荷马大学灵长类动物研究所。这其中有许多现实原因，如瓦肖已经长大了，不适合待在后

第 24 章
和动物说话：瓦肖和罗杰·福兹的故事

院了，附近的人们也开始担心这只"马路上的猿猴"。经过深思熟虑，福兹决定继续和瓦肖一起工作，于是他和家人也搬到了俄克拉荷马州。1970 年 10 月 1 日，瓦肖被注射了镇静剂，乘一架私人飞机前往俄克拉荷马州。但令福兹惊讶的是，等待瓦肖的竟然是一个很小的混凝土笼子！多年来，它一直拥有自己的房车，睡在自己的床上。可现在，它的住所变成了一个小笼子，旁边还有 20 只成年黑猩猩在各自的铁笼子里尖叫，敲打着铁门。这个研究所的负责人是威廉·莱蒙（William Lemmon）博士，在接下来的几年里，福兹和莱蒙就如何妥善安置和帮助瓦肖进行了一系列激烈的斗争。与福兹对瓦肖使用的方法截然不同，如果黑猩猩拒绝服从，莱蒙就会用驱牛鞭和弹丸枪来制服它们。最后，福兹和莱蒙暂时休战，他们同意福兹在附近湖中央的一个岛上建立自己的黑猩猩群落。这是一座由混凝土建造而成的人工岛，占地约四分之一英亩，但对福兹来说，这是一个令人兴奋的新时代的开始。福兹很快意识到，尽管他是黑猩猩行为研究方面的专家，但他与瓦肖的相处并没有让他做好与其他黑猩猩一起工作的准备。福兹成了一些黑猩猩孤儿的"监护人"，在接下来的几年里，他与很多黑猩猩密切合作，如塞尔玛、辛迪、布伊、布鲁诺、艾丽、路易斯、莫哈、塔图和达尔。这些黑猩猩中有许多都是人工饲养的，并接受了医学实验。例如，布伊的胼胝体（两个大脑半球之间的连接组织）被切断，这导致它的两个大脑半球各自独立工作。在这个新的大家庭中，所有的黑猩猩都开始跟着福兹和瓦肖学习美国手语，瓦肖也开始学习英语口语，因为福兹决定对许多其他能听懂英语的黑猩猩使用口语（有些黑猩猩是在人类家庭中长大的）。所有这些黑猩猩的行为都表明瓦肖并不是黑猩猩中的天才，而是所有黑猩猩都有学习语言的能力。虽然它们的学习速度各不相同，但它们都学会了语言。

　　1972 年，福兹开始将他的学术专长用于治疗孤独症儿童。他开始研究一个叫大卫的九岁男孩，这个男孩的语言能力非常有限，而且表现出典型的重复且无意义的行为。福兹决定试着教他美国手语。几次训练后，大卫就学会了用基本的美国手语进行交流。几周后，他突然能说出一些简单的单词，比如"妈妈"和"饮料"。福兹又对其他孤独症儿童进行了研究，并取得了类似的成功。福兹（和其他研究人员）已经表明，教授手语可以开启交流的大门，从而引导人们开口说话。

后来，福兹发现，大脑中负责手部运动的区域也与言语控制有关，这表明手语和口语之间可能发生了某种积极的互动。福兹接着假设，早期人类的交流是从非言语交流开始的，之后发展成通过基本的咕哝声和声音，最终，在进化压力下，人类演变出了相应的解剖学构造（声道）和口语。福兹认为，语言是一种文化行为，他希望通过教圈养的黑猩猩手语，并让它们传授给自己的幼崽来证明这一点。野生黑猩猩使用工具的能力已经被证明是代代相传的。在瓦肖失去自己的孩子后，福兹设法说服她"领养"了一只10个月大的雄性黑猩猩宝宝，名叫路易斯。福兹要求研究人员只能在路易斯面前做出固定的七个手势。因此，路易斯使用的任何其他手势都一定是从其他黑猩猩那里学来的。在八周内，路易斯经常和人类或黑猩猩打手势，但并没有使用从研究人员那里学到的手势。它似乎只通过观察其他黑猩猩来学习手语。因此，福兹认为他可以得出这样的结论：黑猩猩的语言习得来自与人类相同的简单学习技巧。在随后几年制作的大量录像带中，福兹展示了黑猩猩之间利用手语进行互动的场面。

其他研究人员也曾多次尝试教类人猿语言，如休·萨瓦戈·鲁姆博夫（Sue Savage-Rumbaugh）教一只名叫坎兹的倭黑猩猩（Savage-Rumbaugh and Lewin, 1994），佩妮·帕特森（Penny Patterson）教一只叫可可的大猩猩（Patterson, 1981）。一位名叫赫伯特·泰瑞斯（Herbert Terrace）的研究人员报告了他的黑猩猩尼姆·乔姆斯基（Nim Chimsky，这个名字是对语言学家诺姆·乔姆斯基开的一个玩笑）的早期成功，但后来又声称，这只黑猩猩只在研究人员的提示下才会做手语，类似于当年的"聪明的汉斯"（Terrace, 1979）。福兹成功地证明了泰瑞斯的方法存在一些重要的方法论问题，但这并没有阻止那些批评"黑猩猩能习得语言"的人将此作为人类语言独特性的证据。

1974年，福兹已经成为国际知名的学者，他和家人定居在俄克拉荷马州。然而，这里的环境对瓦肖和其他黑猩猩来说远非理想。福兹也开始意识到，尽管他把瓦肖当作自己的家庭成员来爱护，但莱蒙和一些工作人员仍把瓦肖视为一名"科学囚犯"。福兹甚至想过让瓦肖回到非洲的野外生活，但很快就否定了这种想法，因为这是一项不可能完成的任务。于是他开始为瓦肖和其他黑猩猩寻找一个更人道的避难所。福兹初步问了一些大学，最终中央华盛顿大学为他提供了终身教授的职位和一个建立灵长类动物研究中心的机会。1980年8月的一个晚上，福兹租了一辆房车，带着三只黑猩猩——瓦肖、路易斯和莫哈驱车前往华盛顿的埃伦斯堡。

福兹发现，他的研究领域变得不那么受欢迎了，因此他的资金也在不断减少，于是福兹开始想尽一切办法筹集资金。他发现了一种省钱的方法——从当地市场上收集过期的水果和蔬菜给黑猩猩吃。1984年，福兹担任了休·赫德森（Hugh Hudson）导演的人猿电影《泰山王子》（Greystoke）的科学顾问，收到的报酬帮助改进了黑猩猩的生活环境。

动物研究的伦理学

20世纪80年代末，福兹决定将注意力转向在类人猿身上做实验的伦理问题。福兹参观了大量的动物实验室，以了解这些动物所遭受的实验程序。这些猿类通常被隔离起来，但它们本质上是群居动物，福兹自己的研究表明，它们也是"有情众生"。除了对这种实验过程的伦理道德提出质疑，福兹还认为，经历压力会导致动物更容易生病，并产生一系列心理问题。所有这些研究都存在一个内在矛盾：黑猩猩等类人猿与人类之间存在的相似之处，是否意味着能够从它们身上推断出人类的结果。如果答案是肯定的，再加上我们认为它们与我们很相似，那么我们有什么理由不以人道的方式对待它们呢？

福兹进一步主张，废除所有的动物研究，包括他自己的研究。福兹知道他的黑猩猩不可能重新适应野外环境，因此决定让它们在尽可能好的环境中生活。福兹花了15年的时间，1993年5月7日，他开办了由他设计并参与建造的黑猩猩和人类交流研究所。这个立体的热带生活区拥有5400平方英尺的地面和植被，包括室内外运动区、睡觉区和玻璃墙的厨房——以便黑猩猩看到它们的食物是如何被准备的。福兹改变了人类和黑猩猩互动的规则，除了打扫或修理院落等情况外，人类不得进入黑猩猩的区域。

关于心理学研究中使用动物或不使用动物的原因见表24-1。

表 24-1　　　心理学研究中使用动物／不使用动物的原因总结

支持使用动物的原因	反对使用动物的原因
• 使用动物进行研究可以避免伤害人类，因此，在不能用人体进行实验的时候，可以使用动物	• 动物不能报告感觉和实验影响，因此我们不能确定它们经历了多少痛苦
• 动物拥有的权利更少，因此在实验过程中可以进行更多的控制	• 动物应该和人类拥有同等的权利——为什么我们要为了自己的目的而利用动物呢
• 动物的寿命较短，因此成熟的变化可以更快、更容易地被看到	• 作为人类，我们不能剥削弱势群体；动物实验是"物种歧视"的体现
• 动物研究往往更便宜、更容易进行	• 科学应该与自然合作，而不是与自然作对
• 进化连续论的观点：人类就是动物，我们以相似的方式学习，因此，动物研究可以推广到人类	• 动物研究给心理学和科学带来了糟糕的形象
• 动物研究可以增进我们的理论知识	• 人类是独特的物种，与动物大不相同，因此我们不能从动物概括到人类
• 动物研究可以带来对人类有益的直接实际应用，例如导盲犬、药物测试	• 研究最好使用替代策略，如计算机模拟
• 实验室动物研究可以为接受实验的动物物种带来好处	• 由于动物在实验室中受到的压力，我们不能就因果关系下定论
• 人有责任和义务改善人类的生活并使之超越动物	• 如果类人猿和人类如此相似，那么它们就应该享有与人类相似的权利

　　福兹向游客开放了这个场所，以便人们能够看到黑猩猩和他们所做的工作。福兹相信，这将有利于黑猩猩研究事业，并有助于公众了解更多关于黑猩猩研究的知识。鉴于他对黑猩猩行为和习性的发现，福兹认为，继续用大部分实验室采用的方式来对黑猩猩进行研究是完全错误的。福兹还认为，它们是我们进化过程中的兄弟姐妹，它们与我们的关系比与猴子或其他猿类的关系更密切。福兹继续推动着"大猿项目"（the Great Ape Project），致力于保障猿类的生命权、自由权和免于酷刑的权利。他认为，既然我们同属一个进化链，那么法律就应该保护黑猩猩免受伤害，就像我们不会允许一个父亲为了拯救女儿的生命而在一个完全陌生的人身上做实验一样。

第 24 章
和动物说话：瓦肖和罗杰·福兹的故事

时至今日，关于瓦肖到底是真正学会了语言（就像我们所知道的那样），还是仅仅学会了几个单词，仍存在争论。随着福兹为瓦肖的学习能力提供了更多的证据，一些语言学家重新定义了"语言"一词，以排除非人类语言。60 年来，人类一直在囚禁黑猩猩，并将它们用于研究项目，这表面上是为了改善人类的生存状况，但实际上却牺牲了黑猩猩的福祉。在大部分时间里，我们并不知道怎么做才更好；我们过去没有意识到，我们与黑猩猩不仅是在基因上，在行为和文化上也有如此密切的联系——也许多亏了瓦肖，我们现在意识到了这一点。

瓦肖的结局

瓦肖是第一个学会人类语言的非人类动物，它的养子路易斯是第一个从另一只黑猩猩那里学会人类语言的动物。瓦肖于 2007 年 10 月 30 日死于一种短期疾病，享年 42 岁。

多年来，瓦肖——这位来自黑猩猩世界的"贵妇人"——为我们提供了一个深入了解黑猩猩思维的新奇视角，并让我们因此质疑自己的独特能力。当然，人类是独特的，但也许瓦肖的例子证明我们并没有想象的那么与众不同。

罗杰·福兹和黑猩猩

来源：Greg Williams/Rex Features.

第25章

方法、问题和争论

心理学中很少有被广泛接受的"事实"。作为一门相对较新的科学，心理学可能仍处于前科学或前范式的状态（Kuhn, 1962）。换句话说，并没有一个既定的方法来决定心理学应该研究什么，甚至应该如何研究。对于行为的解释更是众说纷纭。这使得心理学研究存在许多不同的方法，以及同样多的进行解释的方法，其中关键的方法有生物学的、认知的、社会的（行为主义和社会学习理论）、心理动力学和人本主义。本书中介绍的许多个案研究都属于或跨越了这些类别，有助于说明各种方法的关键特征。其中一些方法随着学科的发展时而兴起，时而衰落，甚至以后可能会继续如此。此外，个案研究还可以说明历史背景。表25-1指明了与本书各项个案研究相关的不同方法。

从表25-1可以明显看出，不同的方法之间有相当多的重叠，不同范式的支持者很可能会引用相同的个案研究作为他们观点的证据。虽然这可能被视为心理学的弱点，但也可以被视为一种优势——正是这些分歧让心理学变得如此有趣。这也表明，心理学家还有很多工作要做。心理学是一门非常多样化的学科，有多种方法可以帮助打开对一个问题的新思路。尽管对立的意见可能导致群体间的竞争或心理冲突，但有时也可能提供创新的解决方案。

表 25-1　　各项个案研究使用的方法

章节	个案研究	方法
1	过目不忘的人：所罗门·舍雷舍夫斯基的故事	认知的
2	活在当下的人：H.M. 的故事	认知的
3	对重见光明感到失望的人：S.B. 的故事	认知的
4	金·皮克：真正的雨人	认知的，生物学的
5	霍莉·拉蒙纳与记忆的本质	认知的，心理动力学，社会的
6	哭喊着被杀害的女孩：凯瑟琳·吉诺维斯的故事	社会的
7	琼斯镇惨案和服从的危险性	社会的
8	世界末日即将来临：多萝西·马丁的故事	社会的
9	人性还是情境：阿布格莱布监狱与斯坦福监狱	社会的
10	折翼的精灵：杰妮的故事	生物学的，社会的
11	我不是女孩，而是男孩：大卫·雷默的故事	生物学的，社会的
12	亚维农野孩：维克多的故事	生物学的，社会的
13	两个小男孩：小阿尔伯特和小彼得的故事	行为主义的
14	吉姆双生子：分开抚养但一模一样	生物学的，社会的
15	神奇的游戏治疗：迪布斯的故事	社会的，生物学的
16	对婴儿车和手提包产生性兴奋的男人	行为主义的
17	弗洛伊德对小男孩恐惧症的分析：小汉斯的故事	心理动力学
18	三面夏娃：克里斯·西斯摩尔的故事	认知的，生物学的
19	不停洗澡的男孩：强迫症的故事	社会的，生物学的
20	不睡觉的人：彼得·特里普和兰迪·加德纳的故事	生物学的
21	头上有个洞的人：菲尼亚斯·盖奇的故事	生物学的，认知的
22	没有大脑的人	生物学的
23	天生杀人犯："鳄鱼人"查尔斯·德克尔的故事	生物学的
24	和动物说话：瓦肖和罗杰·福兹的故事	生物学的，行为主义的

库恩式[1]的观点可能是，心理学有太多的争论尚未解决，因此不能被视为一门"严格意义上的"科学。然而，也有可能库恩是错的，心理学可能以一种不同于其他科学的方式发展，或者一门科学实际上可以在不受该领域每个人都必须同意和采用相同范式的约束下发展。可能这些都是纯粹的理论论证，而心理学更以解决实际问题为荣，而不管具体的教条主义理论立场如何。这在许多心理健康问题的治疗中表现得很明显，治疗使用的药物治疗以及认知行为治疗等"谈话治疗"形式，融合了生物学的、认知的、行为主义和人本主义的方法。事实上，生物－心理－社会模型（Engel，1977）强调，心理因素、生物学因素和社会因素都可能导致疾病，它们既各自独立又相互作用，可将它们整合到一个新的分析中。心理学面临的挑战是尝试发现所有这些影响因素的重要性，如果做不到这一点，我们所有人的生活都会受到影响。

问题和争论

心理学中的主要问题和争论可以概括为：

- 伦理问题；
- 特则研究和通则研究；
- 先天论与后天论；
- 决定论与自由意志；
- 还原论与整体论；
- 偏见（包括性别偏见和文化偏见）。

伦理问题

伦理是心理学研究的重要组成部分。高质量的研究必须包含良好的伦理实践。伦理应该是最重要的，在进行任何心理工作之前，都应该考虑伦理的影响。除了

---

[1] 著名的科学哲学家库恩认为，是否存在范式是区分科学与非科学的标准，科学有范式，非科学或前科学没有范式。具体请参见其著作《科学革命的结构》。——译者注

正式的职业道德准则外,大多数研究机构(如大学)都有自己的伦理委员会,在研究项目开始前开会进行伦理审议。许多国家的心理学会还颁布了自己的道德准则,所有心理学研究者都应该遵守。这些准则有一个不成文的前提:己所不欲,勿施于人。英国版本的准则包括以下内容。

- **知情同意**。如有可能,研究者应将调查的目标告知所有被试。如果被试是16岁以下的儿童,则应征得其父母同意。此外,还应征得足以理解该研究的大龄儿童被试自身的同意。
- **避免欺骗**。如果被试在被告知后表示反对或不安,那么隐瞒信息或误导被试是不可接受的。应尽可能避免在研究的目的和一般性质上故意欺骗被试。在没有非常有力的科学或医学理由的情况下,绝不应故意误导被试。然而,在某些情况下,欺骗是不可避免的。此时,有许多可能的方法来处理欺骗的问题。
    - **推定同意**。这指的是从与研究被试有相似背景的人那里征得同意。如果他们表示愿意参与,那你很可能不会让实际的被试感到(太)不安。
    - **事先普遍同意**。这是指被试同意被欺骗,但不知道将被如何欺骗。这可以在研究开始前一段时间进行。当然,被试可能会对欺骗感到不安,这可能会影响结果,但至少他们会同意参与这项研究。
    - **追溯性同意**。这是指在被试参与研究后再征得他们的同意。当然,这里最大的问题是,他们可能不同意,但已经参加了!
- 如果使用了欺骗手段,应该在研究结束后立即告知被试,并让其有机会撤回他们的研究数据。在进行此类研究之前,研究者有特殊的责任来确定不存在避免欺骗的替代程序,确保第一时间向被试提供足够的信息,并就隐瞒信息或故意欺骗进行适当的协商。
- **充分的说明/事后解释**。研究的所有相关细节都应在研究前后向被试解释。如果使用了欺骗手段,事后解释尤其重要。被试在研究结束时的自我感觉应该和研究开始时一样好(或更好)。事后解释并不能为任何不道德的程序提供正当理由。
- **保护被试**。研究者的首要责任是在研究期间保护被试免受身心伤害。通常情况下,被试所面临的风险不应大于或超出日常生活中可能遇到的风险。

- **退出权**。被试应该始终意识到，他们可以随时退出研究，无论是否已经得到报酬或好处。在观察研究中，这一点可能特别难以做到。被试还应该意识到，他们可以在未来的任何时候撤回他们的数据。
- **保密性**。被试的资料应被视为机密，不得向任何人透露，除非事先商定了不同的安排。研究团队及其随后发表的任何文章均应使用代号，而非名字。保密性和匿名性很容易混淆。保密性意味着数据可以追溯到名字，而匿名数据则不能，因为研究团队并未收集姓名。在可能对被试进行后续跟踪的情况下，最好收集保密性数据。
- **观察性研究**。观察只能在人们可能会被陌生人看到的公共场所进行。
- **提供建议**。在研究过程中，研究者可能会获得被试显然没有意识到的心理或生理问题的证据。在这种情况下，如果研究者认为不告知被试可能会危及他们未来的福祉，那么就有责任这样做。
- **同事**。研究者与他们的合作者、助手、学生和员工共同承担正确对待研究被试的道德责任。如果心理学研究者认为其他心理学家或研究人员可能正在进行不符合伦理原则的研究，应鼓励对方重新评估该研究。

在进行任何研究之前，心理学研究者都必须寻求同行指导，征求可能的被试的意见，遵循心理学会的道德准则，考虑替代的研究方法，进行短期和长期后果的成本–收益分析，承担研究责任，并获得监督其研究的伦理委员会的批准。如果在研究过程中，发现研究结果产生了负面影响，应停止研究，并尽一切努力纠正这些负面影响。任何对同行有伦理担忧的研究者都应该首先与他们取得联系，如果问题没有得到解决，就要与所在国家的心理学会取得联系。

心理学在使用动物进行实验方面也有一段曲折的历史，近年来，动物研究无疑在减少。大学里设立动物实验室已不再常见。人们曾经认为，可以将动物行为推论到人类行为上，因此对伦理方面的考虑较少。批评者认为，动物不能表示同意，因此研究不应该为了人类的利益而利用动物。当然，有时，动物研究对动物本身和人类都有好处，为了判断伦理问题，通常会对研究进行成本–收益分析。

本书中的许多个案研究都提出了深刻的伦理问题。对瓦肖的研究（见第24章）

涉及在研究中使用动物的争论，这一章强调了福兹对瓦肖和该项目中其他黑猩猩的待遇的担忧。其他对人类的实验也突破了我们今天所认为的伦理边界。华生和雷纳永远不会被允许像1920年那样对待小阿尔伯特（见第13章）。事实上，他们甚至没有花心思去消除这个小男孩的恐惧反应，这表明，他在他们眼里就像那只会分泌唾液的狗一样。尽管当事后诸葛亮总是很容易，但当得知华生因与雷纳的婚外情而被解雇，而他对待小阿尔伯特的态度却没有在当时引起任何不满，我们还是觉得很荒谬！在杰妮的案例（见第10章）中，研究人员的行为也与伦理相冲突。研究人员对杰妮的付出是为了自己的学术目的，还是真的想帮助她从早年的经历中恢复过来？杰妮决定不再与这些心理学研究者有任何联系的事实表明，她觉得他们没有以她希望的方式帮助她。我们也有理由像大卫·雷默（见第11章）一样愤怒，因为约翰·莫尼似乎故意错误地报告了他的案例的细节，这不仅损害了他的利益，还可能影响成千上万的双性儿童，因为对他们的治疗都受到了雷默案例的影响。多萝西·马丁对于费斯廷格等人公开她在私人团体中的行为感到高兴吗？这里存在保密问题吗？在其他个案研究中，有没有被试可能不欢迎对他们的宣传？像H.M.（见第2章）这样的人，考虑到他的残疾，他真的会同意吗？S.B.（见第3章）之前充分了解了恢复视力的心理代价吗？还是这些都无法预测？当然，也有一些个案，心理学家可能（可以说）为参与研究的个体带来了好处，如金·皮克、维克多、克里斯·西斯摩尔和迪布斯（见第4章、第12章、第18章和第15章）。

思考要点

- 根据上述伦理问题回顾每个个案研究章节。
- 这些个案研究违反了哪些伦理准则？
- 这些个案研究是否可以以其他方式进行？如果可以，请概述一些可能的建议。
- 尝试对每个个案进行成本–收益分析。对于被试或他们代表的更广泛的群体而言，从该个案研究中获得的收益是否超过了成本？
- 对比一下杰妮和H.M.的研究者对待他们的方式。这些方式在哪些方面相似？哪些方面不同？

可重复危机

科学之所以进步，是因为学者们可以学习其他研究者的研究成果，并在此基础上开展工作。正如牛顿自己承认的那样："如果说我看得更远，那是因为我站在巨人的肩膀上。"没有人想重新发明轮子。为了做到这一点，我们必须确信发表的研究是值得信赖的，既有效（准确），又可靠（一致）。伪造数据和报告虚假的观察通常被认为是科学界最严重的罪行之一。

因此，可重复性是科学的一个重要方面，自然科学中的大量研究都可能涉及重复其他研究人员早期的研究，以检验研究程序和研究结果。然而，心理学中的重复研究通常较少。很少有期刊会发表简单重复先前研究的研究。没有人对第二个登上珠穆朗玛峰的人感兴趣。没有人愿意重复旧的工作，而不是追求新的、令人兴奋的、引人注目的研究。科学家们已经意识到，与没有发现预期结果的研究相比，假阳性（发现了一种效应，而实际上并没有）的结果更有可能被发表，因此，心理学研究者可能会把注意力集中在这些努力上，而不是重复先前的研究。

这给心理学造成了一个严重的问题：我们怎么才能知道那些被广泛报道的、已成经典的心理学研究结论是否为真呢？值得庆幸的是，近年来，人们对一些经典研究进行了审视，在详细的审视下，一些经典研究似乎出现了严重的问题。例如，津巴多（见第9章）是否过度指导了"狱警"的行为？米尔格拉姆的一些实验者是否偏离了研究报告中的既定"提示"脚本？华生（见第13章）是否在最初阶段之后继续强化小阿尔伯特的条件反射？旁观者真的拒绝帮助凯瑟琳·吉诺维斯（见第6章）吗？

这样的争论还将继续，但我希望，我们所有人都能对呈现给我们的任何证据（包括本书中的材料）的所有方面提出质疑，追溯资料的原始来源，从而从教科书或其他媒体呈现的"真实"故事中识别出"虚假"的故事。

思考要点

- 为什么重复对个案研究来说是个问题？
- 本书中个案研究的结论是否可以被其他研究验证？

特则研究和通则研究

特则研究和通则研究在心理学诞生之前就已存在。那些赞成特则研究的人认为，可以通过对（独特的）个体的深入研究来试图理解人类行为，并建立只适用于一种情况的法则。那些采用通则研究的人说，为了建立适用于所有人的行为法则，研究群体更有用。关于心理学应该研究个体特征还是一般规律的结论，对心理学作为一门科学的地位也有一定的影响。

个案研究最常因不能进行"普遍性"推论而受到批评。然而，选择忽视个案研究证据似乎有点像告诉一名从月球凯旋的宇航员，他们带回的宝贵的岩石样本不会被分析，因为它们可能不能代表月球的其他部分！当然，肯定是要对它们进行研究的，看看我们能发现什么，但仍然要意识到存在不正确的推论的危险。

心理学中的通则研究是指试图建立适用于所有人的一般行为模式或行为规则的方法。实验、定量的方法是首选。特则研究与此相反，主要关注个体和人类的独特性，倾向于定性方法，如个案研究法。正如许多这样的争论一样，它们经常被描绘成对立的两极，而事实上，大多数心理学家都能看到它们各自的价值。对单个个体的详细研究（具体的）可能会揭示出许多丰富的细节和洞见，这在面向更大人群的研究（一般的）中并不总是可能的。

一些学者（e.g. Holt，1962）质疑心理学的目标是什么，对这个问题的回答决定了一个人对具体／一般之争的观点。如果目标是理解人类行为，那么具体的方法可能会更受青睐；如果目标是预测和控制行为，那么一般的方法可能会更可取。采用通则研究也可能产生一些理论和解释，这些理论和解释可能会因涉及种族主义、民族中心主义和性别歧视而损害某些个体和群体的利益（Gross，1995）。

对通则研究的一个批评是，它忽略了"完整"的人。当一个人成为一个统计数据时，他就失去了个性。心理测试基于心理学家制定的测量方法，但这些方法是否客观或有效还有待商榷。特则研究对个人进行全面而深入的分析，这体现了独特性，但也有缺点。它更加主观和直观，因此更容易受到批评。福克（Falk，1956）认为，特则研究和通则研究都是科学方法的重要组成部分。如果科学的目的是描述、解释、预测和控制，那么特则研究最适用于描述和解释，而通则研究适合进行预测和控制。

心理学家使用各种各样的方法来研究人类，从科学的到不那么科学的。实验法通常被认为是最科学的，因为它们是客观的，并能够复制。尽管人们对许多实验的人为性质存在疑问，但认为其研究结果是可以推广的。普遍性是将个人的主张延伸到数据之外的合乎逻辑的论据，它在被研究的事件和未被研究的事件之间建立了联系。如果发表的数据不能进行推论，那么研究可能只是昙花一现，学术价值微乎其微。

也许通则研究的实验范式在心理学中占据主导地位，但这两种方法本身都是不完美的：特则研究对单个个体的描述过于全面，而通则研究则过于笼统——它们需要互相平衡。

先天与后天之争

先天与后天之争可以追溯到柏拉图和亚里士多德的时代，这种争论持续至今的事实表明了两件事：它很重要，但尚未解决。如果心理学的目标是试图揭示是什么造就了现在的我们，那么我们就应该思考，我们是因为某种遗传因素天生如此，还是个人经历和社会化过程的产物。是基因还是环境造就了我们？先天论的观点强调遗传因素对行为和精神状态的影响，而后天论的观点则认为我们是世界经验的产物。一些研究试图弄清楚先天和/或后天的相对影响，如双生子研究（第14章的"吉姆双生子"案就是一个例子），使用同卵双生子和异卵双生子作为研究对象——他们有的在同一个家庭中一起长大，有的是被分开抚养的。

多年来，围绕先天与后天的争论一直是高度两极化和有争议的，这可能是因为采取不同立场的实际后果不同。如果行为主要受先天的影响，那么我们如何才能在必要时做出改变呢？在这种情况下，改变环境可能会被认为是浪费金钱。相反，如果后天养成的观点得到支持，那么育儿、社会化和环境的改变应该有助于行为的改变。哲学家约翰·洛克（John Locke）用术语"白板"一词表示，最初的心灵像一块没有任何记号和任何观念的白板，一切观念和记号都来自后天的经验。华生等行为主义者推动了这一观点。所谓的"野孩子"个案研究，比如杰妮（第

10 章）和亚维农野孩（第 12 章），有时会被用来支持先天与后天之争的后天论，因为他们的行为似乎是忽视型教养的直接结果。

在心理学历史上的不同时期，支持一方的心理学家似乎在牺牲另一方利益的情况下占据了上风，但随着新的研究出现，争论又开始转向。20 世纪 20 年代和 30 年代对天性和遗传特质的强调以及优生学运动的兴起导致了各种可怕的结果，因此，随着 20 世纪 60 年代行为主义的兴起，后天教养又开始受到重视。然而，随着新的遗传技术的出现，人们越来越有可能精确地确定行为中的遗传因素，这可能使先天论再次变得流行。事实上，新兴的表观遗传学显示，随着其他化学物质附着在细胞中的基因或蛋白质上，DNA 分子会发生变化，这些变化构成了表观基因组。表观基因组通过"关闭或打开"基因来调节细胞的活动，即通过调节哪些基因被表达。这就是为什么尽管所有细胞都有相同的 DNA（或基因组），但一些细胞会分化成脑细胞，另一些细胞会分化成肝脏，还有一些细胞会分化成皮肤。因此，在谈论环境（后天）如何通过调节基因组（先天）来影响个体时，后天因素似乎可能会影响先天因素。

可以说，大多数心理学家都倾向于中立，即同时承认先天因素和后天因素的重要性。据报道，唐纳德·赫布（Donald Hebb，1958）在回答"先天和后天哪个对性格影响最大"的问题时说："矩形的长度和宽度，哪一个对面积的影响更大？"认为行为可能仅仅源于先天或后天因素的观点现在被称为"一元化归因谬误"。

思考要点

- 哪些个案研究最能说明先天与后天之争的本质方面？为什么？
- 为什么厘清先天因素和后天因素的影响会如此困难？
- 什么是"一元化归因谬误"？请从本书的个案研究中找出一个例子。

决定论与自由意志

心理学中的一个主要争论是，我们的行为在多大程度上是由我们无法控制的因素决定的？这是自由意志与决定论之争的核心。换句话说，人类是可以自由地构建他们的生活，还是他们的行为是早已被设定好的，他们对自己的生活别无选择？不同的方法假定不同程度的自由意志或决定论。生物学方法表明，人类的行为受到诸如遗传或生物化学因素等生物过程的限制和影响。行为主义的方法则强调了环境的决定作用。事实上，斯金纳认为，全部接受条件作用的原理是不可能的，但我们也不是具有自由意志的。他在1971年的著作《超越自由和尊严》(*Beyond Freedom and Dignity*)一书中指出，自由意志仅仅是一种幻觉，社会在很大程度上控制着其成员的行为。相反，决定论的精神分析观点则强调潜意识动机决定着我们的行为。

认知心理学家提出，人类具有广泛的内部认知结构（即图式），我们用这些结构来解释世界，而这些结构反过来又会影响我们的行为反应。解释事件的能力表明我们可以自由地决定自己的行为，但很明显，这些解释本身是基于图式的，这些图式是由我们以前的经验决定的，而我们对这些经验的控制可能要弱得多。

人本主义心理学家认为，人类在生活中可以自由选择自己的行为，每个人都是自己的建筑师。他们认为，每个人都是独一无二的，对自己的生活负责，有选择行为方式的自由，因此对自己的行为负有道德责任——他们在很大程度上站在自由意志这一边。

我们可以想象一个决定论者（D）与一个自由意志论者（FW）的争论。D会说，如果人们找不到某种行为的原因，那么并不是原因不存在，而只是他们还没有找到。FW可能会要求D来预测一下FW下一步会做什么。然后，FW会通过做一些完全意想不到的事情来证明D是错误的，以表明他们可以以D没有预测到的方式行事。然而，D随后会说，FW之所以以这种出乎意料的方式行事，仅仅是因为D的预测——换句话说，FW的意外行为是由D的预测决定的。如果不知道D的预测，FW就不会这么做！

自由意志与决定论之争是最古老的哲学辩论之一，而且毫无疑问将持续下去。

站在决定论一边可能是最容易的，但大多数人更愿意认为我们有自由意志，并因此要对自己的行为负责。这场辩论可能涉及重要的应用，例如，如果罪犯被认为没有自由意志，那么我们最终会同情他们的行为，而不是惩罚他们（忽视减轻责任的情况）。

书中列出的许多个案研究都可以从自由意志与决定论之争的角度来看待。

思考要点

- 概述哪些个案研究主要说明了行为的决定论观点。
- 在哪些个案研究中，自由意志和决定论相结合可能是更好的解释？

还原论与整体论

还原论认为，要想理解人类行为，最好将行为分解为更小的组成部分。只有通过研究更小、更简单的过程，我们才能理解复杂的行为。这一思想借鉴了自然科学，在自然科学中，实验室实验非常受欢迎，因为可以严格控制一切因素，并且操纵一个特定的自变量，以观察其对因变量（即结果）的影响。这有助于确定因果关系。

人类行为可以通过实验室实验来研究的观点导致了实验还原论的思想。然而，许多心理学家认为，在人工实验室中将复杂的心理行为简化为孤立的个体变量，意味着对这种行为的研究脱离了原始的社会情境。"实地研究"（通常是个案研究）能够让我们从定性的角度更"整体"地看待问题，但更难进行推论和重复。显然，每种方法都有其优点。

关于这种还原论方法是否能像研究植物或原子一样适用于研究人类，争论十分激烈。任何在最简单的层面对人类行为的解释都可以被认为是还原论。将任何复杂的行为（如攻击性或心理健康问题）简化为一组简单的变量（比如生物学原因）可能有助于确定其实际原因，但也忽略了行为真正复杂的本质。因此，还原论也可以被视为决定论的一种形式，它表明一个人的行为可能是由某个特定的因素引起或决定的。简言之，行为主义者可能会在还原论的层面上争辩说，行为仅仅源于过去的经验，而生理心理学家只专注于大脑中的化学物质失衡。

尽管还原论的观点可能会因其对科学的强调而吸引支持者，但情况可能是这样的：我们试图回答与日常生活不太相关的更小、更具体的问题，而不是解决更大的问题，比如我们为什么要这样做。

让我们用"微笑"这个简单的动作来说明这场辩论。我们什么时候微笑、在什么情况下微笑、对谁微笑，都有社会规则。也许我们希望或期望从对某人微笑中得到一些东西，或者我们可能只是勉强对某人微笑，以免给对方留下不好的印象。是否微笑也可能受到对对方的认知以及与这个人相关的任何记忆的影响，无论这些记忆是好是坏。在决定是否微笑时，你还会受到其他复杂的社会和文化的影响。大脑中会有一些微笑的程序，甚至在微笑开始和进行过程中都在进行化学过程。因此，对微笑的解释涉及很多层面，很难判断哪种解释最重要（哪些可能无关紧要）。当我们意识到我们不加思考就会通过假笑（对我们不喜欢的人微笑）来隐藏我们对他人的真实感觉时，就很容易理解为什么还原论者的方法可能看起来是一个有吸引力的选择！

整体论也是一种研究心理学的方法和途径，它与还原论相反。整体论关注的是整个有机体，而不是孤立的部分。社会心理学、心理动力学方法[①]、人本主义方法和大部分的定性研究方法都倾向于整体的立场。整体论强调影响行为的复杂交互作用的重要性。换句话说，整体大于部分之和。这一点在视错觉中得到了清晰的证明——在视错觉中，我们通常感知到的信息远不止视网膜接收到的信息的总和。

交互作用论是一种试图弥合整体论与还原论分歧的方法，它关注的是对行为不同层次的解释如何起作用。用交互作用论的方法来理解攻击行为可能会考虑（还原论的）生物学因素（如杏仁核功能），也会考虑心理、认知和社会环境因素。

---

① 强调本能驱动力的心理动力学方法可以被认为是某种还原论，但它也认识到主体的复杂性，因此毫无疑问更倾向于整体的立场。

对于解释人类行为的最佳方式，我们不需要进行持续的争论——因为有时分歧是非常有益的——当然，重要的是心理学家使用了正确的方法来完成这项工作。

思考要点

- 回顾本书中的个案研究，其中大多数研究都对行为持整体论观点。那么有没有哪个研究表明还原论方法更成熟？请解释你的选择。

参考文献

—— 引言 ——

Bromley, D.B.（1986）. *The Case Study Method in Psychology and Related Disciplines*. Chichester, UK: John Wiley & Sons.

第1章

Johnson, R.（2017）. 'The mystery of S., the man with an impossible memory'. *New Yorker*, 12 August. Available at www.newyorker.com/books/page-turner/themystery-of-s-the-man-with-an-impossible-memory（accessed 28 September 2019）.

Luria, A.R.（1968）. *The Mind of a Mnemonist*. Cambridge, MA: Harvard University Press.

第2章

Claparede, E.（[1911] 1951）. 'Recognition and "me-ness"'. Trans. D. Rapaport. In D. Rapaport（ed.）, *Organization and Pathology of Thought: Selected Sources*. New York: Columbia University Press, pp. 58–79.

Corkin, S.（2002）. 'What's new with the amnesic patient H.M.? Nature reviews'. *Neuroscience*, 3: 153–60.

Freeman, W.（1949a）. 'Mass action versus mosaic function of the frontal lobe'. *Journal of Nervous and Mental Disease*, 110: 413–18.

Freeman, W.（1949b）. 'Transorbital lobotomy'. *American Journal of Psychiatry*, 105: 734–40.

Milner, B., Corkin, S. and Teuber, H.-L.（1968）. 'Further analysis of the hippocampal amnesic sundrome: 14-year follow-up study of H.M.'. *Neuropsychologia*, 6: 215–34.

Moniz, E. [1937]（1994）. 'Prefrontal leucotomy in the treatment of mental disorders'. *American Journal of Psychiatry*（sesquicentennial Supplement）, 151: 236–39.

Scoville, W.B., Dunsmore, R.H., Liberson, W.T., Henry, C.E. and Pepe, A.（1953）. 'Observations on medial temporal lobotomy and uncotomy in the treatment of psychotic states'. *Association for Research in Nervous and Mental Disease*, 31: 347–69.

第 3 章

Gregory, R.（1986）. *Odd Perceptions*. London: Routledge.

Gregory, R. and Wallace, J.（1961）. *Recovery from Early Blindness: A Case Study*. Reproduced in March 2001 from Experimental Psychology Society Monograph No. 2.

第 4 章

Howlin, P., Goode, S., Hutton, J. and Rutter, M.（2009）. 'Savant skills in autism: Psychometric approaches and parental reports'. *Philosophical Transactions of the Royal Society of Biological Sciences*, 364（1522）: 1359–67.

Peek, F.（1996）. *The Real Rain Man: Kim Peek*. Salt Lake City, UT: Harkness Publishing Consultants.

Treffert, D.A.（2009）. 'The savant syndrome: An extraordinary condition. A synopsis: Past, present, future'. *Philosophical Transactions of the Royal Society of Biological Sciences*, 364（1522）: 1351–7.

Treffert, D.A. and Christensen, D.（2005）. 'Inside the mind of a savant'. *Scientific American*, 293（6）: 108–13.

第 5 章

Bartlett, F.（1932）. *Remembering: A Study in Experimental and Social Psychology*. Cambridge: Cambridge University Press.

Brewin, C. and Andrews, B.（2017）. 'False memories of childhood abuse'. *The Psychologist*, 30: 48–52.

British Psychological Society.（1995）. *Recovered Memories: Report of the BPS Working Party*. Leicester: British Psychological Society.

Eysenck, H.J. and Wilson, G.D.（1973）. *The Experimental Study of Freudian Theories*. London: Methuen.

Foster, R., Libkuman, T., Schooler, J. and Loftus, F.（1994）. 'Consequentiality and eyewitness person identification'. *Applied Cognitive Psychology*, 8（2）: 107–21.

Freud, S.（[1901] 1914）. *The Psychopathology of Everyday Life*. Trans. A.A. Brill. London: T. Fisher Unwin.

Levinger, A. and Clark, J.（1961）. 'Emotional factors in the forgetting of word associations'. *Journal of Abnormal and Social Psychology*, 62: 99–105.

Loftus, E.（1975）. 'The myth of repressed memory: False memories and allegations of sexual abuse'. *Psychology*, 7（4）: 560–78.

Loftus, E. and Palmer, J.（1974）.'Reconstruction of automobile destruction: An example of the interaction between language and memory'. *Journal of Verbal Learning and Verbal Behaviour*, 13: 585–9.

Loftus, E.F. and Pickrell, J.E.（1995）.'The formation of false memories'. *Psychiatric Annals*, 25: 720–5.

Pezdek, K., Finger, K. and Hodge, D.（1997）.'Planting false childhood memories: The role of event plausibility'. *Psychological Science*, 8: 437–41.

Spanos, N., Menary, E., Gabora, N., DuBreuil, S. and Dewhirst, B.（1991）.'Secondary identity enactments during hypnotic past-life regression: A sociocognitive perspective'. *Journal of Personality and Social Psychology*, 61（2）: 308–20.

van der Kolk, B.A. and Fisler, R.（1995）.'Dissociation and the fragmentary nature of traumatic memories. Overview and exploratory study'. *Journal of Traumatic Stress*, 8: 505–25.

Wilson, A.（2002）.'War and remembrance'. *Orange County Register*, 3 November.

第6章

Alexander, N.（2017）.'Kitty Genovese didn't die alone: Debunking the murder myth that shaped New York', 22 January. Available at www.haaretz.com/us-news/.premium.MAGAZINE-debunking-the-brutal-rape-and-murder-myth-that-shaped-new-york-1.5487772（accessed 7 April 2018）.

Blass, T.（2009）. *The Man Who Shocked the World: The Life and Legacy of Stanley Milgram.* London: Hachette.

Darley, J.M., Teger, A.L. and Lewis, L.D.（1973）.'Do groups always inhibit individuals responses to potential emergencies'. *Journal of Personality and Social Psychology*, 26: 395–9.

de May, J.（n.d.）.'Kitty Genovese: A picture history of Kew Gardens'. Available at web.archive.org/web/20070416121525/www.oldkewgardens.com/index.html（accessed July 2014）.

Latané, B. and Darley, J.（1969）.'Bystander "apathy"'. *American Scientist*, 57: 244–68.

Manning, R., Levine, M. and Collins, A.（2007）.'The Kitty Genovese murder and the social psychology of helping: The parable of the 38 witnesses'. *American Psychologist*, 62（6）: 555–62.

People vs Moseley（1964）. 43 Misc. 505.

Shotland, R.L.（1985）.'When bystanders just stand by'. *Psychology Today*, 19:1919 50–5.

The Witness（2015）. Netflix.

第7章

Blass, T.（1999）.'The Milgram paradigm after 35 years: Some things we now know about obedience to authority'. *Journal of Applied Social Psychology*, 25: 955–78.

Burger, J.M.（2009）.'Replicating Milgram: Will people still obey today?'*American Psychologist*, January, 64（1）: 1–11.

Freedman, J.L. and Fraser, S.C.（1966）.'Compliance without pressure: The foot in the door technique'. *Journal of Personality and Social Psychology*, 4: 195–202.

Lifton, R.J.（1979）. *The Broken Connection: On Death and the Continuity of Life*. Washington, DC: American Psychiatric Press.

Milgram, S.（1963）.'Behavioral study of obedience'. *Journal of Abnormal and Social Psychology*, 67: 371–8.

Milgram, S.（1974）. *Obedience to Authority: An Experimental View*. New York: Harper & Row.

Mills, J.（1979）. *Six Years with God*. New York: A & W Publishers.

Perry, G.（2012）. *Behind the Shock Machine*. Melbourne: Scribe.

Slater, M., Antley, A., Davison, A., Swapp, D., Guger, C., Barker, C., Pistrang, N. and Sanchez-Vives, M.V.（2006）.'A virtual reprise of the Stanley Milgram obedience experiments'. *PLoS One*, 1（1）: e39. doi:10.1371/journal.pone.0000039.

第8章

Becker, C.B., Bull, S., Schaumberg, K., Cauble, A. and Franco, A.（2008）.'Effectiveness of peer-led eating disorders prevention: A replication trial'. *Journal of Consulting and Clinical Psychology*, 76（2）: 347–54.

Festinger, L.（1965）. *A Theory of Cognitive Dissonance*. Stanford, CA: Stanford University Press.

Festinger, L. and Carlsmith, J.M.（1959）.'Cognitive consequences of forced compliance'. *Journal of Abnormal and Social Psychology*, 58: 203–10.

Festinger, L., Riecken, H.W. and Schachter, S.（1956）. *When Prophecy Fails: A Social and Psychological Study of a Modern Group That Predicted the Destruction of the World*. Minneapolis: University of Minnesota Press.

Gross, R.D.（2005）. *Psychology:The Science of Mind and Behaviour*（5th ed.）. Hove, UK: Hodder Arnold.

Hewstone, M., Stroebe,W. and Stephenson, G.H.（1996）. *Introduction to Social Psychology*. Oxford: Blackwell.

Matz, D.C., Hofstedt, P.M. and Wood, W.（2008）.'Extraversion as a moderator of the cognitive dissonance associated with disagreement'. *Personality and Individual Differences*, 45（5）: 401–5.

Medin,D.L.（2011）.'The case of the invisible experimenter（s）'.*Association for Psychological Science Observer*, October. Available at www.psychologicalscience.org/observer/thecase-of-the-invisible-experimenters（accessed 1 October 2019）.

第9章

Banuazizi, A. and Movahedi, S.（1975）. 'Interpersonal dynamics in a simulated prison: A methodological analysis'. *American Psychologist*, 30（2）: 152–60.

Banyard, P.（2007）. 'Tyranny and the tyrant: Zimbardo's the Lucifer Effect'. *The Psychologist*, 20: 494–5.

BBC（2019）'The BBC prison study'. Available at bbcprisonstudy.org/index.php?=12（accessed 17 October 2019）.

Festinger, L., Pepitone, A. and Newcomb, T.（1952）. 'Some consequences of deindividuation in a group'. *Journal of Social Psychology*, 47: 382–9.

Giggs, R.（2014）. 'Coverage of the Stanford Prison Experiment in introductory psychology textbooks'. *Teaching of Psychology*, 41（3）: 195–203.

Haney, C., Banks, C. and Zimbardo, P.（1973）. 'A study of prisoners and guards in a simulated prison'. *Naval Research Review*, 9: 1–17. [Reprinted in E. Aronson（ed.）, *Readings About the Social Animal*（3rd ed.）. San Francisco, CA: W.H. Freeman, pp. 52–67.]

Haslam, S.A. and Reicher, S.D.（2006）. 'Debating the psychology of tyranny: Fundamental issues of theory, perspective and science'. *British Journal of Social Psychology*, 45: 55–63.

Le Bon, G.（1895）. 'The crowd: A study of the popular mind'. Available at http:// onlinebooks.library.upenn.edu/webbin/gutbook/lookup?num=445（accessed 4 June 2018）.

McKelvey, T.（2018）. 'I hated myself for Abu Ghraib abuse'. *BBC News*, 16 May. Available at www.bbc.co.uk/news/44,031,774（accessed 23 May 2019）.

Milgram, S.（1963）. 'Behavioral study of obedience'. *Journal of Abnormal and Social Psychology*, 67: 371–8.

Prescott, C.（2005）. 'The lie of the Stanford Prison Experiment'. *Stanford Daily*, 227（50）. Available at https://stanforddailyarchive.com/cgi-bin/stanford?a=d&d=stanford20050428-01.2.24&e=-------en-20--1--txt-txIN-------（accessed 21 May 2018）.

Reicher, S., Haslam, A. and van Bavel, J.（2018）. 'Time to change the story'. *The Psychologist*, 31: 2–3.

Resnick, B.（2018）. 'Philip Zimbardo defends the Stanford Prison Experiment, his most famous work: What's the scientific value of the Stanford Prison Experiment? Zimbardo responds to the new allegations against his work'. *Vox*, 28 June. Available at www.vox.com/science-and-health/2018/6/28/17509470/stanford-prison-experiment-zimbardo-interview.

Savin, H.B.（1973）. 'Professors and psychological researchers: Conflicting values in conflicting roles'. *Cognition*, 2（1）: 147–9.

Soldz, S.（2007）. 'A profession struggles to save its soul'. *Psychoanalytic Activist*, Division of Psychoanalysis, APA.

Winkler, G.（2009）. *Tortured: Lynndie England, Abu Ghraiband and the Photographs That Shocked the World*. New York: Bad Apple Books.

Zimbardo, P.（1973）. 'On the ethics of intervention in human psychological research: With special reference to the Stanford prison experiment'. *Cognition*, 2（2）: 243–56.

Zimbardo, P.（2018）. 'A personal journey from evil to heroism'. *Psychology Review*, 24（1）: 2–4.

第 10 章

Brown, R. and Herrnstein, R. (1975). *Psychology*. Boston: Little, Brown.

Carroll, R.（2016）. 'Starved, tortured, forgotten: Genie, the feral child who left a mark on researchers'. *Guardian*. 14 July. Available at www.theguardian.com/society/2016/jul/14/genie-feral-child-los-angeles-researchers（accessed 1 October 2019）.

Chomsky, N.（1965）. *Aspects of the Theory of Syntax*. Cambridge, MA: MIT Press.

Curtiss, S.（1977）. *Genie: A Psycholinguistic Study of a Modern-Day 'Wild Child'*. New York: Academic Press.

Eimas, P.（1985）. 'Speech perception in early infancy'. *Scientific American*, 252: 46–52.

Jones, P.（1995）. 'Contradictions and unanswered questions in the Genie case: A fresh look at the linguistic evidence'. *Language and Communication*, 15: 261–80.

Lenneberg, E.（1967）. *Biological Foundations of Language*. New York: John Wiley & Sons.

Pinker, S.（1994）. *The Language Instinct*. New York: William Morrow & Company.

Rymer, R.（1993）. *Genie: A Scientific Tragedy*. New York: HarperCollins.

Sampson, G.（1997）. *Educating Eve*. London: Cassell.

第 11 章

BBC.（2000）. 'Dr Money and the boy with no penis' [David Reimer interview]. *BBC Horizon*. Transcript available at www.bbc.co.uk/sn/tvradio/programmes/horizon/dr_money_trans.shtml（accessed 2 October 2019）.

Colapinto, J.（2000）. *As Nature Made Him: The Boy Who Was Raised a Girl*. New York: HarperCollins.

Diamond, M. and Sigmundson, H.（1997）. 'Sex reassignment at birth: A long-term review and clinical implications'. *Archives of Pediatric and Adolescent Medicine*, 151: 298–304.

Freud, S. [1905] (1958). 'Three essays on the theory of sexuality'. In J. Strachey (ed.), *The Standard Edition of the Complete Psychological Works of Sigmund Freud*, Vol. 7. London: Hogarth Press, pp. 133–244.

Le Vay, S. (1991). 'A difference in the hypothalamic structure between heterosexual and homosexual men'. *Science*, 253: 1034–7.

Money, J. and Ehrhardt, A. (1972). *Man and Woman, Boy and Girl: The Differentiation and Dimorphism of Gender Identity from Conception to Maturity.* Baltimore, MD: Johns Hopkins University Press.

Reilly, J.M. and Woodhouse, C.R. (1989). 'Small penis and the male sexual role'. *Journal of Urology*, 142: 569–72.

Reiner, W.G. (1996). 'Case study: Sex reassignment in a teenage girl'. *Journal of American Aademy of Child and Adolescent Psychiatry*, 35: 799–803.

Swaab, D.F. and Fliers, E. (1985). 'A sexually dimorphic nucleus in the human brain'. *Science*, 228: 1112–15.

第 12 章

Candland, D.K. (1993). *Feral Children and Clever Animals: Reflections on Human Nature.* Oxford: Oxford University Press.

Itard, J.M.G. [1801, 1806] (1962). *The Wild Boy of Aveyron.* Trans. G. Humphrey and M. Humphrey. New York: Appleton-Century-Crofts.

Kanner, L. (1967). 'Medicine in the history of mental retardation'. *American Journal of Mental Deficiency*, 72 (2): 165–170.

Lane, H. (1976). *The Wild Boy of Aveyron.* Cambridge, MA: Harvard University Press.

Lillard, P.P. (2011). *Montessori Today: A Comprehensive Approach to Education from Birth to Adulthood.* London: Knopf Doubleday.

Rousseau, J.-J. (1992). *Discourse on the Origin of Inequality.* Trans. D.A. Cress. Indianapolis, IN: Hackett.

Shattuck, R. (1980). *The Forbidden Experiment.* London: Quartet Books

第 13 章

Asratyan, E.A. (1953). *I.P Pavlov: His Life and Work.* Moscow: Foreign Languages Publishing House.

Beck, H., Levinson, S. and Irons, G. (2009). 'Finding Little Albert: A journey to John B. Watson's infant laboratory'. *American Psychologist*, 64 (7): 605–14.

Buckley, K.W.（1982）. 'The selling of a psychologist: John Broadus Watson and the application of behavioral techniques to advertising'. *Journal of the History of the Behavioral Sciences*, 18: 207–21.

Digdon, N., Powell, R.A. and Harris, B.（2014）. 'Little Albert's alleged neurologicial impairment: Watson, Rayner, and historical revision'. *History of Psychology*, 17（4）: 312–24.

Fridlund, A.J., Beck, H.P., Goldie, W.D. and Irons, G.（2012）. 'Little Albert: A neurologically impaired child'. *History of Psychology*, 15（4）: 302–27.

Gross, R.D.（2003）. *Key Studies in Psychology*（4th ed.）. London: Hodder & Stoughton.

Harris, B.（1979）. 'Whatever happened to Little Albert?' *American Psychologist*, 34（2）: 151–60.

Hilgard, E. and Maquis, D.（1940）. *Conditioning and Learning*. New York: AppletonCentury.

Jones, M.C.（1924a）. 'Elimination of children's fears'. *Journal of Experimental Psychology*, 7: 381–90.

Jones, M.C.（1924b）. 'A laboratory study of fear: The case of Peter'. *Pedagogical Seminary*, 31: 308–15.

Samuelson, F.（1980）. 'J.B. Watson's Little Albert, Cyril Burt's twins and the need for a critical science'. *American Psychologist*, 35（7）: 619–25.

Schultz, D. and Schultz, S.（2011）. *A History of Modern Psychology*. Boston, MA: Cengage.

Watson, J.B.（1913）. 'Psychology as the behaviourist views it'. *Psychological Review*, 20: 158–77.

Watson, J.B.（1924）. *Behaviorism*. Chicago, IL: University of Chicago Press.

Watson, J.B. and Rayner, R.（1920）. 'Conditioned emotional reactions'. *Journal of Experimental Psychology*, 3（1）: 1–14.

Watson, J.B. and Watson, R.R.（1921）. 'Studies in infant psychology'. *Scientific Monthly*, 13: 493–515.

Wolpe, J.（1958）. *Psychotherapy by Reciprocal Inhibition*. Stanford, CT: Stanford University Press.

第14章

Editorial.（1994）. 'Mainstream science on intelligence'. *Wall Street Journal*, 13 December.

Farber, S.（1981）. 'Telltale behavior of twins'. *Psychology Today*, 15: 58–79.

Hansen, K. and Randall, D.（2017）. 'Eugenic ideas, political interests, and policy variance: Immigration and sterilization policy in Britain and the U.S'. *World Politics*, 53: 237–63.

Herrnstein, R.J. and Murray, C.（1994）. *Bell Curve: Intelligence and Class Structure in American Life*. New York: Free Press.

Segal, N.L.（2012）. *Born Together – Reared Apart.* Cambridge, MA: Harvard University Press.

Tellegen, A., Lykken, D.T., Bouchard, T.J., Wilcox, K.J., Segal, N.L. and Rich, S.（1988）. 'Personality similarity in twins reared apart and together'. *Journal of Personality and Social Psychology,* 54（6）: 1031–9.

Trut, L.N., Oskina, I. and Kharlamova, A.（2009）. 'Animal evolution during domestication:The domesticated fox as a model', *BioEssays,* 31: 349–60.

Turkheimer, E.（2000）'Three laws of behavior genetics and what they mean'. *Current Directions in Psychology,* 9: 160–4.

第 15 章

Axline, V.（1986）. *Dibs: In Search of Self.* New York: Ballantine Books.

第 16 章

American Psychological Association.（2009）. *Report of the Task Force on Appropriate Therapeutic Responses to Sexual Orientation.* Washington, DC: APA.

Asratyan, E.A.（1953）. *Ivan Pavlov: His Life and Work.* Moscow: Foreign Languages Publishing House.

Bartlett, A., Smith, G. and King, M.（2009）. 'The response of mental health professionals to clients seeking help to change or re-direct same sex sexual orientation'. *BMC Psychiatry,* 26（March）: 9–11.

Burgess, A.（1962）. *A Clockwork Orange.* London: Penguin.

Council on Scientific Affairs of the American Medical Association.（1987）. 'Aversion therapy'. *Journal of the American Medical Association,* 258（18）: 2562–5.

Eysenck, H.（1965）. 'The case of the prams and handbags'. In H.J. Eysenck（ed.）, *Fact and Fiction in Psychology.* London: Penguin, pp. 178–217.

Eysenck, H.（1997）. *Rebel with a Cause.* London: Transaction Publishers.

Gibson, H.B.（1981）. *Hans Eysenck: The Man and His Work.* London: Peter Owen.

Guardian（1997）. Professor H.J. Eysenck's obituary, 13 September.

Kapp, S.（2010）. 'Treating homosexuality is unethical'. *The Psychologist,* 23（12）: 952.

Smith, G., Bartlett, A. and King, M.（2004）. 'Treatments of homosexuality in Britain since the 1950s – an oral history: The experience of patients'. *British Medical Journal,* 238: 427.

Wolpe, J.（1958）. *Psychotherapy by Reciprocal Inhibition.* Stanford, CT: Stanford University Press.

第 17 章

Abraham, K. and Freud, S.（2002）. *The Complete Correspondence of Sigmund Freud and Karl Abraham 1907–1925*. London: Karnac Books.

Freud, S.（1905）. *Three Essays on the Theory of Sexuality*. Pelican Freud Library, Vol. 7. Harmondsworth, UK: Penguin.

Freud, S. [1909]（2000）. *The Standard Edition of the Complete Psychological Works of Sigmund Freud, Vol. 10: Two Case Histories: 'Little Hans' and the 'Rat Man'*, J. Strachey（ed.）. London: Vintage.

Freud, S.（2001）. *The Standard Edition of the Complete Psychological Works of Sigmund Freud. Vol. 5: The Interpretation of Dreams*, J. Strachey（ed.）. London: Vintage.

Graf, H.（1951）. *Opera for the People*. Minneapolis: University of Minnesota Press.

Graf, H.（1972）. 'Memoirs of an invisible man: A dialogue with Francis Rizzo'. *Opera News*, 5 February: 25–8; 12 February: 26–9; 19 February: 26–9; 26 February: 26–9.

Graf, M.（1942）. 'Reminisces of Professor Sigmund Freud'. *Psychoanalytic Quarterly*, 11:465–76.

Gross, R.（2003）. *Key Studies in Psychology*（4th ed.）. London: Hodder & Stoughton.

Holland, N.（1986）. 'Not so little Hans: Identity and ageing'. In K. Woodward and M. Schwartz（eds）, *Memory and Desire*. Bloomington: Indiana University Press, pp. 51–75.

Holmes, J. (2005). 'The assault on Freud'. Available at: http://human-nature.com/freud/holmes.html (accessed July 2014).

Masson, J.（1985）. *The Assault on Truth: Freud's Suppression of the Seduction Theory*. London: Penguin.

Tallis, R.（1996）. 'Burying Freud'. *Lancet*, 347: 669–71.

Whitehead, A.N.（1929）. *The Aims of Education and Other Essays*. New York: Free Press.

第 18 章

American Psychiatric Association.（1980）. *Diagnostic Statistical Manual of Mental Disorders:DSM-III*（3rd ed.）. Washington, DC: American Psychiatric Association.

Borch Jacobson, M. and Spiegel, H.（1997）. 'Sybil – the making of a disease: An interview with Dr Herbert Spiegel', *New York Review*, 24 April. Available at www.nybooks.com/articles/1997/04/24/sybil-the-making-of-a-disease（accessed 4 October 2019）.

Chodoff, P.（1987）. 'Effects of the new economic climate on psychotherapeutic practice'. *American Journal of Psychiatry*, 144: 1293–7.

Crabtree, A.（1993）. *From Mesmer to Freud: Magnetic Sleep and the Roots of*

Psychological Healing. New Haven, CT: Yale University Press.

Gmelin, E. (1791). *Materialen Für Die Anthropologie, Vol. 1*. Tübingen, Germany: Cotta.

Keyes, D. (1995). *The Minds of Billy Milligan*. New York: Bantam Books.

Kluft, R.P. (1985). *Childhood Antecedents of Multiple Personality Disorder (Clinical Insights Monograph)*. Washington, DC: American Psychological Association.

Loftus, E.F. (1997). *The Myth of Repressed Memories*. New York: St. Martins Press.

Merskey, H. (1992). 'The manufacture of personalities: The production of multiple personality disorder'. *British Journal of Psychiatry*, 160: 327–40.

Prince, M. (1906). *The Dissociation of Personality*. New York: Longmans, Green.

Ross, C.A. (1991). 'Epidemiology of multiple personality disorder and dissociation'. *Journal of the Psychiatric Clinics of North America*, September, 14 (3): 503–17.

Shreiber, F.R. (1973). *Sybil: The True Story of a Woman Possessed by Sixteen Separate Personalities*. London: Penguin.

Sileo, C.C. (1993). 'Multiple personalities: The experts are split'. *Insight on the News*, October, 9 (43): 18–22.

Sizemore, C. (1989). *A Mind of My Own*. New York: William Morrow & Company.

Sizemore, C. and Pittillo, E.S. (1977). *I'm Eve*. New York: Doubleday.

Spanos, N.P. (1996). *Multiple Identities and False Memories: A Sociocognitive Perspective*. Washington, DC: American Psychological Association.

Sybil (1976). Directed by Daniel Petrie. CBS Fox.

Thigpen, C.H. and Cleckley, H. (1954). 'A case of multiple personality'. *Journal of Abnormal and Social Psychology*, 49: 135–51.

Thigpen, C.H. and Cleckley, H. (1957). *The Three Faces of Eve*. London: Secker & Warburg.

Thigpen, C.H. and Cleckley, H.M. (1984). 'On the incidence of multiple personality disorder: A brief communication'. *International Journal of Clinical and Experimental Hypnosis*, 32 (2): 63–66.

The Three Faces of Eve. (1957). Directed by Nunnally Johnson. Twentieth Century Fox.

Wang, P. (2018). 'What are dissociative disorders?' Available at: www.psychiatry.org (accessed 18 October 2019).

第19章

Jenike, M.A., Breiter, H.C., Baer, L., Kennedy, D.N., Savage, C.R., Olivares, M.J., O'Sullivan, R.L., Shera, D.M., Rauch, S.L., Keuthen, N., Rosen, B.R., Caviness, V.S. and Filipek, P.A. (1996). 'Cerebral structural abnormalities in obsessive-compulsive disorder: A quantitative morphometric magnetic resonance imaging study'. *Archives of General Psychiatry*, 53 (7): 625–32.

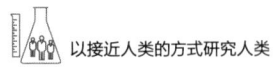

Rapoport, J.（1989）. *The Boy Who Couldn't Stop Washing*. New York: Signet.

第 20 章

Coren, S.（1998）. 'Sleep deprivation, psychosis and mental efficiency'. *Psychiatric Times*, 1 March, 15（3）. Available at www.psychiatrictimes.com/sleep-disorders/sleep-deprivation-psychosis-and-mental-efficiency（accessed 4 October 2019）.

de Manaceine, M.（1897）. *Sleep: Its Physiology, Pathology, Hygiene and Psychology*. London: Walter Scott.

Dement, W. and Vaughan, C.（2001）. *The Promise of Sleep*. London: Pan Books.

Jouvet, M.（1967）. 'Mechanisms of the states of sleep: A neuropharmacological approach'. *Association for Research in Nervous and Mental Disease*, 45: 86–126.

McFarlan, D. and McWhirter, N.（1990）. *The Guinness Book of World Records*. London: Guinness Superlatives.

Patrick, G.T. and Gilbert, J.A.（1896）. 'On the effects of loss of sleep'. *Psychology Review*, 3: 469–83.

Ross, J.J.（1965）. 'Neurological findings after prolonged sleep deprivation'. *Archives of Neurology*, 12: 399–403.

第 21 章

Broca, P.（1861）. 'Perte de la parole: Ramollissement chronique et destruction partielle du lobe anterieur gauche du cerveau'. *Bulletins De La Societe D'anthropologie*, 11（2）: 235–8.

Damasio, H., Grabowski, T., Frank, R., Galaburda, A. and Damasio, A.（1994）. 'The return of Phineas Gage: Clues about the brain from the skull of a famous patient'. *Science*, 264: 1102–5.

Fleischman, J.（2002）. *Phineas Gage*. Boston, MA: Houghton Mifflin.

Lanczik, M. and Keil, G.（1991）. 'Carl Wernicke's localization theory and its significance for the development of scientific psychiatry'. *History of Psychiatry*, 2: 171–80.

Macmillan, M.（2002）. *An Odd Kind of Fame: Stories of Phineas Gage*. Cambridge, MA: MIT Press.

Ratiu, P. and Talos, I.F.（2004）. 'The tale of Phineas Gage, digitally remastered'. *New England Journal of Medicine*, 351: 21. Available at www.nejm.org/action/showMediaPlayer?doi=10.1056%2FNEJMicm031024&aid=NEJMicm031024_attach_1&area=（accessed 5 June 2019）.

Wilgus, J. and Wilgus, B.（2009）. 'Face to face with Phineas Gage'. *Journal of the History of Neuroscience*, 18: 340–5.

第22章

Beyerstein, B.（1999）. 'Whence cometh the myth that we only use ten per cent of our brains?' In S. Della Sala（ed.）, *Mind Myths: Exploring Popular Assumptions about the Mind and Brain*. Chichester, UK: John Wiley & Sons, pp. 3–24.

Jarrett, C.（2014）. *Great Myths of the Brain*. Chichester, UK: Wiley-Blackwell.

Lashley, K.（1950）. 'In search of the engram'. In J.F. Danielli and R. Brown（eds）, *Physiological Mechanisms in Animal Behaviour*. New York: Academic Press, pp. 454–82.

Lewin, R.（1980）. 'Is your brain really necessary?' *Science,* 12（210）: 1232–4.

Lorber, J.（1981）. 'Is your brain really necessary?' *Nursing Mirror*, 152: 29–30.

Maguire, E. A., Gadian, D. G., Johnsrude, I. S., Good, C. D., Ashburner, J., Frackowiak, R. S. and Frith, C. D.（2000）. 'Navigation-related structural change in the hippocampi of taxi drivers'. *Proceedings of the National Academy of Sciences of the United States of America*, 97（8）: 4398–403.

Maguire, E., Woollett, K. and Spiers, H.J.（2006）'London taxi drivers and bus drivers: A structural MRI and neuropsychological analysis'. *Hippocampus*, 16（12）: 1091–101.

Simpson, D.（2005）. 'Phrenology and the neurosciences: Contributions of F. J. Gall and J.G. Spurzheim'. *ANZ Journal of Surgery*, 75: 475–82.

第23章

Bock, G.（2004）. 'Nazi sterilization and reproductive policies'. In D. Kuntz（ed.）, *Deadly Medicine: Creating the Master Race*. Washington, DC: US Holocaust Memorial Museum, pp. 61–87.

Breggin, P.R. and Breggin, G.R.（1994）. *The War Against Children: How the Drugs, Programs, and Theories of the Psychiatric Establishment are Threatening America's Children with a Medical 'Cure' for Violence*. New York: St. Martin's Press.

Caspi, A., McClay, J., Moffitt, T.E., Mill, J., Martin, J., Craig, I.W., Taylor, A. and Poulton, R.（2002）. 'Role of genotype in the cycle of violence in maltreated children'. *Science*, 297（5582）: 851–4.

Denno, D.（2011）. 'Courts' increasing consideration of behavioral genetics evidence in criminal cases: Results of a longitudinal study'. *Michigan State Law Review*, 967–1047.

Frankfurt, H.（1971）. 'Freedom of the will and the concept of a person'. *Journal of Philosophy*, 68（1）: 5–20.

Kane, R.（1998）. *The Significance of Free Will*. New York: Oxford University Press.

Kendler, K.S., Gruenberg, A.M. and Tsuang, M.T.（1985）. 'Psychiatric illness in first-degree relatives of schizophrenic and surgical control patients: A family study using DSM-III criteria'. *Archives of General Psychiatry*, 42: 770–9.

Kershaw, I.（2000）. *The Nazi Dictatorship. Problems and Perspectives of Interpretation*（4th ed.）. London: Hodder Arnold.

Korsakoff, S.S. [1889]（1955）. 'Psychic disorder in conjunction with multiple neuritis（English translation with commentary）'. *Neurology*, 5: 394–406.

Mark, V. and Ervin, F.（1970）. *Violence and the Brain*. New York: Harper & Row.

Mayer, A. and Wheeler, M.（1982）. *The Crocodile Man: A Case of Brain Chemistry and Criminal Violence*. Boston: Houghton Mifflin.

Meynen, G.（2010）. 'Free will and mental disorder: Exploring the relationship'. *Theoretical Medicine and Bioethics*, December, 31（6）: 429–43.

Minority Report（2002）. Dir. S. Spielberg. Los Angeles, CA: 20th Century Fox.

Proctor, R.（1988）. *Racial Hygiene: Medicine under the Nazis*. Cambridge, MA: Harvard University Press.

Raine, A., Buchsbaum, M. and LaCasse, L.（1997）. 'Brain abnormalities in murderers indicated by positron emission tomography'. *Biological Psychiatry*, 42（6）: 495–508.

Stern, M.（2005）. *Eugenic Nation: Faults and Frontiers of Better Breeding in Modern America*. Oakland: University of California Press.

第24章

Amabile, T.（1985）. 'Motivation and creativity: Effects of motivational orientation on creative writers'. *Journal of Personality and Social Psychology*, 48: 393–7.

Fouts, R. and Mills, S.T.（1997）. *Next of Kin*. New York: William Morrow & Company.

Gardener, R.A. and Gardener, B.T.（1969）. 'Teaching sign language to a chimpanzee'. *Science*, 165（3894）: 664–72.

Hayes, K.J. and Hayes, C.（1952）. 'Imitation in a home-raised chimpanzee'. *Journal of Comparative and Physiological Psychology*, 45: 450–9.

Kohn, A.（1999）. *Punished by Rewards: The Trouble with Gold Stars, Incentive Plans and Praise and Other Bribes*. Boston, MA: Houghton Mifflin.

Patterson, F.G.（1981）. 'Ape language'. *Science*, 211（4477）: 86–8.

Pfungst, O.（1911）. *Clever Hans: The Horse of Mr Von Osten*. New York: Henry Holt & Company.

Savage-Rumbaugh, S. and Lewin, R.（1994）. *Kanzi: The Ape at the Brink of the Human Mind*. New York: John Wiley & Sons.

Sibley, C.G. and Ahlquist, J.E.（1984）. 'The phylogeny of the hominoid primates, as indicated by DNA: DNA hybridization'. *Journal of Molecular Evolution*, 20: 2–15.

Skinner, B.F.（1950）.'Are theories of learning necessary?' *Psychological Review*, 57: 193–216.

Terrace, H.S.（1979）. *Nim*. New York: Knopf.

第25章

Engel, G. L. (1977) 'The need for a new edical model: A challenge for biomedicine'. *Science*, 196: 129–36.

Gross, R. (1995) *Themes, Issues and Debates in Psychology*. London: Hodder.

Falk, J. (1956). 'Issues distinguishing idiographic from nomothetic approaches to personality'. *Psychololgical Review*, 63(1): 53–62.

Hebb, D. (1958). *A Textbook of Psychology*. London: W. B. Saunders.

Holt, R. (1962) 'Individuality and generalization in the psychology of personality'. *Journal of Personality*, 30: 377–404.

Kuhn, T. (1962) *The Structure of Scientific Revolutions*. Chicago: University of Chicago Press.

Newton, Isaac (n.d.). 'Letter from Sir Isaac Newton to Robert Hooke'. Historical Society of Pennsylvania. Available at: https://digitallibrary.hsp.org/index.php/Detail/objects/9702 (accessed 5 June 2019).

Skinner, B.F. (1971) *Beyond Freedom and Dignity*. London: Hackett.

Classic Case Studies in Psychology, Fourth Edition Written /by Geoff Rolls/ISBN: 978-0-36726-709-4

Copyright 2020© by Geoff Rolls

Authorized translation from English language edition published by Routledge, an imprint of Taylor Francis Group LLC.

All Rights Reserved.

本书原版由 Taylor & Francis 出版集团旗下 Routledge 出版公司出版，并经其授权翻译出版。

版权所有，侵权必究。

China Renmin University Press Co, Ltd is authorized to publish and distribute exclusively the Chinese (Simplified Characters) language edition. This edition is authorized for sale throughout Mainland of China. No part of the publication may be reproduced or distributed by any means, or stored in a database or retrieval system, without the prior written permission of the publisher.

本书中文简体翻译版授权由中国人民大学出版社独家出版并仅限在中国大陆地区销售。未经出版者书面许可，不得以任何方式复制或发行本书的任何部分。

Copies of this book sold without a Taylor Francis sticker on the cover are unauthorized and illegal.

本书封底贴有 Taylor & Francis 公司防伪标签，无标签者不得销售。